これからを担う人たちへのエール

起業・企業支援の実践

佐藤利雄・吉田雅彦 共著

鉱脈社

はじめに

　本書は、インキュベーションマネージャー（IM）・コーディネーター（CD）という仕事の魅力・楽しさを、**これからの起業・企業支援を担う人たち**に伝える**エール・応援メッセージ**である。**佐藤利雄**と、執筆サポート役の吉田雅彦が書き著した。

　佐藤利雄は、苦労しながら、わくわくしながら取り組んで、IM・CDの仕事を確立して評価され、日本初の"シリコンバレー型IM・CD"となった。

　1990年代、それまでのIBM、Xeroxといった大企業主導の研究開発やビジネスが、世界的にうまくいかなくなってしまった。重苦しい時代の雰囲気の中で、新しい起業、技術開発、ビジネスの展開が**シリコンバレー**で起こった。当初、人々は、シリコンバレーで何が起きているのか、わからなかった。シリコンバレーの成功ストーリーが、ジャーナリストや経営学者から少しずつ伝えられる中で、その仕組みが注目された。2000年のケニーとバーグの分析、2003年からのチェスブロウのオープンイノベーション理論によって、**シリコンバレーのイノベーションの仕組みを、人々は経営理論で理解し始めた。本書がとりあげるIM・CDという仕事は、シリコンバレーで今も鍵になっている機能**である。

　IM・CDは、起業家・企業家の夢をかなえる社外パートナーと言われる[1] **わくわくする仕事**である。これからの社会でも必要とされ続ける。IM・CDの「相談に乗る」力と「提案する」力は、相手の内面まで寄り添って行うものなので、どんなに生成AI（ChatGPTなど）が発達したとしても**なくなることはない仕事**と言われる[2]。

　これからの起業・企業支援IM・CDを担う人たちに、**佐藤利雄からのエール・応援メッセージ**を伝えることができたらとてもうれしい。

［注］
1) https://www.kansai-im.net/im/　（2024/2/5取得）
2) https://reashu.com/shorainakunarushigoto_ichiran/#AI-2　（2024/2/5取得）

目　次

はじめに ………………………………………………………………… 1

第1章　IM・CDとは？ ──────────────── 9

1. インキュベーション、IM・CDとは ……………………………… 11
2. IM・CDの企業経営・経営学での位置づけ …………………… 11
　2-1. 会社全体のパーパス、企業理念、経営計画 ………………… 11
　2-2. パーパス、企業理念が組織の取り組みの方向性を決める … 12
　2-3. 企業戦略と事業戦略 …………………………………………… 13
　2-4. IM・CDの仕事を経営学で理論づける ……………………… 14
　2-5. IM・CDの仕事を説明する理論 ……………………………… 15
3. 起業・企業支援IM・CDと経営コンサルタント ……………… 17
　3-1. 経営コンサルタント …………………………………………… 17
　3-2. 中小企業診断士 ………………………………………………… 18
　3-3. IM・CDの仕事内容 …………………………………………… 18
　3-4. 経営コンサルタントとIM・CDの違い ……………………… 19
　3-5. カウンセリング・コーチング・コンサルティング・コミュニケーション … 20
4. 起業支援は2000年の前と後では大きく変わった ……………… 21
　4-1. 起業支援は2000年の前と後では大きく変わった …………… 21
　4-2. 本書が提示するIM・CDの方法論 …………………………… 22

第2章　日本初の"シリコンバレー型IM・CD"
佐藤利雄が生まれた背景 ─────────────── 31

1. 岩手県の歴史──縄文時代から明治時代まで ────────── 33
2. 1939年、北上市の黒沢尻工業高校誘致 ……………………… 41

3. 1945年、谷村株式会社新興製作所が花巻市に疎開工場を作る ……… 42

4. 1945〜70年代の国の地方産業政策 ……………………………………… 43

5. 1955年〜90年代の花巻市の産業事情 …………………………………… 44
　5-1. 1955年から、花巻市役所による企業誘致・工業団地づくり ……………… 44
　5-2. 1986年、谷村株式会社新興製作所の倒産と花巻の起業文化 ……………… 45

6. 1980〜90年代の国・岩手県・花巻市の地方産業政策 ………………… 46
　6-1. 国の地方産業政策 ……………………………………………………………… 46
　6-2. 岩手県庁の産業政策・INS ……………………………………………………… 46
　6-3. 花巻市の産業政策・花巻工業クラブ ………………………………………… 48

第3章　日本初の"シリコンバレー型 IM・CD"
佐藤利雄が歩んだ道 ——————————— 71

1. IM になるまで ………………………………………………………………… 73

2. IM になったが、お手本がない …………………………………………… 76

3. IM・CD の仕事の流儀を確立し、世間の評価も高まる ……………… 82

4. シリコンバレー型起業支援の始まり …………………………………… 87

第4章　佐藤利雄の仕事の流儀
IM・CD のマインドセット ——————————— 141

1. IM・CD の支援の3カ条 …………………………………………………… 143

2. IM・CD が持つべきマインドセット ……………………………………… 143

3. IM・CD は最低5年間の経験が必要 ……………………………………… 148

第5章　佐藤利雄の仕事の流儀
IM・CD の手法 ——————————— 181

1. デジアナ的商品 ……………………………………………………………… 183

2. 企業経営資源(KS)シート ── 見える化の手法と営業支援 ………………… 184
3. 産学官の翻訳機能 …………………………………………………………… 190
4. 事業化まで5年 ── 企業に寄り添ったIM・CDの取り組みの段取り ── 203
    4-1. 企業に寄り添った取り組み ── 事業化まで5年 ── …………………… 203
    4-2. 補助金獲得 …………………………………………………………… 206
    4-3. 大学のCDの取り組み ………………………………………………… 207
5. セミナー開催の企画力 ……………………………………………………… 219
6. 現場主義と佐藤飲み ── 情報収集と人的ネットワークの広げ方 ── …… 223
7. 逆企業誘致 …………………………………………………………………… 241
8. 組織と個人 …………………………………………………………………… 245
9. 組織・地域活性化を継続する15歳理論 …………………………………… 246
10. IM・CDは経験からしか動けない ………………………………………… 247
11. 佐藤利雄のIM・CDの経営資源 …………………………………………… 248

第6章　IM・CDの成果事例 ─────────── 259

1. 黒川食品と岩手大学の共同研究 …………………………………………… 261
2. 伊藤工作所 …………………………………………………………………… 262

佐藤利雄の文献 ………………………………………………………………… 281
図・表・写真・推薦図書目次 ………………………………………………… 294
参考文献 ………………………………………………………………………… 298

索　　引 ………………………………………………………………………… 302

謝　　辞 ………………………………………………………………………… 307

コラム［寄稿］目次

コラム1	家業の手伝いからIM、CD、経営コンサルタントを経験して思うこと	増田たくみ	23
コラム2	人と人との顔の見える関係づくり——インフォーマルコミュニティの実践	堂野 智史	56
コラム3	初めて産学官連携を担当する地方公務員及びIM・CDのための一考察——INSの母体である岩手大学と、同大学の立地する盛岡市との連携を事例として——	金澤 健介	60
コラム4	IM・CDの仕事を好きになって	奥田三枝子	77
コラム5	あの夏の日の佐藤さんに私は追いついているか？	秋本 英一	85
コラム6	箸休め：「砂糖と塩」	齊藤 仁志	93
コラム7	IMのこれまでと、これから	梶川 義実	95
コラム8	地域産業政策と産業支援人材の関係〜エコノミックガーデニングの視点から	領家 誠	108
コラム9	IMとの出逢いで開いた、新しい生き方への扉	福井 瞳	124
コラム10	まちに多様な挑戦が生まれる生態系づくり	丑田 俊輔	128
コラム11	思い込みを手放し自分らしく生きるお手伝い、あり方を共に考える人になる	中川普巳重	131
コラム12	岩手に11年半過ごして	箭野 謙	145
コラム13	わずか20万円の初期投資でスタート！シェアオフィス開設から23年の軌跡	牛来(ごらい) 千鶴	149
コラム14	女性の起業を伴走支援するIMとして意識したいこと	重巣(しげす) 敦子	174
コラム15	支援者として壁にぶつかっていた時期にKSシートをご指導いただいた	鈴木 徹	187
コラム16	産学官連携と佐藤利雄氏	小野寺純治	192
コラム17	産学官連携から地方創生へ〜今こそ再び、佐藤利雄さんの力が必要に——佐藤さんと出会い、今、IM・CDに思うこと	岡田 基幸	225
コラム18	佐藤利雄さんに学んだ顔の見えるネットワークづくり	櫻井 亨	227
コラム19	不動産業界から起業家支援業界に飛び込み奮闘中。人と人の架け橋となり、人がフューチャーされるきっかけ作りを大切にしている新米IM	鈴木 良隆	230
コラム20	佐藤利雄さんと関わって	古川 純也	244
コラム21	1971年から創業に関わって	髙島 利尚	249
コラム22	事業承継、ダンククリーナー開発と「15歳理論」	伊藤 達也	267
コラム23	私のIM・CD人生	福田 稔	276

理　論　目　次

理論1	起業・企業支援をする IM・CD にとって効果的な行動原則	23
理論2	BTF 理論	38
理論3	弱い紐帯理論（SWT 理論）	53
理論4	構造的空隙理論	54
理論5	ネットワークの価値、類型の理論	55
理論6	シリコンバレーの機能	103
理論7	バウンダリースパナー、π型・H型人材	115
理論7-1.	バウンダリースパナー ── 組織の境界を越えて行動する対処法 ──	115
理論7-2.	人的資源マネジメント理論 ── なぜ部署を作るのか ──	120
理論7-3.	I 型人材、T 型人材、π 型人材、H 型人材	121
理論7-4.	「100万人に1人」の存在になる方法	123
理論8	インキュベーションの類型	148
理論9	知識創造理論（SECI モデル）	166
理論9-1.	知は、個人の主観や人格に始まる	167
理論9-2.	知識創造理論（SECI モデル）	168
理論9-3.	職場での応用例	170
理論9-4.	IM・CD と SECI モデル	170
理論10	センスメイキング理論	171
理論11	バリューチェーン理論	188
理論12	STP マーケティング理論	189
理論13	死の谷	205
理論14	エフェクチュエーション理論	209
理論14-1.	起業家にとって効果的な行動原則 ── エフェクチュエーション理論 ──	209
理論14-2.	起業・企業支援をする IM・CD にとって効果的な行動原則	211
理論14-2-1.	考察の枠組み（フレームワーク）	211
理論14-2-2.	サラスバシー教授によるインタビュー調査結果	211
理論14-2-3.	「サラスバシー教授のインタビュー調査結果」と「佐藤利雄の仕事の流儀 ── IM・CD のマインドセットと手法 ── 」の照らし合わせ	213
理論14-2-4.	起業・企業支援をする IM・CD にとって効果的な行動原則	213
理論15	将来が読めるとき／読めないときの経営理論	214
理論15-1.	経営理論の使い分け	215
理論15-2.	将来が読めるとき／読めないときに使う経営理論など	216
理論15-3.	特定の経営理論に"こだわる"のはよくない	218
理論16	オープンイノベーション理論	220
理論17	信頼の理論	226

理論18　キャリア形成理論 …………………………………………………… 237
理論19　企業支援成立条件の理論 ……………………………………………… 270
理論19-1．IM・CDの役割、支援組織、人的ネットワークの事例調査結果 ………… 270
理論19-2．企業支援成立条件の理論 ……………………………………… 272
理論19-3．行政が起業・企業支援組織を作る理由 ── 市場の失敗 ── …………………… 273
理論20　取引コスト理論 ………………………………………………………… 274

第1章
IM・CDとは？

出所：Wikimedia Commons

**IM・CDは起業家・経営者に
寄り添って歩む**

インキュベーションマネージャー（IM）・コーディネーター（CD） は、起業家や経営革新をする経営者を、社外から伴走支援する仕事である。

　1959年、アメリカ合衆国ニューヨーク州バテービアで、工場主のジョゼフ・マンキューソが、閉鎖した工場の建物を区分けして貸し出し、入居してきた小規模商店に対して資金調達の援助と経営のアドバイスを行ったことが、インキュベーションの始まりとされる[1]。

〇この章の研究課題
- IM・CD の企業経営・経営学での位置づけは？
- 起業家や経営革新の苦難とは？
- IM・CD の役割とは？
- IM・CD と経営コンサルタントの違いとは？

〇キーワード
- IM・CD という仕事の魅力・楽しさ
- IM・CD という仕事の企業経営・経営学での位置づけ
- 起業やイノベーションは、自社の経営資源だけでは難しい
- IM と CD は、対象は違うが同じ仕事

〇理論
- IM・CD の行動原則

1. インキュベーション、IM・CDとは

インキュベーション (incubation) は、起業や経営革新を支援すること、その施設をいう。**ビジネス・インキュベーション (business incubation; BI)** ともいう。英語の incubation（卵をかえす）という意味から転じた。インキュベーション施設は、インキュベーションマネージャー（IM）を常駐させ、専門的なアドバイスを行い、支援する。

IM・CD は、起業家や経営革新をする経営者を、社外から伴走支援する。コーディネーター（CD）は、インキュベーション施設に属さないが、業務内容は IM と同じである。

起業（スタートアップ）は、ゼロから事業を起こす企業戦略を実現すること、**経営革新は、既に存在する企業が、これまでに経験がない事業を起こす企業戦略を実現**することをいう。

両方とも**イノベーションを起こす企業戦略を立てて実行**していく企業経営の実践である。**IM・CD という仕事が、シリコンバレーで鍵になっている機能**であるという意味は、**イノベーションを起こす企業戦略を立てて実行する起業家・経営者を、社外から支援する機能**ということである。

2. IM・CD の企業経営・経営学での位置づけ

経営学は、経営に必要な考え方、ノウハウを提供する。したがって、IM・CD は、**経営学を理解して、起業家や経営革新をする経営者の話し相手になり、一緒に考え、誤りや足りないところを補正して前に進んでいってもらう**ことが大事になる。

IM・CD の支援のフェーズ（段階）は、①企業がイノベーションを起こす企業戦略を立てるときに支援すること（**企業戦略の構想段階**）、②企業戦略を実現する過程で生じる様々な課題への対応を支援すること（**企業戦略の実行段階**）がある。

企業戦略を経営学がどのように理解しているか見てみよう。

2-1. 会社全体のパーパス、企業理念、経営計画

会社全体の**パーパス（社会での存在意義）、企業理念（会社の根幹となる価値観）、経営計画**を作る理由は、第1に、組織の取り組みの方向性を決めるためである。管理職

や社員に組織の方向性が示されれば、チームワークよく協力ができるようになる。パーパス、企業理念、経営計画がなければ、部署ごとに取り組みがバラバラとなり、衝突したり、争ったりしかねない。次節で例示するように、同じ産業で、同じような商品を製造しているA社、B社でも、パーパス、企業理念が異なれば、商品開発やマーケティングの方向性は違う。

　第2に、経営層、管理者の目が将来に向かうことで、刻々と起こる状況変化に対して、変化の予測、変化への対応を考えやすくなる。将来のあるべき姿に対して、現状がどうなのか、状況変化で現状がどう変化したのか、将来のあるべき姿に到達する道はどう変化したのかを考えやすくなる。

　第3に、目標を明確にすることで、活動の重複、無駄な活動をなくし、非効率な仕事をなくすことができる。

　第4に、目標が明確であれば、組織をコントロールしやすくなる。計画には、目標とスケジュールが決められるので、進み具合を評価でき、修正することができる。例えば、部活動で、秋の県大会のベスト4入りを目指すと決めれば、これから秋までにどのようなレベルに達しないといけないか、そのための練習メニュー、練習試合の日程決め、練習試合での成果の目標などを細かく計画できる。詳細な計画ができれば、順調にいっているのか達成できていないのか、日々確認することができる[2]。

2-2. パーパス、企業理念が組織の取り組みの方向性を決める

　会社のパーパス、企業理念が以下の①〜③だとして、組織の取り組みの方向性にどう影響を与えるか、感じてみよう[3]。
　①「一人ひとりの多様な価値観を自由に表現し、尊重できる世界を創造する」
　②「世界中の人たちが手に取り満足できる服を届け続ける」
　③「持続可能な社会の実現に向けたアパレル業界のトップランナーとなる」

　それぞれの会社は、以下の選択肢のうち、どれが正解に見えるか？　なお、1〜4を実行したときに、どれを選択しても、業績は2倍になるという同じ結果になるとする。
　1．だれもが使いやすいシンプルなデザインかつ品質が高い低価格ラインを強化。店舗数を拡大し生産拠点を増設することで、販売量業界トップを目指す。
　2．高所得者をターゲットとしたハイブランドを新設。最高品質の素材による高価格帯商品の販売を強化し客単価を倍増させる。
　3．価値観の多様化に対応するためブランドラインナップを拡大。潜在顧客の幅

を広げ、より多くの多様な顧客を獲得することで売上げを50％拡大する。
4．現在の生産工程を見直し、温室効果ガス排出を大幅に削減。地球環境に配慮した次世代生産工程の確立により、他社からのOEM生産の受注を国内トップに引き上げる。

　　＊OEM (original equipment manufacturer) は、受託企業が、委託者のブランド（商標）で販売する条件で、製品・部品を受託生産することをいう。相手先商標による生産、納入先ブランドによる受託製造などと訳される[4]。

　このように、**会社のパーパス、企業理念は、組織の取り組みの方向性に影響を与える**[5]。起業家や経営革新をする経営者が、どのようなパーパス、企業理念でイノベーションを起こそうとするのか。起業家や経営者に確認し、迷ったときに思い返してもらうことも、IM・CDの重要な仕事である。

2-3. 企業戦略と事業戦略

　事業とは、例えば、カメラを製造販売するなど、一つの種類の製品を設計、生産、販売して収支を黒字にする活動を言い、そのための戦略を**事業戦略**という。
　中堅企業以上の規模の企業は、カメラ、プリンターなど複数の種類の製品に関連する事業を持っている。多くの事業の、どの事業に力を入れようかとか、この事業は撤退して事業売却をしようかなどのマネジメントを全社的に考えており、このような戦略を**企業戦略**という[6]。大きな企業では、企業全体の企業戦略と、事業部門ごとの事業戦略が多段階に組み合わさっている。実務の現場では、企業戦略と事業戦略は相互に絡み合いながら時間軸の中で動いていくので、実際には2つの戦略を二分法で分けて考えることはできない。

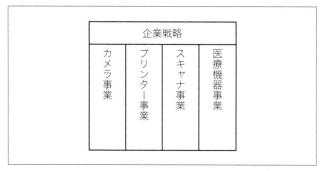

[図1-1] 企業戦略と事業戦略の例

起業したての会社（スタートアップ）や、中小企業は**一つの事業だけ**の場合もある。その場合は、**企業戦略と事業戦略は一致**する。

2-4. IM・CDの仕事を経営学で理論づける

図1-2で、データ、情報はどんどん変化する。知識も進化する。理論は普遍性がある。何に対しても、
　①変化する現実（データ、情報）と、それとともに進化する知識
　②時代を超えて普遍性のある理論
の両方を追っていけば、正しい理解で行動し続けることができるだろう。

IM・CDの仕事も、**図1**-2のように、変化する現実、知識と、普遍性のある理論が関係している。**IM・CDの仕事を経営学の理論に基づいて理解しておけば、考え方に"ぶれない軸"ができて、日々の仕事にも対応しやすくなる。**

これからもIM・CDの仕事は、経営スキルやノウハウの進化とともに、進化していくであろう。経営理論も、米国を中心に進化していくであろう。**図1**-3で示

[図1-2] データ、情報、知識、理論

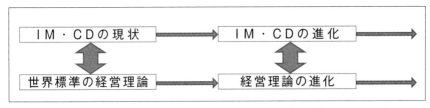

[図1-3] 将来のIM・CDの仕事も、将来の経営理論で理解しやすいはず

すように、現在の IM・CD の仕事を現在の経営理論に基づいて理解しておけば、**将来の進化した IM・CD の仕事も、将来の進化した経営理論で理解しやすいはず**だ。したがって、IM・CD の仕事を経営理論で理解することが重要である。

2-5. IM・CD の仕事を説明する理論

IM・CD の仕事を説明する理論は、経営学と周辺の学問の理論である。

広い意味での経営学は、**図1-4**のように、
①**マネジメント**
②**企業戦略**
の2分野から構成される。経営学、マネジメント、マーケティングなどに関してネット上に多くの情報がある。経営学を体系的に学ぶには、大学、大学院などで学ぶほか、入門書を読み、さらに専門書を読んでいく方法がある。中小企業診断士を取得すれば、経営学全般の知識があることを相手に示すことができる。

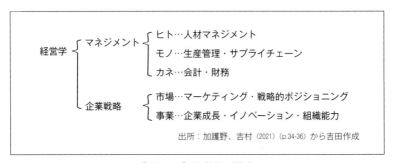

[図1-4] 経営学の構成

経営学は学際性がある。主に米国で、現実の事例に学んで理論を発展させてきた。経営学の用語に英語が多いのはそのためである。

物理学と工学は近い関係にある。例えば、真空中で物体がどう動くかは、物理学で正確に予測できるので、火星に探査機を飛ばすことができる。他方、飛行機が墜落しないように設計するためには、物理学の理論を基礎にして、空気抵抗やエンジントラブルへの対応など、工学で安全運航を達成している。

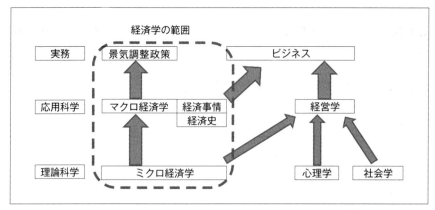

[図1-5] ビジネス、経営学、経済学などの関係

　同じように、**ビジネス、経済学、経営学も、図1-5のように、深い理論科学から、応用科学、実務へと応用されていくという関係**がある。

　経営学は、ビジネスをうまく実践するための応用科学で、20世紀のはじめから始まった比較的新しい学問[7]である。その理論は、**図1-5**のように、ミクロ経済学、心理学、社会学の理論を基礎にしている[8]。

　経済学は、経済に関する18世紀以降の人類の知恵の蓄積で、世界中の大学で同じ内容を教えている。このため、経済学の理論は外国人とのビジネス・コミュニケーションに必要な思考法でもある。経済学は、経営学に、理論的基礎の多くを提供している。経済学の中にも、**図1-5**に示したように、いくつかの学問領域がある。

　ミクロ経済学は、人や企業が経済的にどう行動するかを数学で考察する理論科学である。その理論は、マクロ経済学や経営学にも使われている。優れた理論にはノーベル経済学賞が贈られる。経営理論の約3分の1はミクロ経済学の基礎に乗っているので、ミクロ経済学の思考法（一定の仮定を置いて、数学で結論が正しいことを証明する）を理解しておかないと、理解が難しい。経営学の中級の本を読んで難しいと感じた人は、ミクロ経済学の基礎（数学を使わないでグラフで理解させる本）を読み返すとよいかもしれない。

　マクロ経済学は、景気が良くなりすぎたり、悪くなりすぎたりして人々がとても困った経験（大不況、大量失業、飢餓、戦争）をした経済事情の歴史から、国が景気調整をするための応用科学として1936年に発明された。中国が市場経済を採り入れ、1991年までに社会主義国が滅びた後は、すべての国で活用されており、現在も発展している。**経営環境としての経済情勢を知るために、マクロ経済学の基礎知識は必要**である。

3. 起業・企業支援 IM・CD と経営コンサルタント

IM（インキュベーションマネージャー）・CD（コーディネーター）に似た仕事に、経営コンサルタントがある。経営の助言をするという意味では同じであるが、2つの仕事には、**起業家と一緒に歩くかどうかで根本的な違いがある。**

3-1. 経営コンサルタント

経営コンサルタントは、企業が経営の課題を社外の助言で解決しようとするときに、契約して助言する職業である。経営コンサルタントと名乗ることは自由で、名乗るために必要な基準や資格はない。企業が経営コンサルタントを活用する目的は、次の5つが挙げられる[9]。
①経営管理やビジネスで企業が抱えている諸問題を解決する。
②新たなビジネスチャンスを探し、企業の飛躍を目指す。
③会社組織の目的や目標の設定やその達成に向けてのサポートをしてもらう。
④従業員や経営陣のモチベーションを上げて、業務効率を向上させる。
⑤新たなる変革を実施し、合理化や付加価値の向上を目指す。

経営コンサルタントが扱う内容は多様である。例えば、ボストン コンサルティング グループは、以下のテーマを Web サイトに掲げている[10]。このような多様な専門分野を得意とする経営コンサルタントがそれぞれ存在する。
パーパス（存在意義）、トランスフォーメーション、気候変動・サステナビリティ、コーポレートファイナンス＆ストラテジー、顧客インサイト、デジタル/テクノロジー/データ、ダイバーシティ＆インクルージョン、イノベーション戦略とその実現、グローバルビジネス、M&A・トランザクション・PMI、製造、マーケティング・セールス、オペレーション、組織、人材戦略、プライシング・レベニューマネジメント、リスクマネジメント、コンプライアンス、社会貢献、ゼロベース予算。

一般的なコンサルティング契約では、提案書・企画書・見積書などの書面を、契約書に別添として添付することで、業務内容を確定させる[11]。

3-2. 中小企業診断士

中小企業診断士は、中小企業の経営課題に対応するための診断・助言を行う専門家の資格である。中小企業支援法第11条に基づいて、一次試験、二次試験を受けて合格する、もしくは、定められた機関で養成講座を修了すると、**経済産業大臣が中小企業診断士として登録する**[12]。

内容は、経営コンサルタントと同様なので、**経営コンサルタントの国家資格**であると認識されている。

中小企業診断士制度は、2000年に大改正されている。1999年の中小企業基本法の改正で、中小企業政策を、それまでの、**弱者としての中小企業と大企業との格差を是正する政策ではなく、中小企業を日本経済のダイナミズムの源泉として位置づけ**て、中小企業を育成発展させるという基本理念に政策転換した。**シリコンバレーの影響**である。この一環で、中小企業診断士を定める法律が、2000年、中小企業指導法から中小企業支援法へと改正された。国・都道府県等が補助金や公的融資に関連して中小企業を「指導」する仕事から、**中小企業の発展を「支援」する経営コンサルタント**に改められた。

この改正により、都道府県の職員等が中小企業診断士の資格を取得する機会が減って、自治体職員が企業活動を理解する力が衰えるという副作用があった。現在は、経営コンサルタントを志す人が、知識取得や、国家資格で相手を信頼させるために利用している。

3-3. IM・CDの仕事内容

インキュベーションマネージャー（IM）は、起業から経営が安定するまで、起業家とともに歩き、一緒に苦楽をともにしながら支援する仕事（伴走支援）である。コーディネーター（CD）は、IMと同じ内容の仕事であるが、自分が所属する**インキュベーション施設に入っていない企業も同様に伴走支援**する。インキュベーション施設に所属していないCDもいる。狭い意味のIMは、インキュベーション施設に入っている企業を支援する仕事であるが、**広い意味のIMあるいはIM・CDは、自分が勤務するインキュベーション施設に入っているどうかを問わずに、起業家を伴走支援する**。佐藤利雄は、IMをした後にCDになったが「やっていることは変わらない」と言う。

IMの業務内容や必要な知見は、例えば、中小機構では以下のようなものとしている。
- **入居者支援**：インキュベーション施設入居者に卒業目標を達成するための経営支援・コーディネート支援等
- **創業支援**：良質なビジネスシーズ・起業家の発掘、発掘に向けた各種企画・取り組み等
- **施設運営**：担当施設の特長を活かした運営戦略の立案とその実行。また、そのための関係機関（自治体、連携大学等）との強固な関係構築等

資格・要件は、以下の①～⑥のいずれかに該当し、かつ⑦～⑪に該当することとしている。

①インキュベーションマネージャーや起業支援の実務経験、②ベンチャー企業、中小企業の第二創業等に対する経営コンサルティング及び成長戦略支援の経験、③製造業、商社、金融機関等において、新規事業におけるプロジェクトマネジメント等、財務、ファンドマネジメント、営業等の実務経験、④技術士、弁理士、中小企業診断士その他公的資格者、⑤起業経験者、⑥①～⑤と同等以上の専門的知識及び能力を有している。

⑦ベンチャー企業、中小企業の支援に必要な広範な人的ネットワークを有している、⑧企業・起業家候補に対して、有効な支援事業やイベント等を企画し実行できる、⑨協調性があり、チームを束ね、自発的に行動できる、⑩月15日以上勤務できる、⑪70歳未満[13]

このように、**インキュベーションマネージャーの業務内容**は、
第1に、ビジネス・インキュベーションと呼ばれる、ベンチャー企業が安く入居できて経営支援が受けられる施設に常駐して、**いつでも、ベンチャー企業の経営者から相談される態勢**にあること。
第2に、**起業（スタートアップ）時の課題から経営コンサルタントできる**こと。
第3に、人との交流、**ネットワーク**が作れること。ビジネス・インキュベーションと呼ばれる**施設を運営**できること。が求められている。

3-4. 経営コンサルタントとIM・CDの違い

増田たくみ氏は、民間企業・家業、IM（インキュベーションマネージャー）を経験し、中小企業診断士を取得して経営コンサルタントも経験している。経営コンサルタントとIMの違いについて、増田氏は、「**IMは伴走支援で、企業に寄り添う。**

『どんなときでも話を聞くよ～』というオーラを出しつつ、彼らの変化に気づき話を聴く。伴走支援をして、必要があれば、経営支援は経営コンサルタント・中小企業診断士に頼めばよい」と言う（理論編の「SECIモデル」に関連する）。

他方、「**経営コンサルタント、経営支援は、コンサルタント契約書の範囲内で提案、支援する**」と言う。

IM、経営コンサルタントには、いくつかの資格や研修があるが、「**資格よりも、その企業に何が必要かを見つけられる感性**が重要だ」と増田氏は言う（理論編の「SECIモデル」に関連する）。

提供：イラストAC

[図1-6] IM・CDは寄り添って歩む／経営コンサルタントは契約した質問に答える

3-5. カウンセリング・コーチング・コンサルティング・コミュニケーション

これからのビジネス社会では、カウンセリング・コーチング・コンサルティング・コミュニケーションを総合的に行える人材が必要である。

カウンセリングは、過去の話を聴き、「なぜ今の状態になってしまったのか」に**気づかせ、解決策を明確にする**ことをいう。

コーチングは、未来に向けて、「将来、どのようになりたいのか」と**現在を診断して、目的・ゴールに到達するステップに気づかせ、支援する**ことをいう。

コンサルティングは、支援相手が考えている範囲の外から、問題点、解決法、パーパス・企業理念を明確に伝えることをいう。

コミュニケーションは、**相手の立場や状況を理解して交流**することで、**信頼関係を築く**ことをいう[14]。

IM・CDも、カウンセリング・コーチング・コンサルティング・コミュニケーションを総合的に行うことが必要である。

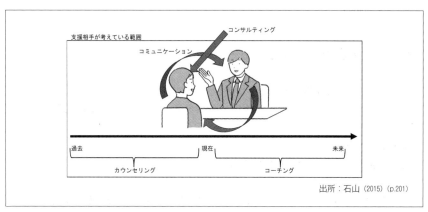

[図1-7] カウンセリング・コーチング・コンサルティング・コミュニケーション

4. 起業支援は2000年の前と後では大きく変わった

インキュベーションは1959年から存在するが、起業支援は2000年の前と後では大きく変わった。シリコンバレーの起業支援の仕組み、方法が世界に伝わったからである。(理論6　シリコンバレーの機能参照)

4-1. 起業支援は2000年の前と後では大きく変わった

1990年代、それまでのIBM、Xeroxといった大企業主導の研究開発やビジネスが、世界的にうまくいかなくなってしまった。重苦しい時代の雰囲気の中で、新しい起業、技術開発、ビジネスの展開が**シリコンバレー**で起こった。当初、人々は、シリコンバレーで何が起きているのか、わからなかった。シリコンバレーの成功ストーリーが、ジャーナリストや経営学者から少しずつ伝えられる中で、その仕組みが注目された。2000年のケニーとバーグの分析(理論6で後述する)、2003年からのチェスブロウのオープンイノベーション理論(理論16で後述する)によって、**シリコンバレーのイノベーションの仕組み**を、人々は経営理論で理解し始めた。本書がとり

あげる IM・CD という仕事は、シリコンバレーで今も鍵になっている機能である。

インキュベーションの性質も、シリコンバレー型のイノベーションを起こす場に変わった。IM・CD の仕事も、シリコンバレー型のイノベーションを支援するものに変わった。佐藤利雄は、苦労しながら、わくわくしながら取り組んで、IM・CD の仕事を確立して評価され、日本初の"シリコンバレー型 IM・CD"となった。

4-2. 本書が提示する IM・CD の方法論

本書は、**IM・CD の方法論を2つ提示**する。
第1に、佐藤の経験に基づく IM・CD の仕事の方法論を「**IM・CD のマインドセットと手法**」として提示する。(第4・5章参照)
マインドセットとして、
誰でもできる起業・企業支援の3カ条
○常に明るく、元気に、笑顔で、そして早い対応。
○否定語は使用しない。一度断るとそこで支援活動は終わりになってしまう。
○まずできることから取り組む。相手(企業、大学、行政)が動かなければ自分から動く。
手法として、「デジアナ的商品」「企業経営資源(KS)シート」「産学官の翻訳機能」「事業化まで5年」「セミナー等開催企画力」「現場主義と佐藤飲み」「逆企業誘致」「組織と個人」「組織・地域活性化における15歳理論」「IM・CD は経験からしか動けない」「IM・CD の経営資源」である。

第2に、佐藤の経験とエフェクチュエーション理論の元になった調査結果を照らし合わせて、**IM・CD の行動原則**を提示する。(理論12　エフェクチュエーション理論参照)
エフェクチュエーション理論は、2008年、サラスバシー(Sarasvathy)バージニア大学ビジネススクール教授[15]が、起業家へのインタビュー調査から「起業家が起業するときに効果的な行動は、一般的な経営理論に基づく行動とは異なる」という以下の5項目のエフェクチュエーション理論を提示したものである。
①「手中の鳥」の原則(The Bird in Hand Principle)
②「許容可能な損失」の原則(The Affordable Loss Principle)
③「クレイジーキルト」の原則(Crazy-Quilt Principle)
④「レモネード」の原則(Lemonade Principle)
⑤「飛行中のパイロット」の原則(Pilot-in-the-Plane Principle)

> 理論1　起業・企業支援をするIM・CDにとって効果的な行動原則

　本書は、「サラスバシー教授のインタビュー調査結果」と「佐藤利雄の仕事の流儀 ─ IM・CDのマインドセットと手法 ─」を照らし合わせて、**「起業・企業支援をするIM・CDにとって効果的な行動原則」**を以下の5項目として提示する。
　①**「どんな鳥を持っているのか」経営者に確認させる原則**（The Principle of Prompting the Confirmation of What Bird They Have）
　②**「許容可能な損失・時間」を決めるよう促す原則**（The Principle of Prompting Them to Determine Acceptable Losses and Time）
　③**「クレイジーキルト」を織るよう促す原則**（The Principle of Prompting Crazy-Quilt）
　④**「機会を逃さず技術営業支援」する原則**（The Principle of Timely Technical Sales Support）
　⑤**「否定語は使わない。最後まで伴走する」原則**（The Principle of Not Dismissing and Climbing Together to the Summit）

コラム［寄稿］1

増田　たくみ
（トゥーキャンコンサルティング）

家業の手伝いからIM、CD、経営コンサルタントを経験して思うこと

1．家業の「お手伝い」から始まって……

　私の実家は祖父母が昭和23年に創業した装粧品の卸売業を営んでいました。私は大学卒業後、まだすぐには就職したくない！　という思いから、海外で生活したいという思いがありましたが、資金面において親の援助も得なければ成し得なかったので、少しでも家業の役に立つような勉強をしたいと思い、英語の勉強とともにビジュアルマーチャンダイジング[16]をアメリカで学んでいました。帰国後、創業者だった祖父が他界したこともあり、家業を手伝うことになりました。なんでもやりかけたらどんどんのめりこむタイプで、いろいろ会社の問題点も見えてきましたが、まだまだ経験も浅く、立場的にも「お嬢さん」「家業のお手伝い」というように見られている面もあったため、このままでは私が言いたいことも言えないので、もっと客観的に会社を見るためにも経営の勉強をしたほうがい

いのではないかと考えていました。
　そんなとき、資格取得スクールのチラシで「中小企業診断士」という資格を知り、最初は気軽な気持ちで始めたのですが、当時は旧制度で1次試験は8科目で筆記試験。そしてすべての科目に合格しなければならず、それを知ったときには「なんじゃこれ！　めっちゃ大変やん」（普通は先に調べるものですが……）とひるんでしまいました。それでもすでに予備校に学費も支払い勉強を始めていたので後にも引けず、しかし一方で、すべての科目の内容がなんらか仕事にも関係しており、人生ではじめてやりたいと思える勉強に出合うことができ、前向きに勉強に取り組んだことを思い出します。
　資格予備校の仲間も働き盛りの30～40代のサラリーマンの方が多かったのですが、「トイレの中に覚えることを全部貼っている」だの「車を運転しているときでも信号待ちの間に単語帳を確認する」だの、少しの時間も無駄にせず勉強に打ち込んでいる話を聞き、そんな周囲に触発されて、私も2年間はほとんど勉強中心の毎日でした。そのおかげで、1次は2回受験したものの2次試験は1回で合格することができ、晴れて中小企業診断士の資格を取得することができました。

２．晴れて中小企業診断士にはなったものの……
　いまでこそ取得したい資格にもなっているようですが、当時は資格に対する世間の理解も乏しく、中小企業の社長に一番知っていてほしい資格ではあるのですが、父親は最初、頼ってくれるどころか「試験のために仕事ばかり休んで…」と小言を言われていました。しかし、一緒に働くうちにだんだんと私の発言も頼りになるものになっていったのか、喧嘩もよくしましたが、受け入れてもくれるようになりました。
　そうやって実践の場として仕事に取り組んでいましたが、当時は大型店の出店規制緩和に伴う店舗の大型化と郊外化、それと並行して特に地方の中心市街地の衰退が顕著になりつつある時代でした。しかし我々は旧態依然としたキャッシュアンドキャリーの販売方法を貫き、地方の小売店舗を中心顧客として商売を続けていました。また私が会社にかかわる前の平成元年、昭和20年代に建てた店舗が消防法にひっかかっており消防署からも再三警告を受けていたそうで、3店舗バラバラで営業していた店を、ビルを建てて1店舗に統合する計画を祖父の代に実行していましたが、これを銀行からの借金で建設したために、当初はもちろんそれが返済できるだけの売上げがあったのですが、返済計画が甘く、また内部の不正などもあり、バブル崩壊後はじわじわと帳簿にもその様子が現れてきました。
　何か思い切ったことをするにも資金が必要なのですが、会社はその資金を賄えず、個人資産をどんどんつぎ込まなければ会社を継続することが難しくなってきました。そのうち、家族である私にも商品を仕入れようとすると支払いの催促を

されるようになりました。父や祖母は個人資産をつぎ込んでは「これまで50年間苦境に立たされても乗り切ってきたのだから、今回もこのお金を入れればなんとかなる」と、なかなか会社をたたむことに同意をしてくれませんでした。しかし、資金を投入してもフライパンに水を落とすようにすぐ支払いに消えてしまい、私は「取引先に迷惑をかけている以上、これは社会からも求められていない事業なんじゃないか」と、毎日悶々とした日々を送りつづけていました。家に帰れば、家族で会社をどうしていくのか、打開策はあるのかなど毎晩会社の話ばかりしていました。弁護士費用だけは残しておかねばならなかったのですが、遂にそこまで資金繰りが悪化したため、最終的に家族みんなで店を閉める決意をしました。最後に店を出たときは継続できなかった悲しい気持ちや取引先への申し訳ない気持ちがありましたが、これでやっと大変な状況から抜け出せたというホッとした気持ちが入り混じっていたことを思い出します。この時期が後にも先にも人生の中で一番精神的にしんどかった時期だったといま振り返って思います。

　その後、日用雑貨企画製造販売を行っている会社に就職が決まりました。給料がちゃんと決まった日に入ってくることは本当にありがたいことだと思いながら、貿易の仕事に携わっていましたが、中小企業診断士の先輩から大阪産業創造館の大阪市中小企業支援センターあきない・えーど（以下、あきない・えーど）でスタッフコンサルタントを探しているから来ないかと誘っていただきました。最初は会社員という立場から再び個人事業主になることへの不安もありましたが、自分自身が中小企業で経験してきたことが何か役に立つのではないかと考えたこと、また周りの人たちもせっかく取得した資格を活用できる貴重な機会ではないかと後押ししてくれたため、独立する決意をし、中小企業をサポートする立場の仕事をすることになりました。

3．スタッフコンサルタントからインキュベーションマネージャー（IM）へ

　あきない・えーどで仕事をし始めて、電話、オンライン、窓口と様々な中小企業の種々の相談を受けることになりました。スタッフコンサルタントはゲートキーパー的な役割で、自分自身で回答できることは回答、アドバイスなどをさせていただき、専門家と面談を希望、あるいは専門性が必要な内容については専門家につないでいくのですが、中小企業側は自社の課題解決にどの専門家が適しているかよくわからない場合もあるため、我々がどの専門家や士業がどんな専門性を持っているかを知り、つなぐこともしていました。今思えば、いろいろな中小企業の課題を聞くことができたこと、またどのような士業や専門家がいて、どんな仕事をされているか日々の仕事の中で知ることができ、サポート側でのデビューがあきない・えーどであったことは本当によかったと思っています。

　ただ一方で、公的な支援機関でもあることから、相談に来られた企業さんがそ

の後どうなったのか、課題を解決できたのか、連絡をくださる企業さんもおられたのですが、気になりつつも確認できないことが多く、もう少し1社について長くサポートできないものかと思っていた折、大阪産業創造館内にある「創業準備オフィス」（当時）の担当を引き継ぐことになりました。

　こちらは6カ月間創業するまでの間、あきない・えーどのプログラムを受け、他の入居者と切磋琢磨しながら「創業準備」を行うインキュベーション施設でした。当時は大阪市が4つのインキュベーションを設置しており、創業準備オフィスを卒業後、事業内容により、ものづくりであれば島屋インキュベータ、デジタルメディア産業であればソフト産業プラザイメディオ、デザイン、クリエイティブ事業であれば扇町インキュベーションプラザ（メビック扇町）で引き続き、インキュベーション施設に入居し、事業を安定化させることを勧めていました。それら4施設では月1回ミーティングを行い、財団以外のインキュベーション施設にも訪問させていただくなどして私自身もよりよいプログラムや施設を目指して情報収集や連携をさせていただいていました。

　2003年10月からは同年5月にできたばかりのメビック扇町に異動し、所長の堂野さんと入居企業全員に面談を行う中で、すでに事業が軌道に乗っているにもかかわらず、入居していたり、インキュベーションに入居する必要がないのに入居している企業に対して、時には口論になることもありましたが、公的資金で支援する必要性のなさを入居の必要がない企業に説いて、インキュベーション施設のミッションに該当する企業だけを支援するための運営方法を検討しました。このときの経験から、自分自身が責任を持って支援したい企業に入居してもらわなければならないと強く感じています。また、私たちが入居企業に伝えていたのは、公的なインキュベーションの支援を受けるということは税金を投入してもらわなければ、まだ企業としては自立できず、半人前であるということを自覚してほしいということでした。その自覚を持ち、3年間で事業を伸ばす意欲のある個人や企業に入居してもらっていました。

　契約は1年毎の契約でしたが、その中で、運営プログラムとしては、年3回（初期、中間、再契約）の面談および、1年に1回の成果報告を行うことを了承してもらえる方にのみ入居いただいていました。成果報告においては入居企業さんが他の入居者や関係者および一般の方の前で自分の言葉で1年やってきたことを振り返り、自分が目標としたアクションプランを実施できたかどうかについて発表していただくことも取り入れました。

　ハード面について少しお話しさせていただくと、メビック扇町には3階部分に創業促進オフィスというハイパーテションで起業後5年未満の方用のオフィスが23室と4、5階部分にインキュベーションオフィスという完全個室で起業後10年未満の方用のオフィスが25室ありました。創業促進オフィスの方は卒業後、周辺

のオフィスや同じメビック扇町の完全個室のインキュベーションオフィスを目指し、4、5階の方々のように事業を軌道に乗せたいと日々事業に精進されるのですが、一旦卒業して次のオフィスへ移ったからといって安泰かといえばそうではなく、また新たな課題が出てくることが多いと思いました。ただ切磋琢磨し目標とする企業が近くにいることは企業同士本当に刺激になっていると思いますし、交流会などで入居企業同士、お互い話す機会などがあり、自分たちの少し先を行く企業に話を聞いたり、情報交換できる環境はインキュベーションならではだと思います。

4．コーディネーターになってみて

　20年ぶりに戻ってきたメビックにはインキュベーション施設としてのミッションはなく、大阪に集積するクリエイティブ関連企業の活性化のために、大阪で活動するクリエイター同士やクリエイターと企業等とが"顔の見える関係"を築くためのコミュニティづくり、競争とコラボレーションによる新たなビジネスや価値が生まれる環境づくりに取り組んでいます。コーディネーター（以下CO）は伴走する相手がおらず、元来の世話焼きなところがあり、[まさに大阪のおばちゃんを地でいってます（汗）]。インキュベーションマネージャー（以下IM）に長年携わってきた私としては少し寂しいです。

　しかし一方で日々来所してくださる大阪のクリエイティブ関連企業の話を伺い、メビックを活用してもらう中で新たな出会いやお仕事を得ておられる様子を見ているのは楽しくもあり、嬉しくもあります。現在は出会いの場作りの中に私なりのエッセンスを入れつつ楽しい場ができるように努めているところです。

5．これからIMになる方へ

　私はCOもIMも中小企業診断士としてかかわってきました。これらはそれぞれ関わり方が異なることについては、本書でも述べられていますが、私は中小企業診断士として、しかも前述したような中小企業での仕事をした人間としてIMになったことは結果的にとてもよかったと思っています。というのも自分が実際企業として事業運営を行うわけではなく、あくまでも企業さんが走り、私は伴走するだけなのですが、私なりに経験を通して、企業側の状況や気持ちがとてもよく理解できたと思いますし、そのため時には「この個人や企業のためにならない」と思ったことは忌憚なく伴走企業に伝えてきたと思っています。ですので、個人や法人で事業を行った経験があるほうがよいと思いますが、その経験がなくとも、知識はあったほうがよりよいアドバイスはできるのではないかと思います。

　もう一つ、むしろIMとして、一番大切な要素は、知識よりも手伝うと決め

た企業さんへの「愛」や「興味」があるかだと思います。企業は常に経営状況が安定しているとは限りません。むしろ常に何か課題を抱えて事業をされています。そして誰にでも相談できない事業の困りごとを自然に企業側から話をしてもらうには、日々のコミュニケーションはとても大切ですし、それは必ずしも予め設定されている面談の中だけで話してくれるわけではなく、企業さん側がふと時間ができたときに相談に来られたり、連絡をしてこられます。こちらは「どんなときでも話を聞くよ〜」というオーラを出しつつ、彼らの変化に気づき話を聞く体制をつくることで、支援企業さんとの信頼関係を築いていけると考えます。

　先日も20年前にメビック扇町でお手伝いした企業さんとお話をさせていただく機会がありました。彼女曰く、まだ事業が軌道に乗っていなかった開業後3年も経たないときに、前述した創業促進オフィスに入居されていましたが、卒業間近だったので、倍ほどの広さのインキュベーションオフィスの空きが出るので、そこへの移転を提案したときに、家賃も倍になるオフィスを借りて果たして継続して売上げを作っていけるのか、とても不安がっておられました。結果的にはご本人の口からそのオフィスへの移転を決意されましたが、それをご自身が決断される夜中まで私がただただ耳を傾け、話を聞いたことをいまだに感謝してくださっていて、私が話を聞いたおかげで、自分の中でオフィスを移動してもやっていけるかもしれないという自信がついたと語ってくれました。

　では、私の企業さんへの「愛」や「興味」はどうやって生まれるのか。そこには入所してもらうと自分が決めた責任があるからとことん付き合いたい、そんな気持ちがあるからだと思います。前述したとおり、自分がきっちり入所希望者の話を聞いた上で入所の可否を決めなければ、入所されてから支援ができないとなったとき、契約を変更することはできず、それは双方にとって不幸な結果になると身をもって知ったということが挙げられます。それ以来、他のインキュベーション施設で仕事をさせていただいたときでも私は、自分の支援者は自分が支援できると決めた個人や企業であり、その結果双方に信頼関係が形成され、人によってはインキュベーション施設を卒業された今でも公私ともに仲良くさせていただいている方がたくさんいてくださいます。

　私から、IMになろう、あるいはなったけれども自分にはこの仕事が合っているのだろうか、と思われている方にアドバイスをさせていただくとしたら、まず今支援に携わる、あるいは携わろうとしている方々と人間として信頼関係を築けているのかを確認してみてほしいと思います。その土台の上にしかよい結果は生まれないのではないかと思っています。企業さんも人間ですので、IMがどういうスタンスで接してきているかは少し時間を共有すればわかります。事業内容よりもまず、事業に真摯に取り組む、フィーリングが合う企業さんに出会われること、そしてそのような企業さんに出会うためには入所時の審査や条件が非常に大

切ですので、今一度ご自身のインキュベーション施設をご確認ください。

6．さいごに

　私は先にも述べましたが、IM や CO という職業を最初から目指したわけではないのですが、もともと話し好きで人と接することが好きなので、この仕事に出会って本当によかったと思っています。ただ、私は常に自分が自分に納得していなければ、人を手伝うことなんてできないと思っている人間ですので、自分の仕事に疑問が出てきてしまったら、お手伝いしている人にもその理由を理解していただいて、自分の仕事や生き方を軌道修正してきました。IM や CO 一筋の方と比較すると横道に逸れた勝手な生き方、働き方ではあるのですが、IM や CO の場合はそれら経験も活かせる企業さんと巡り合うこともあり、無駄ではない経験となることも多々ありました。伴走できる企業さんへの「愛」や「興味」があり、人間が好きならぜひやってほしい仕事だと思っています。

[注]
1) 加藤、福嶋、宇田（2023）(p.165)
2) Robbins（2012）(ロビンス他，高木 訳（2014）) (pp.143-144)
3) この問いかけのアイデアは、2023年11月、パーソルワークデザイン㈱　安井 健氏、曽根悠子氏から頂戴した。
4) 小学館　日本大百科全書（ニッポニカ）
5) 解答例
　　企業理念①「一人ひとりの多様な価値観を自由に表現し、尊重できる世界を創造する」は、選択肢3．価値観の多様化に対応するためブランドラインナップを拡大。潜在顧客の幅を広げ、より多くの多様な顧客を獲得することで売上げを50%拡大する。
　　企業理念②「世界中の人たちが手に取り満足できる服を届け続ける」は、選択肢1．だれもが使いやすいシンプルなデザインかつ品質が高い低価格ラインを強化。店舗数を拡大し生産拠点を増設することで、販売量業界トップを目指す。
　　企業理念③「持続可能な社会の実現に向けたアパレル業界のトップランナーとなる」は、選択肢4．現在の生産工程を見直し、温室効果ガス排出を大幅に削減。地球環境に配慮した次世代生産工程の確立により、他社からのOEM生産の受注を国内トップに引き上げる。
6) 加護野，吉村（2021）(p.94)
7) 加護野，吉村（2021）(p.29)
8) 入山（2019）(p.13)
9) 中小企業基盤整備機構　https://j-net21.smrj.go.jp/qa/org/Q0195.html　（2022/10/26取得）
10) Boston Consulting Group https://www.bcg.com/ja-jp/　（2022/10/26取得）

11）小山内行政書士事務所 https://www.gyoumuitakukeiyakusho.com/work-contents-of-consulting-contract-agreement/ （2022/10/26取得）
12）経済産業省 https://www.chusho.meti.go.jp/shindanshi/index.html （2022/11/1取得）
13）中小機構 https://www.smrj.go.jp/org/info/solicitation/2021/ucigs50000003fm5.html （2022/11/1取得）
14）石山（2015）（p.201）
15）https://www.hakuhodo.co.jp/magazine/55039/ （2023/1/6取得）
16）1970年代のアメリカで商業施設において、商品の見せ方、売り方に対して独自のビジュアル戦略を確立するために生まれた概念で、小売の店頭に力点をおき、生活シーンの演出や視覚的な訴求陳列に重点を置く手法。略して「VMD」。

第2章

日本初の"シリコンバレー型IM・CD"
佐藤利雄が生まれた背景

出所：岩手県平泉町[1]

中尊寺金色堂

佐藤利雄は、1956年、岩手県花巻市で生まれた。花巻市は人口約9万人（2023年現在）の地方都市である。東京周辺や関西といった都会ではなく、**日本の地方都市のIM・CDという意味では、佐藤利雄は唯一無二の創始者**である。

　なぜ、岩手県花巻市で日本初の"シリコンバレー型IM・CD"が生まれたのか？　そこには単なる偶然ではない背景がある。一橋大学の関満博教授は、それを「岩手県は苦難の歴史を持った県なのです」と表現する。

〇この章の研究課題
　・岩手県の苦難の歴史・産業政策史とは？
　・花巻市の産業史・産業政策史は？
　・花巻市起業化支援センターとは？

〇キーワード
　・東北を馬鹿にする人たちに対する反骨精神
　・東京からの時間距離
　・谷村株式会社　新興製作所
　・花巻市の工業の特徴である起業文化
　・北上川流域テクノポリス
　・INS（岩手ネットワークシステム）
　・内発型産業振興政策

〇理論
　・BTF理論
　・弱い紐帯理論
　・構造的空隙理論
　・ネットワークの価値、類型の理論

1. 岩手県の歴史——縄文時代から明治時代まで——

　花巻市が所在する岩手県の歴史を振り返る。共著者の吉田雅彦は長崎県佐世保市生まれで各地を転校したが、父が岩手県出身で、岩手県遠野市に帰省しながら育った。

　岩手県にも縄文遺跡が多くある。1万年前に起きた地球温暖化で、海面は現在より3メートル高く、海が内陸まで入り込んでいた**(縄文海進)**[2]。**岩手県は現在よりも暖かく、住みやすかった**と考えられる。

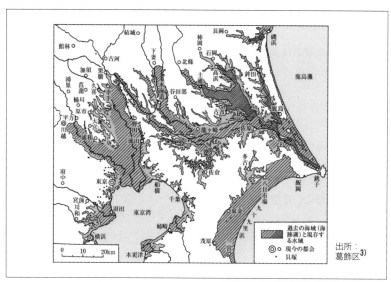

[図2-1] 縄文海進（地球温暖化）と関東平野

　日本史に岩手県が登場するのは、**西暦789年**、朝廷軍に大勝した蝦夷のリーダーの**阿弖流為**である。802年、阿弖流為は仲間の母礼とともに、征夷大将軍の坂上田村麻呂の朝廷軍に降伏し、京都へ行く。田村麻呂は朝廷に2人を故郷へ返すよう進言するが聞き入れてもらえず、阿弖流為と母礼は大阪府枚方市で処刑された[4]。

　1051〜1087年の前九年・後三年の役は、岩手県を中心に秋田県、青森県までを勢力下に置いた安部貞任・宗任兄弟が朝廷に従わなかったため、朝廷が、源氏の源頼義・義家の父子を派遣して戦わせ、力で従わせた。源氏は、この功績で江戸時

出所：岩手県[5]

[写真2-1] 悪路王（阿弖流為）首像

代が終わるまで**武家の棟梁（リーダー）になった**。徳川家も源氏であると自称している[6]。安部貞任が最後に追い詰められて敗死した砦（厨川柵）は、男女数千人が立てこもったとされる大規模な城郭で、盛岡駅の北西2kmの場所にあったと推定され[7]、安倍館、前九年などの町名が残っている。

　安倍晋三元総理は、演説の中で「安倍貞任の末裔（子孫）が私になっている。ルーツは岩手県」と話した[8]。

　1094年、安部氏の勢力を受け継いだ藤原清衡は、岩手県の平泉に拠点を作り、金鉱山の財力を背景に、**中尊寺金色堂**など仏教文化でまちづくりをした。平泉は、京都・平安京に次ぐ全国第2位の都市となって繁栄した**（平泉文化）**。

　しかし、1189年、**源頼朝**に追われる**源義経**を保護して居させたことと、源頼朝が藤原氏の勢力をリスクと判断したため攻撃を受け、敗北・滅亡した[9]。源頼朝は、鎌倉時代の岩手県に、多くの鎌倉御家人（鎌倉の将軍と主従関係の武士[10]）を送り、領地を細かく分けて領有させ、勢力が強くならないように分割統治（団結させないで楽に支配する[11]）した。これ以降、岩手県を中心とする勢力の中央への反乱は起きていない。源頼朝が優れた政治家・軍略家であったことがわかる。

　現在、岩手県に中規模都市が多くあって、新幹線の駅が7つある（注：2024年現在、新潟県と並んで最多）のは、鎌倉時代以降、小規模な領主が団結しないでばらばらだった名残りである。

　1467～1568年の戦国時代の岩手県は、小規模な領主が団結しないでばらばらだったため軍事的に弱い地域となっていて、結果として、北から南部氏、南から伊達氏に侵略された。江戸時代の岩手県は盛岡藩・八戸藩（南部氏）と、仙台藩・一関藩（伊達氏）に分割された。**盛岡藩・八戸藩（南部氏）は青森県東部と一体**で、仙台藩・

第2章　日本初の"シリコンバレー型IM・CD"佐藤利雄が生まれた背景　35

出所：
岩手県平泉町[12]

[写真2-2] 中尊寺金色堂

一関藩（伊達氏）は宮城県と一体であった。藩の境界は、花巻市の南隣の北上市の中にあった。花巻市は、盛岡藩が仙台藩に対抗する拠点の一つとなり、花巻城は境界の警備に当たっていた[13]。

　江戸時代の岩手県・青森県東部は、凶作（コメが獲れないこと）、飢饉（食べるものがなくて人々が苦しんだり死んだりすること）がたびたび起きた。縄文時代後期（紀元前約2,000～1,000年）から地球は寒冷化していた[14]。稲はもともと亜熱帯の植物で、岩手県・青森県東部は江戸時代の稲作の北限であった。条件の良い年はコメが収穫できるが、オホーツク海からの低温の東北風（地元で「やませ」という風）が吹いて、コメの稲穂が出る大事な時期にしばらく「やませ」が居座って低温が続く年は、コメが獲れなかった。

　明治時代になっても、やませの風でコメが獲れない年はあった。花巻市出身の**宮沢賢治の「雨ニモマケズ」**の詩の中の**「寒さの夏はオロオロ歩き」**は、そのつら

[図2-2] 江戸時代の岩手県

[写真2-3] 「やませ」で発生した霧

さ、やるせなさを表現している。

　それでも、盛岡藩、八戸藩（南部氏）は水田増強政策を続け、寒冷地向け作物に転換しなかったため、たびたび飢饉を起こした[17]。凶作・飢饉で人が餓死するのは、条件の良い年は収穫できて人口が増えるが、凶作の年は増えた人口が食べられるだ

けの食料が獲れないからである。例えば、寒冷な気候に強い「ヒエ」などの穀物を作って、いつも同じような収穫量であれば、コメづくりよりも人口は増えないだろうが、凶作で餓死することはない。元禄8（1695）年、宝暦5（1755）年、天明3（1783）年、天保4（1833）年の飢饉は悲惨（悲しく、みじめなこと）で、南部四大飢饉といい、各地に供養塔や仏像が作られている[18]。

江戸時代の岩手県も、他県と同様に、藩による武家の教育、寺子屋での庶民教育が行われていた。

明治維新の際の岩手県は、1868年の戊辰戦争で、東北・新潟県の諸藩が結んだ維新政府に反抗する軍事同盟（**奥羽越列藩同盟**）[19] に参加したため、**賊軍**（天皇に逆らった軍）となり、敗戦した。戊辰戦争に勝った薩摩、長州などの新政府軍は、東北地方を「**白河以北一山百文**」つまり、白河の関よりも北の"東北地方"は、一つの山が百文の価値しかない土地だと嘲笑した（注：江戸時代の料理人の賃金が1日300文[20]）。1897年創業の宮城県の地元新聞「河北新報」の新聞名・社名は、白河以北の「河北」から命名し"負けるものか"という気持ちを示している。1918〜21年、総理大臣を務めた岩手県出身の原敬は、別名を一山と号し、書道作品などの作者を示す落款印に「一山百文」と刻んで、静かな怒りを表現した[21]。（理論編の「BTF理論」に関連する。）

一般の日本人が東北地方や東北弁を下に見る傾向、それに対して、東北の人たちが結束して反発する傾向は、1970年代まで色濃く続いた。江戸時代にコメが獲れて豊かだった秋田、山形、宮城県に比較して、特に、旧盛岡藩・八戸藩の岩手県・青森県東部は、飢饉の様子が歴史の教科書に掲載されていたりして、貧しいイメージが日本中に定着していた。

明治時代以降の岩手県からは偉人が多くでる。文化・学術では、宮沢賢治、石川啄木、金田一京助、田中舘愛橘、新渡戸稲造。政治では、後藤新平や、5人の総理大臣、原敬（第19代、盛岡市）、斎藤実（第30代、奥州市）、米内光政（第37代、盛岡市）、東條英機（第40代、盛岡市。出生地は東京市）、鈴木善幸（第70代、山田町）を出した。この背景は、江戸時代からの教育と、東北を侮蔑する人たちに対して、屈服しないで貫き通そうとする強い心（**反骨精神**）によるところが大きかったと考えられる。（理論編の「BTF理論」に関連する。）

詩人・彫刻家の高村光太郎（1883〜1956年）は、第二次世界大戦中に花巻市に疎開（戦災を避けること）し、戦後もしばらく暮らした[22]。高村光太郎は「岩手の人」という詩で「**岩手の人沈深牛の如し**」つまり、岩手県の人は、牛のように寡黙で真面

目、思慮深くて冷静、世の流行や周囲の雑音に惑わされることなく、目標達成に向けこつこつと努力すると評している[23]。歴史や、厳しい気候や環境によって形成された県民性であろう。

高村光太郎は、疎開した地区の中学校（花巻市立西南中学校）の生活信条「**心はいつでもあたらしく　毎日何かしらを発見する**」を作成して自筆の書を残している。佐藤は生家（生まれた家）近くのこの中学校に通い、今もこの言葉がIM・CDの活動に影響を与えていると言う。（理論編の「センスメイキング理論」「エフェクチュエーション」に関連する。）

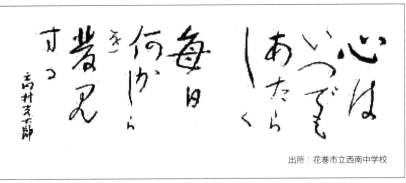

［写真2-4］高村光太郎作　花巻市立西南中学校の生活信条

高村光太郎が亡くなった1956年に佐藤が生まれている。「何かを感じる」と佐藤は言う。

● ●

理論2　BTF理論

BTF理論（企業行動理論, behavioral theory of firm）は、**優れた経営者**が長年の経験の上で語った"教訓"を、経営学の理論で説明できることで注目された。4つの要素を結ぶ5つの関係性で、**組織の志と目線が、組織の長期的な結果（パフォーマンス）に影響を与える過程**を示している。

企業の高い志と目線が、長期的な好業績をもたらすケースを、図2-3で見てみよう。

①は、企業が事業努力をすると今期の業績見込みが上がることを示している。BTF理論は、心理学を背景に、事業努力のうち、**経営者が視野を広げる努力を重視**している。具体的には、身近で知っていることの周辺から調査研究して、少し

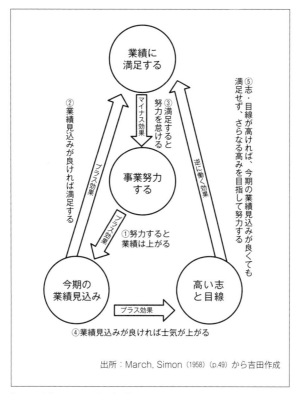

[図2-3] BTF理論の概念図 —— 高い志で好業績を続けるケース ——

ずつ視野を広げて調査研究し、新しい可能性、選択肢を探すことを重視している。なぜなら、ミクロ経済学が仮定している"すべての情報をタダで瞬時に手に入れられる"ことは現実にはなく、**人は身近からだんだんと視野を広げることでしか情報を得ることができない**と考えるからである[24]。

　②は、今期の業績見込みが上がると業績に満足することを示している。満足することは幸せなことである。

　③で、満足すると事業努力を怠ける方向に力が働く。そのまま放っておくと、「①」が逆に働いて、今期の業績見込みが悪くなってしまう。どうしたらよいのか？

　④は業績見込みが良さそうだと、組織の士気（人々が団結して物事を行うときの意気込み）が上がることを示している。

⑤は、志・目線が高ければ、今期の業績見込みが良くても満足できない。さらなる高みを目指して努力することを示している。優れた経営者の教訓で、例えば、京セラ創業者の稲盛和夫氏は、「人間として何が正しいか」を判断基準に置くと言っている[25]。このような高い志があれば、多少の好業績に満足せず、組織を高いところに導くことができるであろう。

経営者の低い志と目線が、会社を倒産させるケースも、**図2-3**の説明文を少し変えた**図2-4**で説明できる。

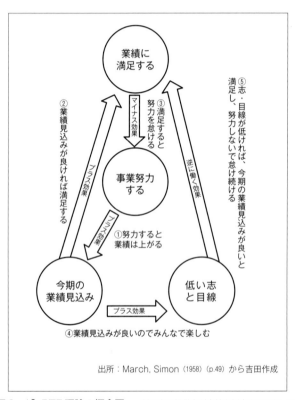

[図2-4] BTF理論の概念図 —— 低い志の経営者が会社を倒産させるケース ——

①は、企業が事業努力をすると今期の業績見込みが上がることを示している。
②は、今期の業績見込みが上がると業績に満足することを示している。満足することは幸せなことである。

③は、満足したので事業努力を怠けることを示している。
④は、業績見込みが良さそうだということで経営者も社員も喜ぶが、もともと志と目線が低いので、楽しんで終わる。
⑤は、志と目線が低いので、満足して事業努力を怠け続ける。そして、会社は倒産する。

佐藤は、「事業化まで5年と区切る。成功しないことを長く続けてもおカネを失うだけになるし、起業にはたいへんな気力、労力が必要になるので、本人の人生のためにも期限を区切った方がよいという経験則からである。起業では、まずは、経営者がその気になるかが重要だ。伴走支援するIM・CDの役割は、"起業家をその気にさせるか"が大事になる。」と言っている。**起業家、経営者の志と目線を上げることが、起業や経営革新の成功の鍵**となる。

佐藤は、初期の入居企業の倒産を身近で見て"もうしわけない"と思い、個別企業支援は"公平でない"と批判されても、技術営業支援を続けた。それは、佐藤の**志と目線が高かったから**である。志と目線が高くなければ、"もうしわけない"とは思わないし、批判されたら支援をやめてしまっただろう。

2. 1939年、北上市の黒沢尻工業高校誘致

1972〜74年、佐藤は、**岩手県立黒沢尻工業高校電気科**に入学し、卒業した。

佐藤が、黒沢尻工業高校に入学したのは、父親の意向が強かったという。6歳上の兄、佐藤清忠[26]が同校電気科を卒業して、岩手大学の技官として就職したので「その道を進みなさい」と言われ、中学から黒沢尻工業高校電気科への進学だけを考えていたという。

黒沢尻工業高校は、1939（昭和14）年、黒沢尻町（現在の北上市）が誘致した。
花巻市の南隣の北上市黒沢尻は、江戸時代は奥州街道の宿場町、北上川舟運（しゅううん）(川船による宮城県石巻市からの輸送。馬や牛よりも大量輸送できた）の中継基地で、物資や人の交流が盛んであった。「黒沢尻」は、支流の黒沢川が北上川に合流する最終地点「尻」を意味するという。盛岡藩と仙台藩の境界であったことから、出身地や習慣の違いを越えて誰でも受け入れるという開放的な土地柄が生み出されていったといわれる。

岩手県の交通事情は、1890（明治23）年、盛岡駅が開業し、鉄道が上野まで通じ

た[27]。1891年、青森まで開通して、**上野駅 — 青森駅間は1日1往復、片道26時間半**であった[28]。

　鉄道開業で北上川舟運が衰えた後も、北上市は、明治政府が進めた北上市の西部の鉱山開発の基地となった。鉱山が閉鎖された後は、農業以外の産業が衰退していった。

　この時期、工業による北上市発展への地元の熱意を物語る「前史」として今も語り継がれているのが、**1939年の黒沢尻工業高校の、町をあげての誘致運動**である。岩手県庁に対し、工業の基礎となる若い人材育成を熱望する町長・議会などが、周辺町村とともに活発な陳情を行い、当時の総事業費90万円のうち、建築費総額37万円と敷地1万5000坪を提供した。当時の黒沢尻町の年間予算は約20万円であり、町の将来を賭けた決断であった[29]。

　後の1991年に、**北上市企業立地課長（初代）に着任した石川洋一氏**（故人，1996年急逝）は、企業誘致、工業団地の造成、産業支援組織の設立に、精力的に取り組んだ。企業誘致が進まないときは、課員とともに日経新聞などを毎日読んで、投資しそうな会社を見つけると出張して安宿に泊まり、責任者に会えるまで帰らなかった。当時の高橋盛吉（もりよし）市長から団地の売値などを任されていて、良い案件はその場で契約した。北上市に来てくれた企業を放置せず、操業に不自由がないように相談に乗り、市役所内の関係部署と協力して企業支援した。

　石川氏に「なぜ、そんなに志高く働くのか？」と共著者の吉田（当時は、岩手県工業課長）が尋ねたことがある。（理論編の「BTF理論」に関連する。）石川氏は言った。「私の祖先は、江戸時代の初めに北上市の相去（あいさり）地区という仙台藩の北の端に着任し、代々、そこに住んでいます。私の家の役目は、ある日、盛岡藩が攻めてきたら、一族の中で足が速い者を伝令（軍隊の部隊間で情報を伝達する兵士）として走らせて、残りの者は、伝令が無事に走りきるように、死ぬまで戦って時間を稼ぐ役割でした。その逃れられない重い運命を抱えて、江戸時代の260年間を過ごしたのです。今は、『北上市が良くなるように』ということだけを考えて、団結して働くことができます。嬉しくて、嬉しくて、働いてしまうのです」。[30]

3. 1945年、谷村株式会社新興製作所が花巻市に疎開工場を作る

　花巻市は、岩手県の中央に位置し、西側に奥羽山脈、東側に北上山地があり、間を北上川が北から南に流れてつくった北上平野の豊かな自然に恵まれ、農産物が実

第2章　日本初の"シリコンバレー型IM・CD"佐藤利雄が生まれた背景　43

る穀倉地帯である。もともと農業を基幹産業としてきた[31]が、江戸時代から、花巻温泉郷がある温泉観光都市でもあり、商業都市でもあった。岩手県唯一の空港である「いわて花巻空港」もある。

1945（昭和20）年、谷村株式会社 新興製作所が、東京の蒲田から花巻に疎開工場（戦災を避けて移転する工場）をつくった。創業者の谷村貞治氏（1896-1968年）が、花巻市の北隣の石鳥谷町出身という縁からだった。谷村氏は、1937年、東京の蒲田に新興製作所を創業し、日本語をテープに印字する印刷電信を発明した。戦後は、全国の電信局の復旧のための機器を製造した。1951年、和欧文テレプリンター（印刷電信機）を完成させ、その後も、帳票伝送機、米国ウェスタン社と技術提携して電子計算機に連動する自動さん孔機（コンピュータ用のカードや紙テープに穴をあける機械）、漢字テレプリンター（印刷電信機）、新聞報道の機械化システムを開発し、販売した。その間、参議院議員2期、自由民主党岩手県連会長など政治にも関わり、岩手県経営者協議会長も務めた[32]。**大谷翔平**の母校の花巻東高校の前身の谷村学院高等学校の創始者でもある[33]。

新興製作所は、旧逓信省（現在の東京電力、NTT、日本郵政を合わせた中央官庁）、電電公社（現在のNTT）という優良取引先を持ち、最盛期には地元で3000人以上を雇用した[34]岩手県のトップ企業であった。花巻市周辺では、新興製作所の下請・協力企業を中心に、電気、電子、精密機械などの製造業が近代化し、様々な業種の製造業が連携しあう**工業集積**が形成されていった[35]。**花巻市の工業の特徴である起業文化**は、新興製作所の下請け仕事や関わりの中で、この時期に様々な起業が行われたことが始まりである[36]。

4. 1945〜70年代の国の地方産業政策

第2次世界大戦が終わった1945年から高度成長期（1950年代後半〜1970年代）は、世界が米国中心の"自由経済諸国"とソビエト連邦（現在のロシアなど）中心の"社会主義諸国"に分かれて、"**冷戦**"という長期の戦争状態となっていた。日本は、自由経済諸国に属し、その中では、国民の能力や学歴に比較すると賃金が低かったし、人々は勤勉に働いたので、産業競争力が強かった。

- 三菱や住友など旧財閥が復興・発展した。
- 松下電器、ソニー、トヨタ、ホンダなど、戦前戦後にできたベンチャー企業が大きくなった。
- 富士通、ファナックは、社内ベンチャーから大きくなった。
- 敗戦で、軍需産業から平和な産業に転換した富士重工（スバル）、マツダは、も

ともと技術力が高かったので発展した。

　第2次世界大戦の空襲（米軍の飛行機が爆弾を投下して、街を焼き、人を殺すこと）で街や工場は焼け野原（火が一面に焼きつくして何もなくなった場所）になり、勤め仕事が少なかったことや、兄弟姉妹が多くて家業を継げない人が多かったので、個人事業の創業が活発で、中小企業が活力を持っていた。日本は世界に例のない高度成長を遂げた。

　1955～73年の高度成長期、京浜、阪神などの工業地帯は、水、空気、土壌の汚染などの公害問題（1960年代～）、工場周辺の住宅地化、工業用地・用水不足に悩まされた。

　1962年の**全国総合開発計画**により、四大工業地帯（京浜、阪神、中京、北九州）から地方への工場分散が進められ、**工場三法**（工場等制限法、工業再配置促進法、工場立地法）で都市から地方への工場や大学の移転が進められた。

　1970年代までに港に面した重化学工業が、1980年代までに内陸型工業が地方に移転した。**この時期、地方経済は大きく伸びた**[37]。この時期の国の地方産業政策は、**大都市圏から地方への産業分散と、中央と地方の格差是正が目的であった。**

　岩手県の交通事情は、1958年、特急「はつかり」が運転を開始した。**1964年の上野―盛岡の寝台特急（夜行列車）の所要時間は10時間であった**[38]。1970年ごろの特急「はつかり」の上野―花巻の所要時間は7時間であった。現在であれば、飛行機で東南アジアに行けるくらいの時間が、東京と岩手県との移動にかかっていた。

5. 1955年～90年代の花巻市の産業事情

5-1. 1955年から、花巻市役所による企業誘致・工業団地づくり

　1955（昭和30）年ごろから、花巻市役所による企業誘致や工業団地づくりが盛んに行われた。1974年、リコー光学が花巻工業団地に誘致された[39]。1960年代中ごろから花巻市は、①工業集積をつくる、②地元の雇用を確保する、③税収をあげることを意識して工業団地をつくり、企業誘致を進めた。日本全国の工業都市が同じような地域活性化の努力をしていた。

　しかし、
- **1971年に1ドル360円の固定為替が終わって円高が始まり、輸出企業が苦しく**

- 1973年、1979年と2回の**石油危機**が起きてエネルギー価格が急上昇し、産業・社会が苦しくなった。
- 1970年代に韓国、台湾、シンガポールなど、**新しく工業が発展する国との競争**が始まり、**低賃金のアジアに工場を移転する日本企業が増えた。**

このような経済社会の変化から、花巻市の工業誘致はなかなか進まなくなっていった[40]。

1979年、高速道路の**東北自動車道**が盛岡南インターチェンジまで開通し、**1982年、東北新幹線**が盛岡まで開業して、岩手県は、これまでの歴史背景が変わるほど変化した。日本の中心が京都から東京に移ったことも大きな変化の要因である。

岩手県は、平安時代からの"東北の奥の僻地（不便な場所）"という位置づけから、"東京からの距離も移動時間も関西と同程度"という好立地に変化した。2024年現在の東京－盛岡の新幹線は最速**2時間10分**である。

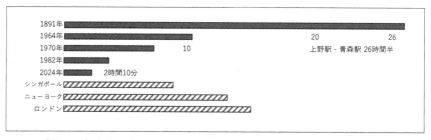

[図2-5] 東京・盛岡の時間距離の推移と、主要都市への飛行時間（2024年）

5-2. 1986年、谷村株式会社新興製作所の倒産と花巻の起業文化

1986年、谷村㈱新興製作所が会社更生法を申請して倒産した[41]。事業の縮小・従業員の解雇が行われた。**新興製作所を退職した技術者の中には、起業して電気、電子、精密機械の会社を創業した者も多くいた。**たいへんな状況ではあったが、花巻市の起業文化がいっそう強いものになった。花巻市役所は、起業や協力会社の経営支援を行った。現在も、社歴に谷村㈱新興製作所との関わりをもつ製造業が岩手県内に多い[42]。

交通事情が良くなり、1984年、松下通信工業が花巻に誘致され[43]、花巻市は、工業出荷額で岩手県内1位になった。しかし、**1991年からのバブル崩壊と長期不況**で、花巻市の企業誘致はうまくいかなくなった。

他方、南隣の北上市は、バブル崩壊と長期不況の中でも、石川氏の活躍などで企業誘致を成功させ、工業出荷額で岩手県内1位になった。**石川洋一氏もまた、岩手県の偉人である。**花巻市の関係者は、北上市の成功に刺激されていった[44]。

6. 1980～90年代の国・岩手県・花巻市の地方産業政策

6-1. 国の地方産業政策

1987（昭和62）年、岩手県の県央部を"北上川流域テクノポリス"に国が指定した[45]。このころの国・通産省の地方工業振興策と、岩手県庁、花巻市の産業振興策を見てみよう。

1980年代の国の地方産業政策は、工場の地方移転だけでなく、本社、研究開発部門、母工場（ぼこうじょう）（設計と試作を行う企業の主力工場）の地方移転に挑戦した。1983年 テクノポリス法、1991年 頭脳立地法、1992年 地方拠点法である[46]。

6-2. 岩手県庁の産業政策・INS

岩手県庁の産業政策は、第2次世界大戦が終わった1945年から高度成長期（1950年代後半～1970年代）は工業誘致だった。しかし、東京まで鉄道で10時間かかり、道路は一般国道で500km以上という条件では、なかなか来てくれる企業は少なかった。この時期に岩手県庁が造成した工業団地で、作ったが長い間売れず、土地買収・造成工事の借金が返せず、県議会で議決して特別損失を計上して、税金を使って累積赤字の借金をやっと返した物件もあった。

1979年 東北自動車道が、1982年 東北新幹線が岩手県まで伸びてからは"東京に近くて安い"という立地になり、「工場の地方展開だけでなく、本社、研究開発部署、母工場の地方移転を支援する」というテクノポリス法などの目的を、岩手県で実現できる可能性が出てきた。

この時期の**岩手県の産学官**の動きを見てみよう。

1987（昭和62）年、任意団体INS（岩手ネットワークシステム）という日本初の産学官連携組織が、岩手大学、岩手県庁、産業界などの有志によって設立された。1992年、INSは組織化された。INSは、志（こころざし）をもった個人の集まりで、勤務時間外で一緒に学び、懇親し、全人格的な関係性を作る。（理論編の「SECIモデル」に関連する。）もし産学官連携で何か一緒にできそうであれば、自分の職務権限の範囲内で勤務時間内でも協働する。組織の壁を乗り越えて、重要な**ヒト、モノ、カネ、情報という経営資源が、しなやかに強く結びつく人的ネットワーク**である。（理論編の「弱い紐帯（ちゅうたい）」「オープンイノベーション理論」「バウンダリースパナー」に関連する。）INSは、2003年、産学官連携活動で経済産業大臣賞表彰を受けた。

出所：INS

[写真2-5] 2003年、INSの経済産業大臣賞

岩手県庁は、1986年、テクノポリス財団を設立し、テクノポリス法の実行組織とした。1992年から、岩手県庁の相澤 徹（あいざわとおる）氏は、権田金治早稲田大学教授（故人）と、内発型産業振興やインキュベーションの議論をしていた。1994年、相澤氏は、岩手県庁の工業課長補佐に人事異動し、米国テキサス州オースチンのインキュベーションに、権田教授を団長として職員3名（黒沢芳明氏（くろさわよしあき）、菊池甚成氏（きくちやすなり）、宇部眞一氏（うべしんいち））を派遣した。この視察の成果として、「インキュベーションは、まずは起業家養成から」ということで、**1995年、テクノポリス財団に委託して"いわて起業家大学"を開始**した[47]。いわて起業家大学は、2005年までに累計840人が受講し、450人の修了生を出した。受講内容は経営や会計の一般的な研修ではなく、①福島正伸氏（ふくしままさのぶ）から、「経営

者がいかに孤独で、経営には周りからの支援をいかにいただかなければならないか」などのメンタル面の講義を集中的に行う。②事業プランを作成、発表する。という特色のある内容だった[48]。

1994年、岩手県工業試験場、岩手県醸造食品試験場の両試験場を統合し、「**岩手県工業技術センター**」として発足させた。

共著者の吉田は、通産省（現在の経済産業省）から岩手県庁に出向し、工業課長（1992～94年）として、テクノポリス財団を担当し、岩手県工業技術センター統合・発足に関わった。INSメンバーとも交流した。

吉田は、岩手県工業課長のときに「INSに参加しよう」と考えて、当時の岩手県庁の上司（大学を出て県庁に入ってずっと務めてきた人。とても良い人）に「INSに入りたいですがいいですか？」と聞いたら「INSは"不良"の集まりで、吉田さん（共著者）のような国から出向してきているような方が入っては"わがね！"（岩手弁でダメ！）」と強くダメ出しされた。（理論編の「バウンダリースパナー」に関連する。）"愛あるダメ出し"を受けて仕方がないので、岩手県庁にいる間は会員にならずに交流し、通産省に戻ってからINSの会員になった。「何でも上司に許可をもらおうとするのはやめよう」と思った。

岩手大学は、**1993年**、**岩手大学地域共同研究センター**設置、2004年、岩手大学地域連携推進センターへ改組（生涯学習教育研究センター・地域共同研究センター・機器分析センターの合併）を行った[49]。

6-3. 花巻市の産業政策・花巻工業クラブ

この時期の**花巻市の産学官**の動きを見てみよう。
1990年、花巻工業クラブを設立した[50]。
1992年、花巻市が、花巻工業クラブ参加企業100社を調査した結果、
- 地域内で仕事が流れている割合は2割に満たない。
- 円高による工場のアジア移転で、1992年からは調査対象企業の製造品出荷額が減少している[51]。
- 地元企業の保守的な経営体質が問題である。

ことがわかった。
花巻工業クラブから花巻市役所に対して
- 谷村㈱新興製作所の時代からあった企業家風土を引き出す努力が必要である。

・産学官連携が大切である。
・地元企業のベンチャーマインド（挑戦精神）が必要である。
・地域企業と誘致企業との経営感覚、技術力等が離れすぎている。
・花巻市は、企業誘致だけではなく、新しい産業振興策を行う必要がある。
と提言した。

この提言に基づいて、花巻市役所は、従来の企業誘致に加えて、新規創業支援、産学官連携支援などの**内発型産業振興政策**（外からの企業誘致でない産業政策）をとりまとめた[52]。

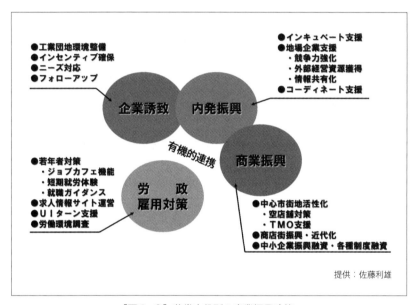

[図2-6] 花巻市役所の産業振興政策

花巻市は、一橋大学の関教授から「何も億単位のお金を使わなくても産業振興はできる。廃校跡に工場を誘致したり、土地がないシンガポールでは賃料の安いビルに企業誘致して、企業は、ビジネスの可能性が見えたときに工場を探すという方法で成功している例がある」と助言を受けたという[53]。

1994（平成6）年、空き倉庫（約70坪）を花巻市で借り上げ、県の補助金も使って、3室の**インキュベーション施設**を作った[54]。

同年、花巻市は、東北通産局から「通産省（現在の経済産業省）の補助金を使って、

出所:佐藤 (2005),関,関 (2005) (p.199)

[写真2-6] 1994年の花巻市のインキュベーション施設（第1期 花巻市起業化支援センター）

花巻市が構想する"起業家に研究室、工場を安く貸す施設"を作ったら」という助言を受けた。

1996（平成8）年、花巻市は、新設の**花巻市起業化支援センター**を開所した[55]。施設管理は、花巻市産業部商工労政課、事業運営は花巻市技術振興協会（任意団体）の体制であった。

1996年の花巻市起業化支援センターは、15,834.61㎡の敷地があり、
①センターハウスは、
- レンタル研究室8室 (15坪) 使用料:月額61,000円
- 開放試験室5室 ①精密測定室、②環境試験室、③電子開発室、④CAD研究室、⑤材料試験室[56]（測定・試験機器 計19機種）
- 情報交流室（商談等に無料開放）
- 会議室 (30人収容／無料開放)
- 事務室

②レンタル工場棟は、
- Aタイプ (30坪) ×3棟
- Bタイプ (50坪) ×7棟

花巻市起業化支援センター
レンタル工場棟とセンター
ハウス（上空から）

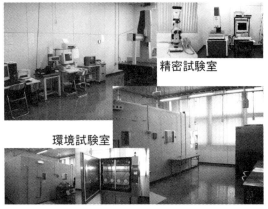

花巻市起業化支援センター
　センターハウスの中の試験室

出所：佐藤（2008a）（pp. 9-10）

[写真2-7] 花巻市起業化支援センター　センターハウス

● Cタイプ（100坪）×3棟
    使用料：月額53,000円～171,000円
であった。

事業内容は、
- **インキュベート事業**　入居企業支援、新規創業支援
- **地域企業支援事業**　コーディネート支援、新事業創出事業、販路拡大支援、経営資源の充実支援、関係機関・地域連携、情報収集・情報発信
- **受託事業**　花巻市などからの事業受託
- **地域関連団体などへの事業参画**　花巻商工会議所、花巻工業クラブ

であった。

当初の協会職員は5名ほどで、現在は約10名の民間出身者が勤務している。人口10万人程度の地方都市で、これだけの施設と民間人を雇用している自治体は、他にはなかった。

1996年の花巻市起業化支援センターが開所してからの入居企業、試験機器の使用状況は、

【推薦図書1】加藤茂夫 監修，東京コンサルティンググループ編（2000）『核心経営：企業の存続と発展へのガイドブック』白桃書房

の第17章「企業インキュベータの役割——HICの事例を中心に——」を佐藤が執筆し、詳細に解説されている。

入居条件と入居期間は、タイプ別に、①研究開発型企業（3年）、②高度技術を持っていて花巻市内に工場展開の意思がある（3年）、③高度技術の設備投資をして花巻市内で起業する（5年）であった。

2000年9月には、研究室に7社、工場棟は満室で、希望する入居者に外部の広い空き工場を探す支援も行っていた。花巻市は、自社都合で退所する企業に制約を設けておらず、自治体が運営するインキュベーションで、制約がないのは珍しかった。

1996年から、機器の使用方法やインターネットの講習会を行った[57]。

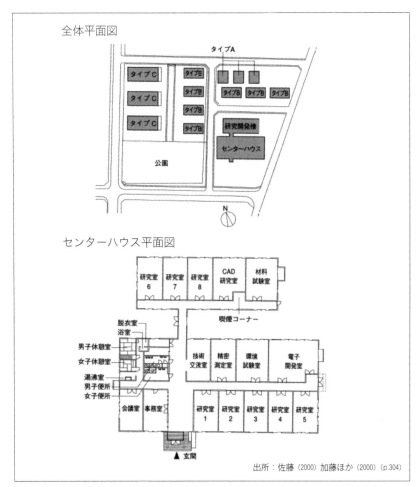

[図2-7] 1996年の花巻市起業化支援センター

理論3 弱い紐帯理論（SWT 理論）

"**弱い紐帯**"理論（SWT理論, Strength of Weak Ties theory）は、社会学の世界的な定番の教科書である『ギデンズの社会学[58]』にも載っている**有名な社会学理論**である。経営学、経済学でも多く引用されている。「理論4　構造的空隙理論」、「理論15　信頼の理論」も社会学の理論で、経営学では多く引用されて有名だが、『ギ

デンズの社会学』には載っていない。社会学で評価される社会学の理論と、経営学、経済学で評価される社会学の理論は違うようだ。

グラノベッターは米国の社会学者で、27歳で博士論文を書くときに「人々は転職のきっかけをどうやって探すのか」という調査研究をした。グラノベッターは、「仲のよい人や親類を通じて転職先を探すだろう」と仮説を立てて調査を進めていった。しかし、結果は意外なものであった。自分と強い紐帯（strong ties, 強い関係性）を持つ人たち（週2回以上会うような人たち）は、転職に親身になって助けてくれるかもしれない。しかし、自分と親密な人たちの情報は、自分が既に知っている情報とほとんど変わらない傾向があるので、転職に結びつく情報が得られたケースは少なかった。一方で、自分と**弱い紐帯**（weak ties, たまにしか会わない関係性）の人たちは、**自分が持っていない就職情報を持っていた**ので、その情報によって転職した人が多かった[59]。

この発見は1973年に論文で発表され、構造的空隙理論、ネットワーク理論などに応用されていく。

・・

理論4　構造的空隙理論

1992年、米国の社会学者のバートは、弱い紐帯理論を展開して、**構造的空隙**（Structural Holes）理論を考えた。

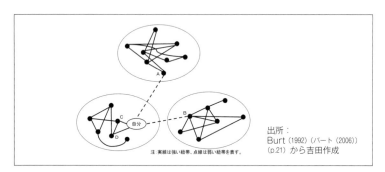

[図2-8]　構造的空隙

構造的空隙理論を図示する**図2-8**の3つの楕円は、強い紐帯（strong ties, 強い関係性, 週2回以上会うような人たち）を持つ人たちの集まりを表現している。その中では、常に情報が交換されているので、各人は、他者が知っていることを知っている。

楕円と楕円の間は、情報が行き来しない。これを構造的空隙と呼んだ。親しく

ない人の間では情報は交換されない、情報流通の隙間になるという意味である。

新しい考えや、新しいチャンスに結びつく情報は、強い関係性を持つ仲間からは来ない。なぜなら、自分と同じ情報しかもっていないからである。だからこそ、弱い紐帯には力がある。弱い紐帯は、広い社会の中で分断されてしまいがちな情報を流すルートとして必要だ[60]と説明した。

そのうえで、**図2-8**の「自分」や、Aさん、Bさんは、**構造的空隙を越えて情報を流す橋渡しの役割を果たしているので、情報から利益を生み出せる。情報から利益を生み出すには、できるだけ多くの離れた集団を橋渡しできる人になればよい**と考えた[61][62]。

佐藤は、「他の機関のIM・CDとの人的ネットワークがあれば、必要なとき、必要なことをすぐに教えてもらえる」と言い、様々な人たちとつながっている[63]。岩手県内、東北地方、国などの関係者と意識してネットワークづくりをしている。IM・CDを志す人は、産学官ネットワークに積極的に参加して、人脈を作る必要があると言う。自分が作った人脈は、組織を辞めても継続できる。逆に、組織は人ではないので、"人脈"を作ることは難しい。佐藤は、65歳という一般的な組織の定年の歳を過ぎてから「今までお世話になった人たちのお付き合いが、いかに大事だったか」とひしひしと感じていると言う。「飲み会で人脈形成をしていましたので、人生で何回飲み会をしていたのか。飲み代で、家が1軒建っているのでは。全ては妻のおかげですね」と佐藤は笑う[64]。

佐藤は、**IM・CDは、構造的空隙の橋渡しができる人になる必要がある**と言う。

・・・・・・・・・・・・・・・・・・・・・・・・・・・・・・・・・・・・・・・

| 理論5 | ネットワークの価値、類型の理論

2003年、西口敏宏一橋大学名誉教授は、産学官などの人的ネットワークが生み出す価値には2種類あると考えた[65]。
①**構造的空隙が橋渡しされ、情報が流れるようになって発生する価値。**
②**少数・固定メンバー**の**緊密な相互依存関係が生まれているネットワークに発生する価値。**

1994年、金井壽宏神戸大学名誉教授は、既に、この2種類の人的ネットワークの性質を解明していた。
①**集会型ネットワーク(forum)**
参加する人は、それまでにお互いに会ったことがない。自分と違う知識、経験を持ち、自分にない発想、意見、情報、資源をもたらす**見知らぬ人に出会う**こと、チャンスを広げることを目指している。ゆるやかな集まりなので、参加者の人数は大規模になりうる[66]。集会型では、自分の強みを、異なるタイプの参加者に向

けてプレゼンする。
②対話型ネットワーク (dialog)
　広く多くの人と出会うことよりも、すでに知っている人との強い関係性を活かす。初めて会う人とも長期的関係を作る姿勢をとる。人と人とが強くつながっていく。強い関係性を目指すので、参加人数は大きくならない[67]。参加者の**相互信頼ができ上がった人的ネットワーク**には、社会学者のコールマンがいう「**人々の相互信頼により、一人ではできないことを集団で達成できる利益**」が生まれる[68]。

　対話型では、自分の弱みを、同じような弱みを持つ人たちや、克服してきた人たちの前でさらけ出す。同じ悩みを持つ人どうしの深い対話により、共通の問題を解決できる。参加者の弱みが癒される"グループ・セラピー（集団療法）"の効果がある。構造的空隙を橋渡しする効果がある場合もあるが、それは対話型ネットワークの目的ではなく、副次的な効果だと考える[69]。

　金井教授は、以上のように2種類のネットワークの典型例の性質を示した上で、現実の人的ネットワークは、2種類の性質が混在していることが多いと指摘した。例えば、
①集会型ネットワークは、広くゆるやかなつながりを求めるので、不安定で空中分解しそうになる。それを防ぐために、運営委員会などの中心メンバーが対話型に結束して空中分解しないようにしていることが多い[70]。
②対話型ネットワークは、強い関係性を継続するので、いつも同じことをして新鮮さが薄れて惰性（マンネリズム）に流されたり、自己満足になってしまうことがある。年度末にメンバーを入れ替えて、新鮮さを保つ工夫をしているフォーラムもある[71]。

コラム[寄稿]2

堂野　智史
（公益財団法人大阪産業局クリエイティブネットワークセンター大阪メビック所長）

人と人との顔の見える関係づくり——インフォーマルコミュニティの実践

1．佐藤利雄さんとの出会い
　私が佐藤利雄さんと出会ったのは、1998年8月27日木曜日の午後。当時シンクタンクの研究員で地域産業政策を担当していた私は、和歌山県庁の仕事で佐藤さんに会いにいく機会を得た。
　当時の佐藤さんは、私にとっては雲の上の存在であった。1997年頃、岩手県花巻市は「日本一起業しやすい町」として全国的に注目を集め、度々メディアに取

り上げられていた。その理由は、市が設置した花巻市起業化支援センターに佐藤利雄さんというコーディネーターがいて、佐藤さんの支援活動が起業を求める起業家達にとって大きな効果を生み出しているというものであった。実際、佐藤さんの活動が評価されて、その後産業振興の現場に"コーディネーター"の存在を定着させたと言っても過言ではないくらい、当時は一世を風靡(ふうび)していた。

8月27日当日和歌山県の担当者と花巻市起業化支援センターを訪れ、一連の活動内容について話を伺った後、佐藤さんが盛岡に行く用事があるのでということで一緒に車で盛岡まで送ってもらった。これが初対面のときの記憶である。まさか、この1回の出会いが自分の人生を変えるきっかけになろうとはそのときは予想だにしていなかった。

実は、この翌日、岩手ネットワークシステム（INS）[72]の清水健司事務局長（当時岩手大学工学部助教授）に出会い、インフォーマルコミュニティを体感することとなり、岩手通いが始まることになるのだが、このINSとの出会いが佐藤さんとのつながりをより強固にし、それ以後26年、現在も相互交流が続いている。

2. インキュベーション施設への転職

INSとの出会いは、私にとっては衝撃的なものであった。当時全国各地で産学官連携が声高に叫ばれていたが、その実体はというとフランクにコミュニケーションを取るのが難しい、ヒエラルキーを感じさせるものが多かったように感じていた。フラットな関係で本音の話ができない環境では人と人とのつながりを作るのは難しいと思っていた矢先に、INSに出会うことに。長年フラットな関係性を維持してきたINSには、イノベーションを生み出す仕組みが眠っているように強く感じた。INSの裏側に潜む人と人とのつながりを生み出す仕組みを学ぶため、1999年以降、年2、3回は盛岡に通う生活が始まった。

確か、1999年5月INS総会に参加したときだったと記憶しているが、その交流会会場に佐藤さんがいた。9ヵ月ぶりの再会であったが、私の顔を見るなり、笑顔で「ご無沙汰!!」というような声をかけてくれた。1回しか会っていないのに私のことを覚えていてくれているとは思ってもみなかったので心底驚いた。

それ以降、佐藤さんとの交流が始まり、佐藤さんが関西に来る度に、仲間を集めて交流会等を企画していた。2001年には佐藤さんの発案で「INS in おおさか」を開催することになり、翌2002年には「第2回 INS in おおさか」を開催した。「第2回 INS in おおさか」は14都道府県から大阪に産学官メンバーが集結し、予想以上に盛会になった。その二次会で、後の関西ネットワークシステム（KNS）立上げ機運が盛り上がり、2003年6月にKNSが発足することとなった[73]。これも佐藤さんの後押しがあったからこそ実現できたものと思っている。

実は、KNSの立上げ準備をしている時期に、私の転職話が持ち上がった。大

阪市経済局が設置しているインキュベーション施設の所長を探しているので、やらないかという大阪の知人からの誘いであった。どうやら大阪の知人が私に声をかけてきたのも、その知人が佐藤さんに照会をかけ、佐藤さんが私を推薦してくれた結果とのこと。メビック所長の実現にも佐藤さんが絡んでいたことを後で知ることになる。

3．インフォーマルコミュニティづくりの実践

2003年5月1日、私はこの日オープンした「扇町インキュベーションプラザメビック扇町」の所長兼インキュベーションマネージャー（IM）として着任することになった。シンクタンク経験者として政策的な位置づけやインキュベーション施設の役割等理論上の内容は一通り理解しているものの、実際に現場で起業家達と向き合い支援活動を実践するのは初めての経験であった。

まず最初に着手したのは、基本コンセプトと活動方針づくりであった。手元には大阪市から預かった、他のシンクタンクがまとめた事業活動方針があったが、市の担当者から「メビックが成功するのも失敗するのもすべて堂野の責任だから、好きにやっていいよ」と言われたこともあり、改めて事業計画を作成し直し、自分なりの手法で取り組むことにした。その際、基本コンセプトに、佐藤さんやINSから学んだ「人と人とのリアルな顔の見える関係づくり」を据えて、「人起点にものを考える」姿勢で取り組むことにした。ニーズとシーズをマッチさせるよりも、人と人とのつながりが生み出す"イノベーティブな関係性"を創出する環境づくりに取り組んだ方が効果的であると考えた。INS流のインフォーマルなコミュニティを市の政策にどの程度導入できるかも、ある意味社会実験として挑戦してみようと考えた[74]。

メビックは、2024年5月に開設21年を迎えた。未だ初代の所長のまま、現在のスタッフは6人中5人が開設初期のメンバーである。この間、移転を3回、4カ所での活動を経験した。現在は、名称も「クリエイティブネットワークセンター大阪 メビック」に変更し、大阪で活動するクリエイティブビジネスの①情報発信、②ネットワークづくり、③ビジネスマッチング支援、④人材育成、特にクリエイターのプロデュース力、マネジメント力向上に取り組んでいる。

これまで21年間に実施したイベントは2,300回に及び、クリエイターとの面談回数も約8,600回を数えている。日常的にリアルにコミュニケーションを取ることを旨としており、基本オンラインでの面談やイベントは実施していない。

こうすることによって、人と人とのつながりが拡がり、結果的に数多くのビジネスやプロジェクトが生み出されている。その数、報告を受けているだけで、21年間に5,200件を超えている。

インフォーマルに人と人とがリアルなよい関係づくりを行えば、結果的に様々

なつながりにより新しい価値を生み出す行動につながる。メビックでは、INSや佐藤さん達から学んだことを実践することで、微力ながら大阪における新たな価値創造に貢献しているものと考えている。

7. 1996年、花巻市が佐藤利雄を雇用する

　1996（平成8）年の新施設の開所のとき、花巻市は、佐藤をIMとして雇用した。1983年、神奈川県から花巻に戻り、次節で紹介するマイクロコンピュータ技術教育研究会で産学官連携を進める姿を、当時、花巻市商工労政課の担当だった佐々木俊幸氏が見ていた。佐々木氏は、関教授から「インキュベーション施設のIMは、市役所職員では務まらない。企業で技術、営業などを経験した人を採用するように」と助言を受けたので、佐藤に声をかけた[75]。また、当時の花巻市起業化支援センターには試験室があり、設置された機械の取扱いができる技術系の職員が必要だった。

　平安時代の朝廷軍や源頼朝との戦い、江戸時代の無理な稲作による飢饉、明治維新での賊軍・敗戦、不便な東北の奥地という地理（一橋大学の関教授は「岩手県は苦難の歴史を持った県なのです」と表現した）**を乗り越えて、花巻市が内発型産業振興政策という新しい方法で、心豊かな市民の生活を築いていこうという挑戦の真ん中に、"佐藤利雄"が加わった。**

　採用されたときの佐藤の肩書は「主任研究員」で技術職扱いだった[76]。佐藤は、当時40歳という"経験値と若さがちょうどいいバランス"の年齢にあった。それからの佐藤は、IM・CDのパイオニア（開拓者）として、苦しみながら努力して、実務経験を積んでいくことになる。

　日本は、1990年代以降、長く経済が沈滞していると言われる。1990年には、1人当たり国民所得は世界最高レベルだった。世界ランキング・トップ10のうち7社は日本企業だった[77]。2022年以降は、トップ10に入る日本企業は1社もなくなった。1人当たり国民所得も先進国の中では低い24位となっている[78]。

　しかし、世界中から日本の魅力にひかれて訪れる外国人観光客がいる。欧米よりも給料が安くても、日本社会で暮らしたいと言う外国人がいる。私たちは日本をこれからも心豊かにしていくことができる。学生や若い社会人で、新しいことに挑戦する人たちや、起業や家業を継ぐことを志す人たちがいる。IM・CDという仕事は、これからも重要な仕事であり続けるだろう。

コラム[寄稿]3

金澤 健介
(盛岡市総務部職員課 主査)

初めて産学官連携を担当する地方公務員及びIM・CDのための一考察
―INSの母体である岩手大学と、同大学の立地する盛岡市との連携を事例として―

　このコラムは、産学官連携を初めて担当する方や、現に苦心している方のために、知識・経験のまったくなかった私が、わからないなりに、いかに産学に寄り添い伴走支援したかを紹介することにより、少しでも課題解決の役に立てたらとの思いから執筆したものである。ここでは、産学官の各主体が連携に至るまでのプロセスを題材として取り上げることとする。
　結論を述べると、産学官連携を成功に導くためには「仲間（共感者）づくり」が重要であると考えている。

　岩手大学と盛岡市は、「相互発展のため、文化、教育、学術の分野で援助、協力する」ことを目的に、平成14年に相互友好協力協定を締結し、さらに平成19年には共同研究契約を締結のうえ、市職員を「共同研究員」として派遣するとともに、インキュベーション施設である「盛岡市産学官連携研究センター」(通称コラボMIU)を大学構内に開設するなど、着実に学官連携による産業振興、ひいては地域振興に取り組んできた。特にコラボMIUは、同施設への入居促進により、大学の研究成果をもとにした企業への技術移転や新規創業支援、研究開発型企業の誘致を図りながら、技術の高度化や企業の市内立地を推進するとともに、誰もが自由に参加できる交流の場（MIUカフェなど）の提供により、入居者や大学教職員・学生に留まらないコミュニティの形成に寄与し、新たな連携も推進している。

　ここで本題となる共同研究員は、大学職員としての身分も併せ持つ者であり、「産学官連携による産業振興」を研究テーマ（活動目的）としていることから、その実態は研究員よりも、まさに「大学付CD」と言える。しかしながら共同研究員の発令は、派遣元である商工労働部への人事異動と同時のため、産学官連携や産業振興の知識・経験が乏しいままに実務を担当することとなる。私は6代目の共同研究員で32歳から2年間の派遣であった。ここで私の経歴にも触れておくと、中学生までを岩手県沿岸の岩泉町で過ごした後、盛岡市内の高校及び岩手大学農学部に進学。盛岡市に入庁後、岩手大学に派遣されるまでの間は、農林業振興及び税務を5年ずつ担当してきた。このように、私自身は産学官連携や経済・

第2章 日本初の"シリコンバレー型IM・CD"佐藤利雄が生まれた背景 61

提供：金澤

[写真2-8] MIUカフェの様子

経営に精通しているわけでもなく、社会人経験としては地方公務員のみのため、民間事業者ならではのノウハウも持ち合わせていないことがおわかりいただけると思う。

　私の場合、産学官連携に取り組むにあたり、共同研究のパートナーである大学教員の指導を受けられるほか、派遣を終えて商工労働部に戻った先輩職員の助言を得られるという心強さはあったものの、派遣先・派遣元から指示される案件や、先輩職員から引き継いだ案件はほぼなく、不慣れながらも自らが積極的に大学の研究シーズと企業・団体のニーズを結びつけながら、新規案件を開拓していく必要のある状況であった。また、産学官連携には、案件ごとに柔軟な対応が求められるため、マニュアルは当然なく、指導教員や先輩職員の助言を参考にしつつも、その都度、自らが主体的に状況を整理・判断のうえ各者の意見を調整し、まとめ上げながら、連携に向けた課題解決策を提案する必要もあった。ゆえに共同研究員の2年間は、暗中模索・試行錯誤の連続であった。余談だが、本書を読み進めるうちに、これまでの模索・試行が正しかったことがわかり、まるで答え合わせをしているような感覚だったため、このコラムのタイトルに心当たりのある方には特に読んでいただきたい一冊である。

　私の担当した連携案件について、個別の紹介は割愛することとし、ここでは経験に基づく考察をもとに、産学官連携を成功に導くための「仲間（共感者）づくり」の勘所を述べていく。

1. 目的の明確化
　産学官連携を担当する地方公務員及びIM・CD（以下「IM・CD等」という。）は、所属する機関から与えられた使命や、所属機関が産学官連携・産業振興に取り組む目的を今一度確認のうえ、誰のために、何をするかを明確にする。
　私の場合は、盛岡市及び岩手大学に所属する共同研究員であるため、「市内企業・団体（又は市内立地を希望する市外企業・団体）の課題を解決するために、岩手大学との連携を推奨する。」や、「岩手大学の研究成果の実用化・事業化のために、市内企業・団体（又は市内立地を希望する市外企業・団体）との連携を推奨する。」であった。

2. 自身の強みの分析
　ほかのIM・CD等との差別化を目的として、自身の所属・特技等から強みを分析する。
　私の場合は、盛岡市職員であるため、市役所各課との情報交換や、多様な企業・団体も含めて構成される市主催の各種会議へのオブザーバー参加が容易であり、市職員CDならではの特権（強み）であったと言える。

3. 多様な主体の把握
　産学官連携にあたり、企業・団体のニーズと大学・研究機関のシーズをマッチングすることとなるが、そのために多様なニーズ・シーズはもとより、各主体の特徴（強み・弱みなど）や主体間の関係性も併せて把握するように努める。また、どのようなニーズとシーズ、主体同士がマッチングするかは未知であるため、自身の活動を限定せずに、日ごろから視野を広く持つことが重要である。
　私の場合は、各種セミナー・シンポジウムや市主催会議に極力参加し、懇親会等で積極的に名刺交換・情報交換を行うように努めたほか、ときには日ごろの活動内容を発表し、連携を呼びかけることもあった。当時を振り返ると、産学官の様々な方々、特に相手方の役職や年齢・関係性もまちまちな状況の中で、対話を連日繰り返すことは、強者から初心者までを相手に空手の組手を延々とやっているようであった。これは、産学官連携に取り組むことのできる主体と、いかに効率的に多く出会えるかが肝と考えたからで、大変ではあったが結果的に功を奏したように感じている。特に、各種セミナー・シンポジウムに参加する企業・団体や、市主催会議の委員を委嘱されている企業・団体の場合、自らの事業に意欲的であることや、何らかの問題意識を抱えていることが多く、産学官連携に進展しやすい傾向がある。
　また、多様な主体の把握にあたり、INSに代表される産学官民コミュニティの存在も欠かすことができない。その重要性については、本書で述べられている

とおりであるが、岩手県にINSがあり、INSの母体である岩手大学が盛岡市に立地していることは、やはり産学官連携の素地形成に一役買っていると言えよう。他地域と比較して、産学官いずれの立場であっても、寄せられた相談に対して構えずに、まずは話を聞こうという姿勢が備わっており、結果的に産学官連携に対するハードルを引き下げている。このことは、東北大学大学院経済学研究科の福嶋路教授も言及しており、INSを核とする岩手の産学官連携を「「裏組織」から沸き出す開発テーマが、「表組織」で実行される人のネットワークが、地域企業を活性化する」と報告している。（福嶋路．地域中小企業による産学連携の活用．月刊中小企業．1999, vol.51, no.10, pp.24-31．）また余談だが、佐藤利雄さんや吉田雅彦さんとの出会いも、それぞれINSとKNSであり、両組織の皆様には凝り固まった視野を広げていただいた。特に佐藤さんとは約30歳差であるため、まさに「15歳理論×2」の関係と言うことができ、ときには八戸市や秋田市に私を連れ出して貴重な人脈を紹介いただくなど、ありがたいことに多大な薫陶を受けた。佐藤さんのマインドは、15歳×2の私にも脈々と受け継がれている。

　なお、産学官民コミュニティの素地は、当事者が意識していないだけで、規模感を問わず、すでにどこにでも存在している。例えば、業界・団体の役員や学識経験者も含めて構成される行政主催の会議もその一つであり、さらには、地域活動や子育てを通じて得られた関係性、同窓会、行きつけの居酒屋の飲み仲間なども、コミュニティの素地と言える。これらにいち早く気づき、必要に応じて当事者に仲間意識を持たせ、連携につなげることもIM・CD等に求められるスキルの一つと考えている。

4．主体間交流の推進

　多様な主体を把握し、ニーズとシーズのマッチングの糸口が見えてきたら、いよいよ「仲間（共感者）づくり」の重要な段階に入る。連携の主体になり得る者同士の意識のすり合わせや信頼関係の構築を目的として、小規模～中規模の打合せ・イベントを何度か開催することにより、意見・情報交換の場を提供する。いわゆる「顔の見える関係づくり」である。参加人数を小規模～中規模に限定する理由は、論点を極力ぶれさせず、各主体に当事者意識を持たせるためである。また、何度か開催する理由は、主体間のアイスブレイクのためであり、KNS世話人の一人である堂野智史さんの言葉を借りれば、「交流から連携には一足飛びで進まないため、交流・連携のまさに「・」（中間）的な場が重要」であることによる。実際に主体間交流を何度も重ねていくうえでは、連携によって得られる各主体の利点を整理し、IM・CD等が真摯な姿勢で具体的な提案・折衝を行いながら、各主体の共感を得ていくこととなる。これが、「仲間（共感者）づくり」の肝である。

私の場合は、コラボMIUの事業であるMIUカフェ等を主体間交流の場に位置づけて、連携を進めてきた。また、市主催会議のように、産学官民コミュニティの素地として、すでに主体間交流の場が整っている場合は、それらも有効活用するように努めてきた。その理由としては、場を一からつくり上げるよりも主体間交流を容易に進められることと、既存のものに類似したコミュニティを新たにつくった場合、コミュニティ間の利害関係によっては調整を含む様々な対応を求められるおそれがあることによる。

5．連携の実施
　主体間交流を重ねた結果、ニーズとシーズがマッチングすると連携成立である。実際の研究・事業の実施に向けて、その内容や効果（将来展望）、時期、予算、役割分担等について主体間の意見を調整のうえ、まとめ上げる（共同研究契約の締結や実施計画の策定など）。特に、役割分担を検討するにあたり、本書で述べられている「強いリーダー」が重要である。IM・CD等の使命や状況にもよるが、不慣れな場合、進行している複数案件の支援をしながら、新規案件の掘り起こしも行い、さらに強いリーダーも担うことは荷が重いため、強いリーダーはIM・CD等でない方が適切な管理監督を期待できる。この場合、強いリーダーになり得る仲間（共感者）が必要となるが、ここでものを言うのが、主体間交流の場でのIM・CD等の対応である。丁寧に主体間交流を推進し、各主体の共感を得られていれば、強いリーダーは自ずと決まるため、主体間交流の場では前述の「仲間（共感者）づくり」の肝を意識する必要がある。

　ここまでは、企業・団体と大学・研究機関との連携（産学連携）を進めるためのIM・CD等の関わり方を述べてきた。産学連携というイノベーティブな取り組みを閉塞的なものとせず、業界内外に持続的に波及させるためには、官が関わることと、その関わり方が重要であると考えられる。この官の関わり方については、研究開発に対する補助金交付等の「資金支援」が代表的であるが、イノベーションの持続性や波及効果を期待する場合、IM・CD等の配置や産学官民コミュニティの場づくりといった「人的支援」にこそ、より力点を置くべきではないだろうか。さらに資金支援から人的支援へのシフトは、効率のよい行財政運営に寄与し得るものであることからも、産業振興分野に限らず、官の様々な部署において、産学連携への積極的な関与が検討されるべきである。つまり今後は、人的支援に力点を置いた官が、産学連携に関わることが求められ、それに伴いIM・CD等に対する期待も一層高まっていくであろう。

　これまで述べてきたことを踏まえ、岩手大学及び盛岡市において理想として考

えられる産学官連携の在り方を私見として整理したものが、次の図である。この図では、産学官がそれぞれに利益を得ながら連携することにより、産業振興、ひいては地域振興が持続する可能性があることを表しており、共同研究員は全体の調整・支援を行いながらも、特に強みである、官に対する情報交換・折衝に注力することを意味している。

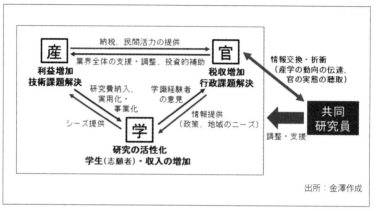

[図2-9] 岩手大学及び盛岡市における産学官連携の在り方（私見）

　このコラムでは、産学官連携を成功に導くための「仲間（共感者）づくり」について、各主体が連携に至るまでのプロセスを題材とし、産学官連携に不慣れなIM・CD等が取り組むべきことを述べてきた。とりわけ公務員の場合、人事異動は避けられないため、担当職員が変わってもなお業務水準が下がらないように、行政組織内の仲間（共感者）づくりも並行して進める必要がある。
　公務員の人事異動について、特に対外的な能力を求められる産業振興分野においては、ネガティブなイメージを持たれがちだが、個人的には強靱な行政組織をつくるためのチャンスでもあると考えている。ネガティブなイメージを持たれる原因として、知識・技術や熱量が職員により異なる点や、信頼関係を構築しづらい点（いずれは異動するため、どうしても他人事感を与えてしまう）などが挙げられる。しかし言い換えれば、これらの原因に適切に対応することにより、担当職員が変わったとしても関係性がリセットされず、十分に信頼に足る人・組織として認識され、さらに異動を通じて、職員が多様な視点（ときには相反する視点）を持ち、強靱な組織に変容できる可能性を秘めているとも言えるのではないか。具体的な対応策は、私自身もいまだ模索中であるが、経験から得られた知見や人脈、物事の背景も含めて引き継いでいく職場風土の醸成と、それを連綿と続けていける人

材の育成が鍵になるだろう。そのためには、異動後も後任職員の求めに応じた適切なフォローアップと、後任職員の性格・特徴に応じた動機付け（フォロワーシップの醸成）が重要であり、それらの継続が、行政組織内の仲間（共感者）づくりになるものと考えている。

　従来の公務員の枠を飛び越えて多方面で活躍するスーパー公務員が評価されて久しいが、VUCA時代に則した「スーパー行政」と言えるような、特定の職員に依存しない強靭な組織が今後は求められていくだろう。もちろん産学官連携を担当する地方公務員も例外ではなく、産学官民コミュニティにゆるやかに属し続けながら、行政組織内の仲間（共感者）づくりにも取り組むことが、行政を強靭な組織へと変容させ、やがては産業振興を通じた地域振興にも寄与していくであろう。

　最後に、何の心得もなかった私が産学官連携を担当し、模索・試行の末に得られた経験・人脈は、担当を離れてもなお組織内外との調整・交渉や連携の場面で役立っている。2年間の共同研究員を終えて派遣元の商工労働部に戻り、現所属（総務部）に異動する直前の令和4年度には、企業誘致・集積（市有産業用地の売却を含む）や、コラボMIUへの入居促進などを担当したが、誘致企業5社（首都圏の大企業を含む）、研究開発室34室中32室入居の成果を上げることができた。もちろん私一人で成しえたものではなく、同僚や指定管理者（岩手大学）のナイスアシストがあったからこそであるが、産学官連携の経験から得られた知識・技術をうまく活かすことができたことは自負している。

　また、得られた人脈として、岩手大学の学生との縁も大きい。特に印象に残っているのが、現在はインティラック東北イノベーションセンターに勤務する神尾真大郎さんと、グーグル・クラウド・ジャパン合同会社に勤務する吉田望さんで、ありがたいことに2人とはいまだに懇意な間柄である。在学中は、2人とも起業家人材育成講座を受講するなど志が高く、当時から刺激を受けることがあったが、その2人が夢を叶えて現職で頑張っている姿を見られることはとても感慨深く、つい忘れがちな情熱を思い出させてくれる。私とは「15歳差」の20代中盤であり、今後一層の活躍に大いに期待しているが、中でも神尾さんは、岩手大学の新たな取り組みである地域協創教育において、学生のサポーター（メンター）を務めているため、社会人経験を経て、信頼のおける「強いリーダー」にさらに磨きがかかったものと楽しみにしている。

　このように、産学官連携を担当したことにより、市役所のデスクワークのみでは得られなかった貴重な経験・人脈をとても多くいただいた。岩手県を代表する偉人の一人であり、岩手大学農学部の先輩にあたる宮沢賢治（佐藤さんと同じ花

巻市出身）が、「世界がぜんたい幸福にならないうちは個人の幸福はあり得ない」という言葉を残しているが、これは一生懸命に起業・企業支援に取り組むIM・CD等の基本理念とも言えるだろう。今後もこの理念を忘れることなく、「仲間（共感者）づくり」に取り組んでいきたい。そして何よりも、本書を手に取った方と新たに交流できるかもしれないことがとても楽しみである。

[注]
1) https://www.town.hiraizumi.iwate.jp/heritage/history/fujiwara.html（2024/1/7 取得）
2) 岩波 生物学辞典 第5版
3) https://www.city.katsushika.lg.jp/history/history/1-2-2-26-1.html （2024/1/3取得）
4) 奥州市 http://www.oshu-bunka.or.jp/maibun/publics/index/26/ （2024/1/1取得）
5) http://www.bunka.pref.iwate.jp/archive/bp 9 （2024/1/3取得）
6) 平凡社百科事典マイペディア
7) 岩手県 http://www.bunka.pref.iwate.jp/archive/cs35 （2024/1/3取得）
8) プレジデント　https://president.jp/articles/-/15088?page= 2 #goog_rewarded（2024/2/4取得）
9) 平凡社　改訂新版　世界大百科事典
10) 平凡社百科事典マイペディア
11) 小学館　日本大百科全書（ニッポニカ）
12) https://www.town.hiraizumi.iwate.jp/heritage/history/fujiwara.html（2024/1/7 取得）
13) http://www.bunka.pref.iwate.jp/archive/cs15 （2024/1/1取得）
14) https://jomon-japan.jp/kids/archives/937/ （2024/1/1取得）
15) https://iwate150.jp/history/history/ （2024/ 1 / 1 取得）
16) https://www.vill.tanohata.iwate.jp/kankou/see/park-yamase.html （2024/2/26取得）
17) 滝沢市 https://www.city.takizawa.iwate.jp/contents/sonshi/page07_chapter1.html （2024/1/1取得）
18) 滝沢市 https://www.city.takizawa.iwate.jp/community/manabu_atsumaru/culture_art/bunkazai/_13254.html （2024/1/1取得）
19) 小学館デジタル大辞泉
20) 日本銀行 https://www.imes.boj.or.jp/cm/history/edojidaino1ryowa/ （2024/1/1取得）
21) 毎日新聞 https://mainichi.jp/articles/20220823/ddm/001/070/103000c （2024/1/1取得）
22) 改訂新版　世界大百科事典
23) ダイヤモンド https://diamond.jp/articles/-/2446 （2024/1/1取得）
24) 入山 (2019) (pp.204-222)
25) https://business.nikkei.com/atcl/seminar/19nv/120500136/102500887/?P=2 （2024/1/20取得）
26) 佐藤 清忠氏研究歴　https://researchmap.jp/read0177420 （2024/1/12取得）
27) https://toyokeizai.net/articles/-/632942?page=3 （2024/1/1取得）

28) Weblio 辞書
29) 関, 吉田ほか (2003) (pp.21-22)
30) 吉田が石川氏から聴き取り。
31) 佐藤 (2008b) (p.32)
32) 岩手県 http://www.bunka.pref.iwate.jp/archive/person35　(2024/1/1取得)
33) 日外アソシエーツ「20世紀日本人名事典」
34) 佐藤 (2008b) (p.32)
35) 関, 吉田ほか (2003) (pp.38-39)、佐藤 (2007a) (p.4)
36) 佐藤 (2007a) (p.4)
37) 関, 吉田ほか (2003) (p.132)
38) http://kame2house.blog96.fc2.com/blog-entry-7992.html　(2024/1/1取得)
39) 佐藤 (2008b) (p.32)
40) 佐藤 (2005), 関, 関 (2005) (p.197)
41) https://www.jstage.jst.go.jp/article/jsmetsd/2009/0/2009_73/_pdf　(p.76)　(2024/1/3取得)
42) 佐藤 (2007a) (p.4)
43) 佐藤 (2008b) (p.32)
44) 佐藤 (2005), 関, 関 (2005) (p.197)
45) 関, 吉田ほか (2003) (p.24)
46) 吉田 (2015) (pp.195-196)
47) 小山 (2005) (p.189)
48) 佐藤 (2005), 関, 関 (2005) (p.204)
49) 吉田 (2015) (p.62)
50) 佐藤 (2005), 関, 関 (2005) (p.208)
51) 佐藤 (2000) 加藤ほか (2000) (p.302)
52) 佐藤 (2008a) (p.6)、佐藤 (2008b) (p.32)
53) 佐藤 (2000) 加藤ほか (2000) (pp.302-3)
54) 佐藤 (2005), 関, 関 (2005) (p.198)
55) 佐藤 (2000) 加藤ほか (2000) (p.303)
56) 佐藤 (2000) 加藤ほか (2000) (p.303)
57) 佐藤 (2000) 加藤ほか (2000) (pp.305-310)
58) Giddens (2006) (松尾ほか訳 ,2009) (p.667)
59) Granovetter (1985) (グラノベッター、渡辺訳 (1998)) (p.51),
60) Burt (1992) (バート (2006)) (p.21)
61) Burt (1992) (バート (2006)) (p.23)
62) 吉田 (2019) (pp.44-47)
63) 佐藤 (2007b) (p.15)
64) 佐藤 (2021b) (p.17)
65) 西口 (2003) (pp.351-352)
66) 金井 (1994) (p.324)
67) 金井 (1994) (p.325)
68) 金井 (1994) (p.290)

69）金井（1994）（pp.330-331）
70）金井（1994）（p.422）
71）金井（1994）（p.423）
72）INSとの出会い、そこから得たものについては、堂野智史「産学連携基盤としての産学官民コミュニティの形成〜INS、KNSの事例を通じて」産業学会研究年報20号（2004年度）2005年3月刊を参照のこと。
73）KNSの立上げの背景と経緯、その時の思いについては、堂野智史「関西ネットワークシステム（KNS）の発足と展望」関西ネットワークシステム編『現場発！産学官民連携の地域力』P.53〜62学芸出版社 2011年3月を参照のこと。
74）メビックの基本的考え方や活動については、メビックWEBサイト（https://www.mebic.com/）のほか、講演録「企業とクリエイターをつなぐ"流儀"とは？ーコミュニティ・プロデューサーの仕事術」研究・イノベーション学会プロデュース研究分科会／NPO法人ZESDA 著『新版 プロデューサーシップのすすめ』P.170〜190 紫洲書院 2023年5月を参照のこと
75）佐藤（2021a）（p.24）
76）佐藤（2021a）（p.24）
77）https://diamond.jp/articles/-/336836 （2024/2/5取得）
78）https://toyokeizai.net/articles/-/477731 （2024/2/5取得）

第3章

日本初の"シリコンバレー型ＩＭ・ＣＤ"
佐藤利雄が歩んだ道

出所：堀場, 秋山, 佐藤他（2000）(p.16)

2000年パネルディスカッション
『ビジネス・インキュベーションのあり方』

前章で、花巻市が、内発型産業振興政策を始め、花巻市起業化支援センターを作り、**1996年、佐藤が、花巻市起業化支援センターに採用**された経過をみてきた。
　しかし、当時は、シリコンバレー型の起業支援の情報は日本にまだなかった。国や地方公共団体の政策立案者が、米国のビジネス・インキュベーションを実地調査したが、本来のビジネス・インキュベーションのコンセプトが十分理解されず、経営支援等のソフト面が軽視されていたという[1]。**IM（インキュベーションマネージャー）という仕事のお手本が確立しておらず**、どう仕事を進めていけばよいのか、わからなかった[2]。

○この章の研究課題
　・行政機関は公平な支援だけをするべきか？
　・シリコンバレーの成功要素を産業政策に採り入れるには？

○キーワード
　・技術営業・営業支援
　・個別企業支援・産業クラスター政策
　・産学官の組織を佐藤はすべて経験

○理論
　・シリコンバレーの機能
　・バウンダリースパナー、π型・H型人材

1．IMになるまで

　佐藤利雄は、1956年、岩手県花巻市で生まれた。地元の西南中学で始めた剣道は30代まで現役を続け、5段の腕前である。
　1974年、岩手県立**黒沢尻工業高校電気科**を卒業し、神奈川県横須賀市の**富士電機総合研究所**に入社し、1983年まで勤務した。同研究所では、当初は、高温ガス炉材料、マイクロコンピュータ、自動血圧計、血中電解質分析装置などの**研究開発**に携わり、**特許を6件取得**した。趣味で、サッカー4級審判（神奈川県）も取得した。
　富士電機への入社は「研究職になった方が良い」と6歳上の兄、佐藤清忠（元 一関工業高等専門学校 教授）から助言を受けたことによる。

　1983年、農家を継ぐため、佐藤は花巻に帰郷（出身地にUターンで帰ること）した。「そのおかげでのIMですね」と佐藤は言う。それ以来、毎年1.8ヘクタールの田んぼでコメ作りをしている。**コメ作りは自然が相手なので、少しでも手を抜くと結果に出るので手が抜けない。IM・CDも同じだ**と佐藤は言う[3]。

　花巻に帰郷してから、**アドテックシステムサイエンス花巻工場**に勤務した。アドテックシステムサイエンスは、1981年創業で、マイクロコンピュータ関連の製品、システム開発をしていた。横浜本社と花巻工場を合わせて30名くらいのベンチャー企業だった。富士電機という**大手企業**、アドテックシステムサイエンスという**ベンチャー企業・中小企業**の仕事の仕方の違いを経験した。（理論編の「バウンダリースパナー」に関連する。）**花巻工業クラブ**にも参加した。
　佐藤は、**顧客企業のニーズを聴いてまわり、マイクロコンピュータのハードウエア、ソフトウエアを開発して納品**するという仕事を始めた。当時は、ソフトウエアのプログラムを書ける人材が少なかったので、高い利益率をあげることができた。富士電機総合研究所で覚えた**研究開発**の進め方が役に立った。顧客のニーズを聴いて技術的な解決法（ソリューション）を提案して仕事を作って受注するという**技術営業**の仕事を新たに覚えることができた。会社の隣に、誘致企業の松下通信工業、リコー光学などがあった。1986年、アドテックシステムサイエンス花巻工場の中に"岩手営業所"を作って、佐藤は所長として本格的に営業をした。技術と営業を2つの企業で体験できた[4]（理論編の「バウンダリースパナー」「バリューチェーン理論」に関連する。）。

　アドテックシステムサイエンスで技術営業を覚えたときに一番勉強になったの

は「**笑顔の作り方**」だったと佐藤は言う。剣道は、絶対に相手の目から目線をそらしてはいけない。佐藤は、営業中もずっと客の目を見ながら商談を進めていた。ある商談が成立し、相手の商社の人と夕食・懇親をしているときに、相手から「利雄さんの表情が怖い」と言われた。佐藤から「顔の表情が怖いって、顔が悪いの？（笑）」と聞いたら、「いや、顔はいい（笑）。商談の時も、顔に真剣さ、まじめさが出ている。ただし、営業は場を柔らかくすることも必要で、できれば笑顔での対応が良い」とのことだった。（理論編の「バウンダリースパナー」に関連する。）

佐藤が「笑顔と言われても簡単には作れない」と言うと、「朝、顔を洗う時、鏡を見て笑顔を作る練習をしたらどうですか」と言われた。相手も、この方法で笑顔を作る練習をしたということだった。それ以来、毎朝、鏡を見て笑顔作りに励んだ。当時、マイクロコンピュータ技術には自信があった。笑顔を作って商談をすると、かなりの確率で契約が取れ、**笑顔の効果を実感**した。

佐藤は、自身のことを含めて、**技術系の人はどうしても自分の技術にプライドを持っているので、まじめな表情で固い話し方で商談をしがちだ**。この時、少しでも笑顔があれば、もっと上手く進めることができると言う。

また、商社の人から、「営業トークのネタは、床屋・美容院の女性雑誌から」というアドバイスも受けて、床屋・美容院で女性向け週刊誌を読み始めた。女性向け週刊誌には男性向けの週刊誌や漫画雑誌には書かれてない、芸能、美容、ダイエットなどの記事がある。これらの記事内容を商談のときに出していくと、意外と会話が弾むことも経験した。**技術営業は、人とのコミュニケーションをとる最高の経験になった**[5]。

1990～93年、アドテックシステムサイエンスに勤めながら、仙台電波工業高等専門学校、一関工業高等専門学校などと連携し、**マイクロコンピュータ技術教育研究会の事務局**を務めた。約80名の会員で、年2回開催した。当時の連絡方法は、郵便、FAX、電話であった。インターネットはなかった。**関係者と勉強会を行って人脈を広げていくという佐藤のIM・CDの基本動作**は、この研究会の事務局を務めることで確立していった。佐藤による産学官連携の始まりである。（理論編の「弱い紐帯」「構造的空隙理論」「バウンダリースパナー」に関連する。）

マイクロコンピュータ技術教育研究会の成果は、教材開発、書籍作成などであった。アドテックシステムサイエンス花巻工場には、1996年まで勤務した。

仕事のかたわら、地元への貢献もしてきた。40歳でIMになるまで、地元の小中学生に剣道を指導していた。剣道を通じて、後で述べる黒川食品の黒川社長や、伊藤工作所の伊藤社長との交流が始まった。

ACT-80ZⅡ本体

ACT-80ZⅡシステム展開
拡張の様子

ACT-80ZⅡ使用状況
（インドネシア共和国スリウィジャヤ大学）

ACT-80ZⅡ関連書籍

提供：佐藤利雄

[写真3-1] マイクロコンピュータ技術教育研究会の成果

2005年から2024年統計調査員、2006年から2024年、地元の笹間地区コミュニティ会議の代議員を務めている。2008〜16年、笹間地域企業誘致促進協議会事務局長を務め、講師に、ソフトバンク本社、東経連ビジネスセンター等を招いてセミナーを開催した。この成果として、まったく土地が売れていなかった笹間地区の花巻第三工業団地は、2013年、佐藤らの働きかけで、イオンアグリ創造㈱を誘致して完売した[6]。2019年からＪＡいわて花巻笹間地区総代長になり、ＪＡいわて花巻笹間・太田支店に、岩手大学、秋田大学、東北農業試験場などの講師を招いて、地元の人たちと「ふれあいトーク」を開催している。2020年から2024年、栃内公衆衛生組合長を務め、2024年から栃内地域の区長を務めているなど、地元に貢献している。

1996年、**産業能率短大通信教育部 経営情報学部経営情報学科を卒業**し、1999年、**産業能率大学通信教育学部経営情報学部経営情報学科を卒業**した。（理論編の「バウンダリースパナー」に関連する。）

1996年、花巻市技術振興協会に採用され、花巻市起業化支援センターに派遣される形で、花巻市起業化支援センターのインキュベーションマネージャー（IM）になった。

2．IMになったが、お手本がない

1996年、佐藤は、花巻市起業化支援センターに採用された。

しかし、シリコンバレー型の起業支援の情報は日本にまだなく、**IM（インキュベーションマネージャー）という仕事のお手本が確立しておらず**、どう仕事を進めていけばよいのか、わからなかった[7]。

佐藤は、行政に関連する仕事をするのは初めてだったので、市役所の仕組みなどを勉強した。（理論編の「バウンダリースパナー」に関連する。）花巻市起業化支援センターでの佐藤の最初の仕事は、試験室の設備管理が主だった。大型の電子部品を実装する機械や、恒温槽、3次元測定器を毎日管理し、借りにくる人を待っていた。当時、花巻市はもちろん、県内にも同様の施設はなかったので、多くの企業、人が借りに来ると思っていた。しかし、4月から夏休みまで、ほとんど借りに来る人はいなかった。

夏休み明け、当時、花巻市商工労政課の担当だった佐々木氏に「このままだと花巻市起業化支援センターを企業に知ってもらう機会がなく、利用されない。できれば自分でPRしたい」と相談した。佐々木氏から、「わかった。2年間は任せる。

その後、方向を決める。試験室の設備管理の担当は別の人を採用・雇用する」と返事をもらった[8]。佐藤は、花巻市起業化支援センターを宣伝するため、県内、仙台などの関係しそうなセミナーに、パンフレットを持参して参加した[9]。

その中で、INS（岩手ネットワークシステム，産学官の緩やかな連携組織）に参加し、岩手県庁が実施していた**起業家向けの研修**である"いわて起業家大学"を知った。（理論編の「構造的空隙理論」「バウンダリースパナー」に関連する。）

1998（平成10）年、アドテックシステムサイエンスでの経験から、支援企業が開発した**製品の技術的に優れたところを潜在的な買い手に説明して回る「営業支援」**を始めた。（理論編の「構造的空隙理論」に関連する。）

お手本がなく試行錯誤（失敗しながら学ぶこと）**している間、1998年までに入居企業が7社倒産**してしまった。原因は、製品を販売できず、投資したり人件費を使ったりしておカネを使ったのに、収入が得られなかったためである。当時は、佐藤も製品を紹介できる販売ルートを持っていなかった[10]。（理論編の「バリューチェーン理論」に関連する。）

コラム［寄稿］4

奥田　三枝子
（公益財団法人大阪産業局MOBIO事業部次長）

IM・CDの仕事を好きになって

西恭利さん：「（インキュを）卒業して3年。事業や、地域拠点として活動してきて、少し振り返ってみたいな、と思って声を掛けさせていただきました。こういうときに、話を聞いていただける人がいるということ、まずありがたいと思いました。（中略）会話は、さすが私のことをよくご存知で、私が何を問題に思っているのか、どうしたいのか、的確にご指導いただきました。」

畑浩基さん：「社長になってまだまだどうしたらいいのかわからないときにいろんな人といろんな社長と関わっていろんな学びがありました。そんな場を奥田さん達モビオの人達が提供してくれています。モビオに出展させてもらって一つのターニングポイントだったと感謝しています。まあモビオというより奥田さんに感謝を特にしてますが。」

最初の文章は、以前S-Cubeで担当をしていた西紋建匠の西恭利さんから連絡をいただき、ランチミーティングをしたときのことを西さんがSNSで発信された文章です。2つ目は、現在も勤務しているMOBIO（モビオ）の展示場に出

展されている畑ダイカスト工業の畑浩基さんからいただいたメッセージです。
　IM・CDという仕事の喜びは、時間が経ってもふと相談してみたいと思ってもらえたり、振り返ってあの時がターニングポイントだったなと思ってもらえることです。こんな瞬間があるからこの仕事は楽しいのです。
　そもそもいつからこの仕事をしているのか、なぜこの仕事を選んだのか、前職は何をしていたのかと質問されることがあります。学校卒業後、ほとんど社会にでることなく家庭に入り、子どもの成長にあわせて少しずつパートタイマーで働いていただけだと言うと大抵驚かれます。ただ、振り返ると、巡りあわせで、就いた仕事を好きになり、さまざまな出会いがあったことは幸運でした。

　私は、今の広島空港の北東10キロ余りにある臨済宗大本山の一つ佛通寺の近くで生まれ育ちました。幼稚園、小学校まで片道4キロ、中学校まで10キロもある山奥です。今のようにインターネットがあるわけでもないので情報源はすべてテレビでの世界でした。当時、日曜日の朝にやっていた旅番組は欠かさず見ては、自分の目で見たい、体験したいとあこがれていたものです。社会のいろいろなことに関心をもっているのは、そのころからですね。私たちの世代の女性の典型的なコースで、高校、短大に進み、1年だけ観光会社の経理職で働いたあと、大阪で結婚、出産、子育てをしました。子供の成長に合わせ少しずつ働き始めていました。
　転機は、2001年、大阪産業創造館（サンソウカン）で働く機会をいただき、今は立志庵になっている「創業準備オフィス」の"お世話係"を任されたことです[11]。そこは半年で起業準備を終えて卒業するスタイルのインキュベーションでした。当時は何の経験もなく、とまどいました。周りには中小企業診断士、弁護士、税理士、社会保険労務士などの士業の方々や専門家がいて、相談に乗ってもらえる体制になっていました。自分自身は何の専門知識もないけれど、そのつなぎ役をすればいいのだと徐々に自分の役割が見えてきました。同時に昼間は会社員として働き、夕方になると創業準備オフィスに来て創業準備、明け方仮眠をとってまた会社に出勤して働く人たちを何人も目の当たりにして、ものすごくパワーをもらい、少しでもお役にたてたらという思いでした。またその人たちと接しているだけで毎日が楽しかったのです。
　その"楽しい"という感覚がこの仕事を続けたいと強く思った動機です。
　この本は、これからのIM・CDを担う人たちへの応援メッセージということですが、私からお伝えしたいことは「IMは楽しい」ということです。これは、最初に突然IMをすることになった時から今も変わっていません。
　とは言え、簡単にIMになれたわけではありませんでした。まだまだインキュベーションという言葉も浸透していない頃でしたし、どんな人がIMに向い

ているのかもわかっていない頃でした。当初は、企業経営などの専門知識のない私にできるとは思えなかったのですが、幅広い課題を持つ起業家支援には、ネットワークがあればできるのではないか、また、未知の領域で誰がやってもよいのではないかと思ったのです。

そこで起業家支援を体系的に学びたいと思い、一般財団法人日本立地センター主催のIM養成研修を受講することにしたのです。2003年のことです。

6月に始まり10月に修了するまでに東京でのスクーリング研修が最初と最後にあり、その間、インストラクターという先輩IMに起業家3者に対する支援状況を毎月報告することと、BI実習が2か所ありました。当時はサンソウカンでの契約が2003年3月で終了していたため、別の仕事をしながらの受講でしたので、費用面や時間の確保などとても大変なことでした。しばしばレポート提出が遅いと事務局からお叱りの電話がかかっていたことを思い出します。ご指導いただいた皆様や協力いただいた起業家のお陰で何とかIM養成研修の修了証をいただくことができました。

だからと言ってIMの仕事に就けた訳ではなく、2003年4月から2005年4月にとよなかインキュベーションセンター（当時）で本格的にIMの仕事を始めるまでの2年間は大学発ベンチャー企業の事務、民間BIでは起業家支援というよりテナント・リーシング（賃貸業務）、データ入力のアルバイト、ネットショップ企業では、経理とサイト更新、発送作業などもやりました。この間に色々な経験をしたことと、産学官民異分野のフラットなネットワーク団体、関西ネットワークシステム（KNS）に出会ったことは、今日に至るまで大きな財産となっています。

この2年間、色々な仕事をしていましたが、この間もIMとして働きたいと言い続けていたところ、幸運にもお声掛けいただき、2005年4月にとよなかインキュベーションセンター（当時）の起ち上げと、IMとして着任することができました。

とよなかインキュベーションセンターは、"コミュニティビジネスを中心とした起業家支援施設"でした。梅田への通勤も便利で、伊丹空港にも近い住宅地である豊中市らしい「地域の課題を地域住民が主体になってビジネス的手法で解決する」というコンセプトでした。施設に入居する起業家も多くは地元で自分の手の届くサイズで事業をしたいという人たちでした。そのため、地域とのつながりが必要だと考えるようになりました。どうやってつながろうかと考えいくつかの事業を実施しました。

- ・とよなかインキュまつり。地元商店、自治会なども巻き込んだ文化祭的なお祭り。
- ・ランチ会。週1回、各自お弁当を持ち寄り一緒に食事をします。参加は誰で

もOK。
・取材。地域の商店、団体などを取材しHPで紹介。
・とよなか経営塾。経営者自ら考え行動する力をつけるための少人数制のゼミナールで起業家と市内製造業の経営者が一緒に学びます。

これらをやっていく中で、地元自治会、商店主のほか製造業とのつながりもできました。中でも蛍池でカフェを起業したJoy's cafeの伊藤よしみさんとの出会いが印象的です。「もともと飲食業をしたかったのではなく、地域の居場所づくりがしたかった」という話に共感して、フラメンコギターで独立したいというインキュベーションの入居者のライブを開いてもらったり、女性起業家の教室を開催してもらったりしました。起業家にとっては実践の場ができたし、カフェにとっても、オープン前の時間などの有効活用ができ経営安定に一役買うことができました。Joy's cafeは今も元気に営業を続けていて、地元になくてはならない素敵な居場所となっています。

当時、IMはBI内の入居企業支援だけをすればよいという考えが根強かったのですが、徐々に周りの理解も得られるようになりました。その関係性を絵にしたのが図3-1です[12]。

とよなかインキュベーションセンターの起ち上げから丸6年、多くの経験を積ませていただきましたが、当時の入居企業にはファブレスの製造業や大学の研究シーズの実用化などを志す起業家もおり、私自身、製造業への関心が高まっていました。2011年、ご縁あって、大阪府内中小企業製造業の支援拠点MOBIO（モビオ、ものづくりビジネスセンター大阪）で働けることになりました。MOBIOは、相談事業の他、大阪のものづくり企業の製品展示をする場所があり、その担当をすることになったのです。当時、出展社数が減っていて、何をすればいいかもわからず、とにかく企業さんの声を聞くため、製造業の企業訪問をすることにしました。そんな中で、近畿工業の社長・田中聡一さんから、「昔は東大阪の社長が喫茶店に集まって、だべったり、仕事を融通したりあっせんしたりしていた。工場が減る中で喫茶店がなくなり、そういう場がなくなってしまった。MOBIOは、その役割もしてほしい」と言われました。MOBIO-Cafeミーテイングは、それをきっかけに始めました。月2回、数社にプレゼンしてもらったあと、飲み物片手にゆるく会話をしてもらいます。20人前後がよい感じの規模感で2011年以来、今も続けています。この事業では、展示場に出展している150-160社の販路開拓を主目的としていますが、とよなかのときと同じく、いかに他地域や異業種との接点をつくるかも大切だと思っています。そのため、展示場には企画展コーナーを設けて大阪府外、岩手、福島、神奈川、岡山、愛媛など関西圏以外のものづくり企業さんの展示や交流も行ってきました。

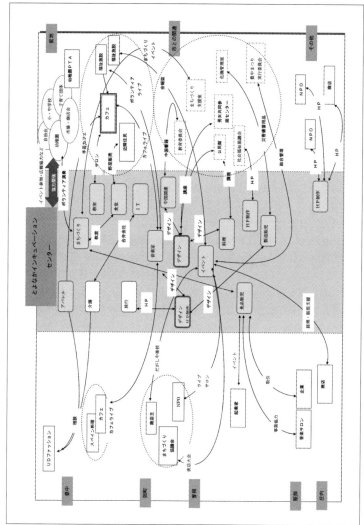

[図3-1] とよなかインキュベーションセンター

「MOBIOに来れば普段会えない地域の企業や人に会える」「特に目的がなくても行けば、出会いや発見がある」「行くと元気になる」なんでもいいのです。気になる場所になれば。

今現在はIMというよりCDとしての活動が主になっている私ですが、MOBIO在籍中の2016年7月から2021年3月までは、堺市のインキュベーショ

ン施設S-CubeでIMとしても活動しており、IMとCD両方の仕事をしていた時期もありました。

　S-Cubeでは、入居企業支援のほか、入居者以外の起業を志す人の事業計画作成サポートをする起業家育成キャンパスという事業がありました。初めましてという挨拶から3か月で6回の面談で事業計画を仕上げていく作業は、結構大変です。本音を引き出すことと、本人が気づかない強みを見つけること、ヒト、モノ、カネの流れを整理すること、言語化することなど、やることはいっぱいです。

　面談時には、話を聞きながらテーブル中央に置いた白紙に図やキーワードを書きだしました。このことで流れが明確になり不足しているものがわかります。また、伝えるための言語化もできます。漠然とした思いに流れが見え、形になると「そう！これです！」と笑顔になる瞬間がたまりません。

　私はIMとCDを行ったり来たりしていますが、冒頭でご紹介したように中小企業の社長さんにも不安はあります。今の中小企業は従来通りのことだけやっていたのでは厳しくなり、常にアンテナを張りチャレンジし続ける必要があります。そんな経営者のためにつながる場づくりは絶対に必要だと思っています。常に経営者の声に耳を傾け、一緒に進んでいけるIM、CDという仕事は楽しいです。そして離れてもふと思い出してもらえたり声掛けしてもらえることは嬉しいものです。

　若くても、知らないことが多くても、一緒に考えたり、お互いに知らない世界を知ることで新たな道が開けたり、ワクワクドキドキが待っています。ぜひ多くのかたにIM・CDという仕事を選択していただければ嬉しいです。

3. IM・CDの仕事の流儀を確立し、世間の評価も高まる

　1999（平成11）年から、佐藤の「営業支援」などのIM活動が「行政の新たな企業支援」とマスコミに採り上げられはじめ、講演会の依頼も増えていった。

　日本のインキュベーションは、**1980年代半ばに民間ビジネス・インキュベーションがいくつか作られた**[13]。長洲一二神奈川県知事のリーダーシップで、**1989年、"かながわサイエンスパーク"ができた**[14]。地方でのインキュベーション施設の実質的な運営は、1994年の花巻市起業化支援センターが最初であり、そのIMである佐藤も注目された。

佐藤がマスコミに出たり、講演会に出張したりするのを見て、批判する人もいた。特に、**行政職員や、行政法の学者は**「**行政機関は公平な支援をするべきであって、個別企業の販売の支援を市の関係機関がするのはおかしい。特に、利益を追求する支援は絶対してはいけない**[15]」と、強く佐藤を批判した[16]。

　花巻市以外のインキュベーションでも、営業支援、伴走支援を行ったところもあったが、行政職員や、行政法の学者からの「**公平でない**」という批判を受けて、**取り組みをやめてしまう**ケースが多かった。佐藤は、企業での研究開発と営業支援の経験や、**入居企業の倒産**を身近で見て"もうしわけない"と思い、「**これしかない**」**と覚悟を決めて営業支援を継続**したことで、IM・CDの仕事の流儀を切り開くことができた。（理論編の「BTF理論」に関連する。）

　覚悟がない自治体は、的外れな批判を受けて、簡単に、事なかれ主義（いつもトラブルを避けるようにふるまうこと）**で起業支援をやめてしまった。それは、インキュベーション施設を作った自治体にとって、起業、雇用、税収確保のチャンスを逃すことだった。**

　一般論として、大事なことに対して、志を高く持って立ち向かう人がいない組織、社会は衰退する。（理論編の「BTF理論」に関連する。）

　起業家への営業支援の継続は、現在でも佐藤の大きな財産となっているという[17]。2007年、佐藤は「営業支援ができない行政は、残念ながら負けます」と述べている[18]。

　1999年、NHK盛岡が作成した番組「列島スペシャル　ベンチャー二人　企業を起こす男たち」には、佐藤が1999年頃、どのような活動をしていたのが克明に記録されている。以下に内容を紹介する。

　渡辺勉花巻市長（当時）が、花巻市の工業振興の方針として、企業誘致が行き詰まり、工場の海外移転が進む中で、ベンチャー企業の育成や、地元企業の技術力向上のために花巻市起業化支援センターを作ったと述べている。

　日本のベンチャー支援施設で、CDが常駐しているのは極めて珍しいと紹介し、佐藤が支援してきた企業を紹介している。その中で、1999年から支援を始めた澤村捷郎（かつろう）さんを採り上げて、佐藤が、大学の工学部の教授に紹介したり、技術商社への売り込みに立ち会ったり、澤村さんを支援する様子を記録している。途中、技術志向が強い澤村さんは、多機能だが複雑で重い製品の新規開発に集中してしまう。佐藤は「すでに開発が終わっていて完成度の高い製品をまずは販売しましょう」と澤村さんを説得しようとした。その製品は、単機能でシンプルだった。しかし、澤村さんは製品開発にのめりこんでいて、意見は対立してしまう。

[表3-1] 株式会社 SAWA　沿革

1998年	岩手県花巻市起業化支援センター入居 有限会社サワ 設立
2003年	岩手県花巻市起業化支援センター研究室より花巻市内一日市へ移転
2004年	米国特許認定
2007年	ロボットビット（電動ドライバーとビット取付部のガタ・振れ防止ビット）発表
2018年	有限会社サワ 創立20周年
2019年	『ねじ締付装置用緩衝器』特許取得　（ビットクッション＋振れ止め）2019年8月16日 『ネジ類供給装置』特許取得　（ネジ用フィーダー SAQ 特殊ストレートフィーダレール） 2019年11月1日『ネジ部材供給装置のねじ部材取出機構』特許取得　（ネジ用フィーダー SAQ スプリングワッシャ付ネジの傾き矯正機構）
2022年	本社移転（花巻市一日市→花巻市諏訪） 有限会社サワから株式会社 SAWA へ組織変更
2024年	愛知事業所（安城市）開設

出所：株式会社 SAWA　Web サイト

　ここで番組は、過去を振り返り、佐藤が、産業能率大学で、経営を学び、企業経営資源（KS）シートを考案し、授業で発表し、専修大学経営学部教授加藤茂夫先生（故人）に助言を受ける様子を放映した。
　再び、佐藤と澤村さんのやりとりに戻り、佐藤は、企業経営資源（KS）シートに、澤村さんが今行っていることを記入し、澤村さんが、複雑な製品の新規開発に集中していて、完成度の高い製品の販売の準備を何もしていないことを、シートで「見える化」して示し、今のままでは、いつまでも販売されず、企業としての体力が強くならないことを説得する。澤村さんも、自分の会社の実態、新規開発ばかりして、販売しておカネを得る努力を何もしていない危機に気づき、まずは、完成度の高い製品の販売の準備に集中しようという佐藤さんの提案に同意した。
　その後、番組は、佐藤の助言・支援で進めていた花巻市起業化支援センターの小さな部屋への入居、有限会社サワの設立が実現する。澤村さんが行った花巻市起業化支援センターへの入居申請は、花巻市役所の松田英基氏（2022年から副市長）が受け取った様子を紹介した。
　カメラは、澤村さんの家庭も映している。玄関にバスケットボールのゴールが作られていて、澤村さんと息子さんが遊んでいる。記者が息子さんに「お父さんの挑戦を見てどうですか？」と聞くと、息子さんは「倒産しないようがんばって」。澤村さんは「家族は不安だと思う。結果で示すしかない」と決意を述べる。息子さんは現在の株式会社 SAWA の代表取締役の澤村英朗さんである。
　佐藤は、番組の最後に、CD は、何社設立したとか、何人から相談を受けたと

か、そういう数字をめざしていくとおかしくなってしまう。起業の夢は無限なので「夢を一緒に追いかけるCDになると良いと考えている」と述べている。

コラム［寄稿］5

秋本 英一
（公益財団法人湘南産業振興財団　業務課長）

あの夏の日の佐藤さんに私は追いついているか？

　バブル崩壊後、選択と集中という言葉が飛び交い工場が撤退し、私がいる藤沢市も例外ではなく空き地が目立った。東京まで50分ということもあり通勤圏のため、寝に帰るだけの人が多い市。人口が多いこともあり、空き地はすぐにショッピングセンターとなった。空き地のまま放置されるよりはよいかと思うが、税収は下がる一方だった。空洞化を防ぐために起業家を支援しようと立ち上がったのが1999年11月。起業家に光が当たるように、余計な支出がないように、仕事をはやく軌道にのせるために、当時の専務理事からインキュベートルームを作るよう命じられた。この聞き慣れない言葉を調べてみると、起業家が集まる施設とのことだった。この施設を作るために先進的なモデルはどこにあるのかネットスケープ社のブラウザで調べたところ、ヒットしたのが花巻市起業化支援センターだった。

　2000年夏、私はすぐに花巻を訪れた。当時の佐藤さんは忙しかったにちがいない。佐藤さんはどこかとげとげしく話の内容も薄かった。私は施設を真似さえすればよいとだけ思って佐藤さんと会話をしていた。そのような輩が以前からも視察にきていて、私もその輩と同じと察したのだろう。佐藤さんをそうさせるには十分な態度をとってしまっていた。佐藤さんの話は終始施設についてのみ。私は何も考えずシャッターを押し続け記録を残した。起業家支援施設を理解するには十分な時間をいただいた。ただ、佐藤さんの言いたかったことはこれではない。「起業家支援者」だったのだ。私は佐藤さんの決められた時間の中で追い返されるように駅に向かった。炎天下のホームで電車をひたすら待ったことだけは今でも鮮明に記憶している。それから1年後、我が身に色々な出来事が降りかかり、インキュベートルームには「起業家支援者が必要だ」と思い知ることになる。

　2001年6月、湘南インキュベートルームを完成させた。19室に対し応募者は30社以上。箱を完成させ、入居させたら私の役割は終りと思っていた。しかし、専務理事から、「次は、入居者たちの御用聞きをしなさい」と言われた。「御用聞き？」、この言葉を聞いてサザエさんの三河屋のサブちゃんを思い出した。「御用を聞いて持ってくる人＝御用を聞いて問題を解決する人」という図式がふと浮か

び上がった。19社入居しているが全て違う事業内容の会社。それぞれのお悩みを私一人で解決できるのか？　とても不安になった。自分は何者なのか、自分には何ができるのか、自分の強みは何なのか、今で言うところの「キャリアの棚卸し」を自然に行っていた。

　御用聞きになった日からそれぞれの会社の事業内容を覚えた。技術的なことは浅く覚えた。深く知っても文系の私には意味がないからだ。また、御用聞きをしながら様々な問題に「わからない」と逃げず、「わかる」までインターネットで検索し、また書物を用いて調べることもした。自分が知っていることは限られていたからだ。もちろん調べた内容が間違えで、そのまま起業家に伝えとても怒られ、ときには口論もした。30代から50代の起業家が多く、普通の会社員の枠には収まらない者が多かった。仕事内容は聞いたことや見たこともない「モノ」や「サービス」で訳がわからなかった。簡単に言ってしまえば、「あったらいいな」と思われるものを具体化させビジネスにするものが多かった。普通の会社員の枠で収まる人ではないため、なかなかコミュニケーションが取れず、1か月が過ぎた頃には「鬱」になりかけた。

　怒られ、口論の日々が2か月を超えたあたりから変化の兆しが見え始めた。起業家の一人が「こいつは我々のために動いてくれている」と言い出したのだ。同じ苦しみを持つ起業家同士なので異業種ではあるが仲間意識が強く、一人の起業家が私の味方になったとたん、オセロのように「目」が反転した。19社の起業家の態度は一転し、親しみを込めて私の名を呼ぶようになった。「起業家支援者」の誕生だった。思わぬ副産物もあった。それは飲み会の回数が格段に増えたことだった。おそらく起業家は孤独であるという不安から逃れたいのであろう。同じ志を持った仲間と常に一緒にいたいのだと思った。このあたりから「起業家支援者はお酒が強くないといけない」と理解するようになった。

　先に実践経験があった私は2001年に知識を吸収するためIM（インキュベーションマネージャー）研修に参加した。これまでやってきた起業家支援方法が認められ、すぐにIM研修の実習受入れ先となった。個性ある起業家たちを操っていたので、その当時の研修生からは「猛獣使い」と言われた。起業家に寄り添い、真剣に動いたからこそ信頼を勝ち取ることができたのだ。

　年1回IMの集まりがある。佐藤さんも時々この集まりに参加されている。私も毎回ではないが行けるときには行き、2次会はほぼ佐藤さんの隣で一緒に杯を交わしている。初対面の時のあのとげとげしさはいつもない。おそらく見学時の私への対応は覚えていないのだろう。そんな佐藤さんに改めて問いたい。「あの夏の日の佐藤さんに私は追いついているか？」と。

出所：堀場，秋山，佐藤他(2000) (p.16)

注：左から2番目が堀場氏、右から3番目が佐藤。

［写真3-2］2000年パネルディスカッション『ビジネス・インキュベーションのあり方』

4. シリコンバレー型起業支援の始まり

　2001年、経済産業省の地域産業政策が、意欲のある研究開発型中小企業を徹底的に**個別企業支援**する政策に転換した。関東通産局が1998年から始めたTAMA協会（首都圏産業活性化協会）の成功を、"**産業クラスター政策**"として全国展開したからである。意欲と可能性がある個別企業をていねいに支援（**伴走支援**）する仕組みであり、**シリコンバレーの成功要素を産業政策に取り込んだもの**であった。「行政機関は公平な支援をするべきであって、**個別企業の販売の支援を市の関係機関がするのはおかしい**」といった佐藤への批判は弱まっていった。

　共著者の吉田は、岩手県庁への出向から通産省に戻っていて、2000年から関東通産局産業企画部長になった。TAMA協会をマネジメントする役割を担った。TAMA協会は事務局体制が確立しておらず、資金がいつも不足していた。会員企業と話し合い、岩手県での産学官連携の経験を活かしてTAMA協会の活動を改善しながら、"産業クラスター政策"の全国展開を地方局から手伝っていた。2001年から通産省は経済産業省に名前を変えた。2002年、吉田は経済産業省本省の地域経済産業グループ政策企画官になり、産業クラスターの全国展開、運営を引き継いだ。2000年までは、通産省内でも「行政機関は公平な支援をするべきであって、個別企業の販売の支援を行政機関がするのはおかしい」といった意見は強くあり、"産業クラスター政策"を進めるために、職員の説得や研修が必要だった。

　日本中のIM・CD、産学官連携関係者が、"佐藤利雄"に注目し、全国を講演して回った。日本の起業文化に貢献した堀場製作所の**堀場雅夫**氏に見いだされた。

1999年に設立されたJAMBO（日本新事業支援機関協議会，堀場氏が代表幹事）が、2000年に開催したパネルディスカッションに、佐藤は堀場氏とともに参加した。

　司会者から「**佐藤さんは日本で数少ないインキュベーションマネージャーをしていらっしゃいます。教科書もマニュアルもない中でインキュベーションのあるべき姿を追求してこられました**」と紹介された。**日本初の"シリコンバレー型のIM・CD"**が世の中に広く知られた瞬間だった。

　佐藤は「私は営業や技術の経験のある民間の出身で、営業しながら情報の収集・発信をしてきました。そこが行政主導のインキュベーションと違うところでしょう。インキュベーションマネージャーは、『雨ニモ負ケズ　風ニモ負ケズ』の精神が非常に大切だと感じています。岩手県や花巻市には、東北通産局や岩手大学、岩手県の関係者と、問合せするとすぐに答えが返ってくる関係性、岩手ネットワークシステム（INS）という仕組みがあり、他から見ると「岩手は異様なくらい産学官連携がうまくいっている」と言われます」と述べている[19]。

　日本初のIMの養成講座は1999年、日本新事業支援機関協議会（JANBO, Japan Association of New Business Incubation Organizations）によって行われた。その講師陣に佐藤は、星野敏氏、鹿住倫世氏、四国経済産業局の川井保宏氏らとともに加わった。佐藤は「**IMは独自の支援手法を持つことが重要**」と指導した。

　佐藤は、産学官連携を進めていく中で、大勢が参加する講演会のような手法は、

出所：佐藤(2008a)（p.28）

[写真3-3] 花巻起業後継塾（2007年　夢企業家塾）

参加者のコミュニケーションがとれなくて意味がないことに気づいた。少人数の研究会ほど、内容が深まり、参加者の交流・人脈が増えて、イベント後の効果も高いことに気づいた。（理論編の「人的資源マネジメント」に関連する。）

1999年ころから、地方でもインキュベーション施設を作る自治体が増えていき、佐藤は「これからは**大学との連携ができるか否かで地域差別化が始まる**」と考えた。

入居企業支援のお手本がなくて苦労している時期に、産業能率大学の通信教育を受けて「**企業経営資源（KS）シート**」を考え、自分の支援手法として活用できるようにした[20]。

2004年から**花巻起業後継塾**を始めた。花巻信用金庫が支援して、30代、40代の起業したい人、家業を承継する立場の人の研修や連携を、福島正伸氏の指導を得ながら行った[21]。花巻起業後継塾では、共同研究により、後継者育成のモデルを作った。花巻市の伊藤工作所の伊藤社長とも親交を深めた。

2003年9月、佐藤は、内閣府の「地域産業おこしに燃える人」に選ばれた。吉田は経済産業省の担当として、燃える人の会の事務局を担当した。

提供：佐藤利雄

［写真3-4］首相官邸で小泉総理と談笑する佐藤利雄・岩渕明 岩手大学教授

提供：佐藤利雄

［写真3-5］地域産業おこしに燃える人（2次会集合写真）
前列右3番目が関満博 一橋大学名誉教授。右1番目が佐藤利雄。左2番目が福間敏（第5章8．組織と個人参照）。後列左3番目が吉田雅彦

2004年、佐藤はNHKのクローズアップ現代「こだわり主義がヒットを生んだ〜開発する中小企業の挑戦〜」に出演した。

出所：PIXTA

[図3-2] NHKのクローズアップ現代に出演

　中小企業が、新しい製品を開発している取り組み、新しい市場を作る取り組みを解説し、「今までは図面をいただいて加工する仕事だったが、自分たちで商品を開発することが重要になってきた」自分たちの技術を、大学など第三者に評価してもらうことが重要になった。デザイン力で勝負する企業がでてきた。デザインは、価格などで評価しにくいのでたいへんだが、あきらめずにやり抜いた中小企業があったと解説した。

　「成功できる開発型企業は何が大事か？」と問われて、「あきらめないことが大事だ。支援メニューがたくさんあるので、経営者は情報を取りに行って取り組んでほしい」と語った。

　番組を見た全国の関係者から講演依頼が来た。2004年からの5年間を、佐藤は"栄光の5年間"と呼んでいる。当時の人たちは、直感的に、それが新しく、すごいことだと感じとったので、佐藤は時代の寵児（時流に乗って、もてはやされる人）になった。

提供：佐藤利雄

[写真3-6] 佐藤利雄（後列 左から2人目）と堀場雅夫氏（前列左）

[表3-2] 2004年以降の佐藤利雄の主要経歴・業績

2004年4月～ 2010年3月	岩手大学地域連携推進センター客員教授 産学官連携コーディネーター　文部科学省、経済産業省プロジェクト担当
2005年6月	JANBO・Awards2005　ビジネス・インキュベーション大賞
2006年4月～ 2010年3月	東経連事業化センター産学マッチング委員会委員
2006年8月～ 2010年3月	JST（国立研究開発法人 科学技術振興機構）イノベーションサテライト　岩手科学技術コーディネーター マッチングプランナー
2007年3月～	内閣府「地域活性化応援隊」
2007年8月～	経済産業省「地域中小企業サポーター」
2007年11月	ものづくり連携大賞　特別賞
2008年10月	JST　第1回イノベーションコーディネーター賞・科学技術振興機構理事長賞
2015年4月～ 2022年3月	JST（国立研究開発法人 科学技術振興機構）　マッチングプランナー　青森県、秋田県、岩手県担当
2015年6月～	東経連ビジネスセンター事業化コーディネーター
2015年6月～	公益財団法人大阪産業局クリエイティブネットワークセンター大阪メビック扇町　エリアサポーター
2016年～	日本ビジネスインキュベーション協会認定 シニアー・インキュベーションマネージャー
2022年	岩手ネットワークシステム（INS）起業化研究会、マーケティング研究会、SDGs研究会、雇用研究会、起業化研究会の各代表幹事、自由が丘産能短期大学校友会岩手支部長
2022年4月～	中小企業基盤整備機構東北本部中小企業アドバイザー（経営支援）
2022年4月～ 2024年3月	国立研究開発法人科学技術振興機構　産学連携アドバイザー
2022年4月～	八戸工業大学客員教授
2022年7月～	岩手大学研究支援・産学連携センター客員教授
2022年～	SBIM 代表（個人事業主）

　2010年、佐藤は、同僚・後進に道を譲る形で、花巻市起業化支援センターを退職し、**岩手大学地域連携推進センターの産学官連携コーディネーター**となった。インキュベーション施設に入居している起業家を支援するのが IM の本来の言葉の意味であるが、インキュベーション施設に入居していない地元のベンチャー企業や中小企業の支援を行っている IM も多くいる。インキュベーション施設に入っていない企業への支援は、狭い意味の IM ではなく、CD（コーディネーター）の仕事になる。佐藤は、岩手大学の CD になることで、岩手県とその周辺の企業を支援することになった。**CD としての企業支援の考え方や手法**は、富士電機での**研究開発**、アドテックシステムサイエンスでの**技術営業**や、花巻市起業化支援センターの IM

で確立したものと変わらなかった。

　岩手大学では、**文部科学省、経済産業省プロジェクト担当**にもなり、国や関係機関の助成金を使って、企業の開発、事業化を支援する仕事にも関わった。岩手大学には、2015年まで勤務した。

　2015年からは、**JST（国立研究開発法人 科学技術振興機構）のマッチングプランナー（青森県、秋田県、岩手県担当）**になった。国や関係機関の助成金を使って地元の企業とプロジェクトを進める側から、国や関係機関の助成金を出す側に立ったことになる。JST勤務では、国の方針を知ることができた。

　JSTのマッチングプランナー事業は、CD（コーディネーター）を雇用して活動させる予算が出る。事業化まで5年という枠組みでJSTのマッチングプランナーとして、CDの支援活動を行った。

　これらのCDを地域でどう活かすかを考えた。企業という"点"支援から、産学官連携の"線"支援、"面"支援による広域連携を進めることが重要と考えた。青森県、秋田県、岩手県の広域連携で、JSTの競争的資金を獲得して進めた。

　これらの仕事を務めたことで、民間企業の大企業と中小企業（富士電機、アドテックシステムサイエンス）、花巻市の組織、岩手大学、JSTという**産学官の組織を佐藤はすべて経験**したことになる。（理論編の「バウンダリースパナー」に関連する。）JSTには、2022年まで勤務した。

　2022年からは、個人で中小企業支援を行うとともに、独立行政法人 中小企業基盤整備機構東北本部中小企業アドバイザー、国立研究開発法人科学技術振興機構産学連携アドバイザー（～2024年3月）、八戸工業大学客員教授、岩手大学研究支援・産学連携センター客員教授を務めている。

　このように、IM・CDの仕事を数多く経験していく中で、次節で紹介する「デジアナ的商品」「企業経営資源（KS）シート」「産学官の翻訳機能」「事業化まで5年」「セミナー等開催企画力」「現場主義と佐藤飲み」「逆企業誘致」「組織と個人」「組織・地域活性化における15歳理論」「IM・CDは経験からしか動けない」「IM・CDの経営資源」といった仕事の流儀・手法を確立していった。

　佐藤利雄のIM・CDへの貢献は、民間企業で経験した**技術営業**、日本初の**産学官の人的ネットワーク組織**である岩手ネットワークシステムの人脈で、日本初の**"シリコンバレー型の起業・企業支援を行うIM・CD"**となり、**多くのIM・CDに影響を与えていった**ことであると言える。

コラム［寄稿］6

齊藤 仁志
（公益財団法人 全日本科学技術協会 専務理事）

箸休め：「砂糖と塩」

　世の中に「さとうとしお」さんは、沢山います。
　佐藤あるあるなのでしょうか。その方々は自己紹介の際、必ずと言ってよいほど「さとうとしおと言います。砂糖と塩と覚えてください」と言って挨拶、名刺交換をする。
　私が初めてこのフレーズで挨拶を交わしたのは、「岩手・花巻の佐藤利雄さん」であった。
　JST 科学技術振興機構が2009（平成21）年に創設したイノベーションコーディネータ表彰の授賞式を札幌で開催したとき、満面の笑み、大きな声でご挨拶を頂いたと記憶している。
　当然、産学官連携事業に携わる者として佐藤さんの存在は知っていた。すれ違いはあったかもしれないが直接挨拶をしたのはこのときで、顔に似合わず気さくな方ですぐに親近感を覚えた。
　イノベーションコーディネータ表彰制度は、産学官連携に関わるコーディネータの活動・実績に対して、その成果を客観的視点から表彰することにより、コーディネータのモチベーションを高めるとともに、コーディネート活動の重要性を社会にアピールすることで、コーディネータのより一層のステータス向上を目指し、創設したもので個人、団体でも自薦、他薦で応募ができる制度であった。
　当時、私は地域事業推進部長として地域における産学官連携支援事業を担当しており「産学官連携の橋渡し役のコーディネーター」を表彰するアワードをどうしても創設したかった。
　21（2009）年度は、本制度の初めての応募ということでどのくらい応募があるか心配をしていたが、85件の応募があり安堵したことを覚えている。

　その当時から、全国の産学官連携関係者では「佐藤利雄さん」を知らない人はいません。
　当然、エントリーされると期待をしていましたが応募一覧表に佐藤さんの名前がありません。よくよく見ると「花巻市起業化支援センター」で申請されていました。
　正直言って、佐藤さんが個人名でエントリーされるものと思っていました。
　栄えある第一回イノベーションコーディネータ大賞・文部科学大臣賞は佐藤さ

んの一番弟子といわれる、岡田基幸氏（当時、財団法人 上田繊維科学振興会）で、現在もこの業界で大活躍をされています。

佐藤さんはイノベーションコーディネータ賞・科学技術振興機構理事長を受賞されました。その受賞理由は「市町村レベルとして全国に先駆けて設立された花巻市起業化支援センターは、地域における産学官による地域振興事例、チームによる活動事例など他の地域のモデルとなるような数多くの実績を上げた」となっています。

現在でも佐藤さんはその気持ちが揺るがず、地域における産学官連携事業を進めており、全国に佐藤さんを師と仰ぐ方々がいることが羨ましくもあり尊敬を覚えます。

さて、産官学の橋渡し役として「コーディネータ」の名称がありますがJSTでは名称が時代によって違っていることを知っていましたか？

JSTは以前、新技術開発事業団（JRDC）と言っていました。その時は、「新技術コーディネータ」と呼び、その後、科学技術振興機構（JST）になってから「科学技術コーディネータ」と言っていました。

今は、マッチングプランナー（MP）の呼称で産学官連携の事業を進めています。組織名の変更で微妙に呼称も変化しています。

現在、国はスタートアップ事業の促進に注力しています。

今までのコーディネータの名称にとらわれた活動では地域における起業、産学官連携促進が進めにくくなっています。もっと大きく産学官連携事業をサポートしながらスタートアップ事業を支援加速できないかなと思っていた矢先に、佐藤さんから「シェルパ」という言葉を聞きました。

エベレストの山を登るには登山家だけでは制覇できません。山道を案内する、荷を運ぶ「シェルパ」が伴走することにより成功するという話です。このシェルパの役割を産学官連携事業、スタートアップ事業にあてはめると出発点から頂上まで共に歩み、立ち止まり、汗をかき頂上に立つ、エベレスト登頂のあの姿が目

出所：Wikimedia Commons

［写真3-7］エベレスト・ベースキャンプからの眺め

に浮かびませんか？
　是非、これからは「シェルパ」の精神で地域の産学官連携事業をより強固のものとし、地域の発展に貢献するとともに国の求めるスタートアップ事業の支援をすることが必要と思います。

コラム[寄稿] 7

梶川 義実
（一般財団法人日本立地センター　フェロー／ JBIA協賛会員）

IMのこれまでと、これから

はじめに

　我が国にインキュベーション・マネージャー（以下、IM）という言葉が生まれたのがいつなのか。諸説あるが、産業政策としてIMの位置づけや機能を定義し、その必要性や重要性を明確にしたのは、2001年5月に日本新事業支援機関協議会（以下、JANBOと略）ビジネス・インキュベーション将来ビジョン研究会から発表された『ビジネス・インキュベーション将来ビジョン～忘れてはならない日本の経済構造改革の柱～』（以下、ビジョンと略）である。
　この研究会に参画し、議論をリードした一般社団法人JBIA会長の星野敏氏は、自身のかながわサイエンスパーク（KSP）での経験や海外視察での知見に加え、本書の共著者である佐藤利雄氏が実践されている活動を踏まえ、我が国のIMを定義づけた。いわば、生みの親と言える存在である。
　筆者は、星野氏や丹生晃隆氏（現 宮崎大学准教授）とともに、日本新事業支援機関協議会の事務局長代理として研究会に参画し、ビジョンの取りまとめを行った。以来、現在に至るまでビジネスインキュベーション（BIと略）やIMと関係を持つことになる。本稿では、IMの誕生から今後への期待について私見を述べることとする。

1．IMの誕生
（1）ビジョンには何が書かれているか
　1999年2月に施行された新事業創出促進法は、「技術、人材その他の我が国に蓄積された産業資源を活用しつつ、創業等、新商品の生産若しくは新役務の提供、事業の方式の改善その他の新たな事業の創出を促進するため、個人による創業及び新たに企業を設立して行う事業を直接支援するとともに、中小企業者の新技術を利用した事業活動を促進するための措置を講じ、併せて地域の産業資源を

有効に活用して地域産業の自律的発展を促す事業環境を整備する措置を講ずることにより、活力ある経済社会を構築していくことを目的」とする法律である。このなかの、「個人による創業及び新たに企業を設立して行う事業を直接支援する」手段としてBIを整備することが、当時の通産省の政策として推進されることとなった。

BIは1980年代から米国では新事業創出のための手段として広く普及し、成果を上げていたので我が国もという、海外の先進事例を日本版にアレンジするという発想ではあった。1999年以前に、我が国でもインキュベーターと称する施設はあったが、単なる貸工場や貸事務所であり、事業や起業家をインキュベートする機能は備わっていなかった。

本ビジョンでは、BIを成功するための基本的条件を明確化するとともに、特にIMの配置等の重要性、提供すべきソフト支援サービス及びIMが果たすべき機能を明示している。

```
ビジネスの基本支援
マーケティング支援
会計・財務管理
ローン資金へのアクセス支援
ネットワーキング
高等研究機関との連携
カンファレンスルームの提供
シェアード・オフィスの提供
```

[図3-3] アメリカのインキュベータの70％以上の機関が提供しているサービス

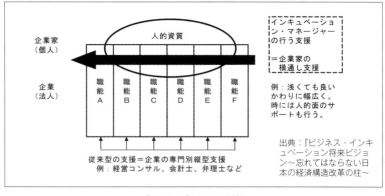

[図3-4] IMの機能

（2）ビジョン実現のための具体的な政策目標設定と政策提案

　今では考えにくいとこであるが、2000年当時の政策課題は経済構造改革に伴う雇用の場の確保であった。ビジョンでは、新規創業や第2創業等の新事業創出により雇用機会を創出する手段として、BI政策がとられ、BI施設整備目標及びIMの育成・配置目標が設定された。整備目標の設定にあたっては、米国のNational Business Incubation Associationが有する豊富なデータを活用した。設定した目標は、BI施設400か所に平均1.5人のIMを配置するため600人を養成するというものである。

　ビジョン実現のため、国、地域、大学及び関連するステークホルダーに対しても政策提言を行っている。国に向けた提言は以下のとおりであり、この提言に基づき2002年度から経済産業省予算によるIM養成研修事業がスタートすることとなる。

---

①国立大学等併設型や大規模・モデル的といった国が自ら整備するにふさわしいインキュベータ施設整備
②地域が行うインキュベータ施設整備への支援
③インキュベータが行うソフト面での活動に対する支援
④インキュベータを取り巻く地域コミュニティがインキュベータ支援を行いやすくするような環境の整備（寄付税制の拡充等）
⑤インキュベーション・マネージャーの育成及び配置への支援
⑥ビジネス・インキュベーションに係る普及啓蒙

出典：『ビジネス・インキュベーション将来ビジョン
　　　　～忘れてはならない日本の経済構造改革の柱～』

［図3-5］目標達成に向けた国への提言

2．JANBOとIM研修
（1）JANBOとは

　BI／IM関係者の中で広く認識されているJANBOの正式名称は、日本新事業支援機関協議会である。その英文名称Japan Association of New Business Incubation Organizationsが示すように、New BusinessをIncubationする組織である。ジャンボという音は、宝くじやジェット機でも使われており、認知度が高いためこの略称としたようだ。しかし、そちらはJUMBOである。

　JANBOは1999年6月に創設され、2010年3月に事業を終了した。この間、IM養成研修、IM認定事業、優れたBI／IMを表彰するJANBO Awards

事業などを行い、我が国にBI／IMを根付かせる大きな役割を果たした。JANBOの事業終了に伴い、IM研修やIM認定事業は（一社）JBIAに引き継がれ、今日に至っている。

(2) IM養成研修事業

　IM養成研修事業は、JANBOの自主事業として2000年より始められた。自主事業という性格上、JANBO会員機関のIM志望者が対象であり、第1期の研修は定員5名という小規模で行われた。しかし、第1期研修修了者の活躍は目覚ましく、会員外からも参加希望が寄せられ、最終的には2年間で60名をIMとして世に送りだした。

インキュベーションマネージャー養成研修について

　平成12年度より、JANBOの新しい事業として会員機関を対象に下記要領でインキュベーションマネージャーの養成研修を実施します。

1　研修目的
　　創業志願者（新規又は第2創業とも）を希望どおり開業へ導き、更に成長させるための知識・技術の習得を狙いとします。

2　研修要領
　時　期：年2回（5月開始、10月開始）各5ヶ月間
　内　容：スクーリング：2泊3日×2回（第1回(開始時)、第2回(終了時)）
　　　　　現地学習：先発インキュベーターにて　1回程度
　　　　　OJT：受講者所属の各インキュベーション機関にて
　　　　　　　　この間は、JANBOのインストラクター及びサポートチームが常時コーチング方式により電話、e-mailで相談及び定期巡回アドバイスを行います。
　費　用：10万円（スクーリング及び現地学習時の交通費は別途負担）
　認　定：5ヶ月間の全過程を終了した方には、修了証を授与します。
　　　　　その後、2年以内に新事業支援活動報告を提出しJANBO内の審査をパスすれば、JANBO会長名でインキュベーションマネージャーとして　認定します。
　　　　　（審査は会長、代表幹事、事務局長、インキュベーション部長が業績を評価します）
　フォローアップ：研修修了後はJANBO事務局との定期連絡や、JANBO会議で活動報告をしていただきます。更に、後輩の研修時には現地学習受入にご協力していただきます。

3　研修人員数

平成12年度は各回とも５名程度。
平成13年度以降は各回とも10名程度に増員予定。

4　**応募資格**

①インキュベーションマネージャーとして採用（含む内定）され、会員機関で今後3年以上勤続可能（含む予定）な方
②現在会員機関で創業支援等を担当しており、今後3年程度以上勤続可能（含む予定）な方

5　**研修期間**：平成12年５月15日～平成12年９月下旬

［図３-６］第１回ＩＭ養成研修の募集案内

（3）ビジョンの提言を受けた研修の拡大

JANBO 自主事業でのＩＭ研修は、２年間で60人という規模であったが、その後の我が国の BＩ／ＩＭ の牽引役として活躍する者を多く輩出した。例えば、JＢIA 副会長の佐藤亮氏や理事の櫻木祐宏氏、株式会社西条産業情報支援センター前社長の越智三義氏などである。

経済産業省では、インキュベーターというハード施設とともに、ＩＭ が必須であるとのビジョンの提言を受け、2002年度より５年間で600人を養成するとの目標実現のため、研修予算を確保した。研修事業は、JANBO 自主事業として行っていたＩＭ 養成研修プログラムに加え、研修修了者のスキルアップやネットワーク構築など多岐にわたる大変充実した構成となっている。このことからも、経済産業省がいかに強力に BＩ／ＩＭ 政策を推進しようとしていたのかを理解することができる。

出典：『JANBO10年のあゆみ』日本新事業支援機関協議会

［図３-７］2000年代のＩＭ研修体系

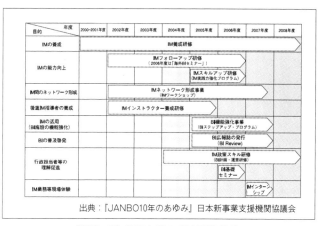

3. IMの成果

BIは、IMという存在があって初めて機能する。IMのいないBIは単なる貸オフィス・貸工場である。逆に言うと、IMが存在すれば、物理的空間がなくてもビジネスはインキュベートできる。では、BI／IMの政策効果をどのように考えればよいか。我が国に限らず、BI／IMは産業政策として公的機関が主体となり税を投入して運営が行われている。そこで、政策効果を検証するため、2009年12月にIMによる企業支援の経済効果を把握した。その概要を紹介する。

①調査方法

IM研修を修了したIMが常駐するBIから49施設を抽出し、調査票を送付。49施設は研修修了後3年以上を経過するIMが所属していることを要件としている。

調査内容は下記のとおり。

- ●回答者名、所属BI名●入居企業数累計、卒業企業数、廃業企業数
- ●企業名 ●事業分野 ●創業年月 ●存続／廃業 ●施設利用期間
- ●本社所在地（創業時、現在）●雇用数、年間売上高（入居時、卒業時、現在）
- ●施設利用期間、継続期間

②IMの効果その1　高い存続率

IM支援企業と、一般新規開業企業の経過年数ごとの存続率をみると、一般新規開業企業は6年経過で存続率が50％を割るのに対し、BI利用企業は10年が経過しても85％を維持している。

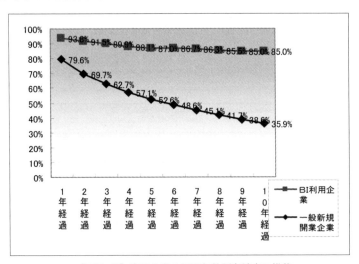

[図3-8] 卒業企業の経過年数別存続率の推移

③ IM の効果その2　高い成長率

　入居時から卒業時までの売上高の数値が利用可能な卒業企業（BI利用企業）294社と一般新規開業企業（有効回答918社）の売上額を入居時・開業時を100とした時の、それぞれの指数をグラフに表した。なお、利用可能なデータがBI利用企業は27カ月（卒業時）と48カ月（創業から現在まで）、一般新規開業企業は15カ月（創業から現在まで）であったため、各時点での年平均成長率を計算しグラフ化している。

　BI利用企業は、入居時1社平均約3,651万円の売上げを計上しており、卒業時（平均27カ月経過時）には5,516万円、現在まで（平均48カ月経過時）に9,488万円にまで増加している。一方で一般新規開業企業は、創業時357万円から現在まで428万円に増加している。

　年平均成長率はBI利用企業の卒業時までは約20.1%に対し、卒業から現在まででは約36.3%に上昇している。BI入居中にIMの指導により経営基盤を確立することができたためと考えられる。他方、一般新規開業企業の年平均成長率は約17.8%であった。

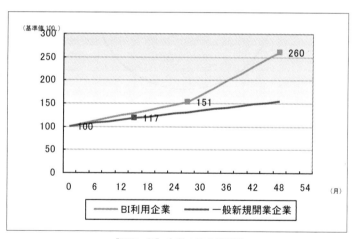

[図3-9] 企業の売上高推移

④ IM の効果その3　高い地元定着率

　日本のBIは自治体などの公的機関が管理・運営をしていることが多く、そこには多くの税金が投入されている場合が多い。そのためBIの政策効果は、BIを卒業した企業がBIと同地域内に定着し、持続的に成長することではじめて成果として算出することができる。

創業地域が明らかな372社（廃業企業を除く）の回答によれば、80％の企業は卒業したBIと同市内で事業を継続している。同じ県内まで含めると地域内定着率は89％に達しており、かなり高い割合といえる。
　「成功したベンチャーは東京に行ってしまう」との声もあるが、IMによる育成支援を受けた企業の地域内定着率は高い。事実、年商1億円以上の企業は本調査で42社おり、そのうちBIと同県・同市内にて操業している企業は37社で、地域内定着率は約88％である。

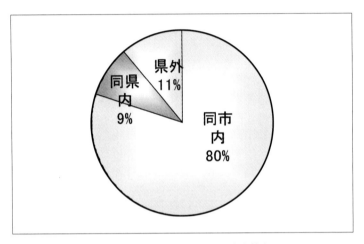

[図3-10] 卒業企業の地域内定着率

4．IMのさらなる発展に向けて
　以上、我が国のBI／IM創生期から発展期までの経緯及び政策効果について述べてきたが、今後のBI／IMのさらなる発展に向けて3点を提言したい。
①IM活動範囲の拡大
　現在、IMはBI施設入居者のみならず、地域全体での創業支援、事業支援の専門家として機能している。他方、地域では、事業承継や事業撤退などの課題を有している経営者も多い。地域の持続可能性を高めるため、新規事業の育成にとどまらず、経営者の地域課題解決にも、保有する能力を発揮しIMの活動範囲を拡大していただきたい。
②IM活動成果の把握
　IMの活動を維持拡大するためには、IMの存在が産業政策的に効果があることを示す必要がある。2009年に実施した効果把握結果を紹介したが、継続的に政策効果を把握し、地域の政策担当者等のステークホルダーに成果・効果を発信し

③IMのネットワーク活動強化

　IMに限らずネットワークの効果は様々な場面で云われている。IMが直面する課題の解決には、幅広い知識を必要とし、一人の知識や経験で解を見出すことが難しいこともある。IMの相談相手としてのネットワークの存在は、大変有効である。東北や北海道では、地域のIMネットワークが構築され、IM相互の顔の見える関係が出来上がっており、課題解決に効果を発揮している。また、IMのスキルアップの研修や共同事業もおこない、地域の中で存在感を示している。

　こうした活動を全国各地域で構築するとともに、地域産業振興に関わる人々が「困ったことがあればIMのネットワークに相談してみよう」という意識が醸成されるよう、ネットワーク活動を強化していただきたい。

理論6　シリコンバレーの機能

　ケニー、バーグ（Kenny, Burg）という2人の米国の経営学者が2000年に出した論文[22]が、シリコンバレーの活動を初めて世に広めた。ケニー、バーグの観察では、シリコンバレーにも、2000年ころ、伝統的な大学や企業の経済活動はあった。伝統的な経済活動に属する人たちは他の米国の都市と同じで、社員が会社を辞めて起業するのは珍しかった。

　その一方で、シリコンバレーには、**社員が会社を辞めて起業に挑戦**する新しい経済活動ができていた。**起業を支援する人たち・組織のネットワーク**ができて起業がしやすくなり、それによって起業する人が増え、起業を支援するネットワークが経験を積んで、ますます良い支援ができるようになっていくという好循環によって、**新しい起業文化・新しい経済活動**ができていた。

　シリコンバレーの支援ネットワークは、**ベンチャーキャピタル（ベンチャー企業に投資するファンド会社）、投資銀行、人材斡旋会社、マーケティング会社、会計事務所、法律事務所**が参加していて、**起業支援に特化してスキルを発達**させ、それぞれのスキルを組み合せながら起業を支援した。ネットワークに参加する人たちの活動を推進する力は、ベンチャー企業に投資して得た利益（**キャピタルゲイン**）であった。ベンチャー企業が成功して**利益が出るまで支払いは待った**。利益が出たら参加者の働きに応じておカネが分配された[23]。成功した起業家は、株式公開したり、技術、会社を大企業に売却して"一生使えないほどのおカネ"を手に入れた。ベンチャーキャピタルや支援者も、貢献に応じて分け前を受け取った。また、起業成功者は、"一生使えないほどのおカネ"を後輩に投資する者もいた。**エンジェル**（Angel, 天使）の多くは成功した起業家で、創業期のベンチャー企業に資金を提供する個人投資家をいう。自らの経験で、起業家支援を行う人もいる。

シリコンバレーを真似する政策（Cloning Silicon Valley、クローンは遺伝的に同一な個体や細胞のこと）が、米国内の他の都市や、日欧の国、都市で行われ始めた。世界各地の産学官連携拠点の調査が2000年代前半に多く行われている。これらは、シリコンバレーを真似する政策を行った都市である。石倉ほか (2003) は、TAMAクラスター、近畿バイオ・クラスター、米国のシリコンバレー、ボストン、西マサチューセッツ、オースティン、サンディエゴ、ロサンゼルス、フェニックス、ノースカロライナ・リサーチ・トライアングル、ニューヨーク・シリコンアレー、サンフランシスコ・ベイエリア、シアトル、オレゴン、ピッツバーグ、ヒューストン、コロラド、アトランタ、南フロリダ、デトロイト、ミネアポリス、ウィチタ、ロチェスター、仏のソフィア・アンティポリス、独のミュンヘン、ドルトムント、シュツットガルト、英国のケンブリッジ、オックスフォード、マンチェスター、スコットランド、アイルランドのダブリン、デンマークのコペンハーゲン、メディコンバレー、北ユトランド、スウェーデンのスコーネ地域、ウプサラ、ストックホルム、フィンランドのオウル、中国の北京・中関村、上海、深圳、台湾の新竹、韓国の大田、大徳バレー、インドのバンガロール、シンガポール、マレーシアのクアラルンプール・サイバージャ、タイのタイ南部を調査している。西口 (2003) は、日本の浜松、岡谷、多摩、京都リサーチパーク・けいはんなプラザ、かながわサイエンスパーク、英国のケンブリッジ、オックスフォード、オランダ、ドイツでインタビューをしている。西澤ほか (2012) は、米国のオースティン、英国のケンブリッジ、スコットランドのシリコングレン、バイオコリドー、フィンランドのオウル、ドイツのミュンヘン、日本の札幌を調査している。Gibson (1994)、西澤、福嶋 (2005)、福嶋 (2013) は、米国のオースティンを調査している。

日本政府のシリコンバレーを真似する政策は、**表3-3**のとおりである。

[表3-3] 日本政府が行ったシリコンバレーを真似する政策

年	政 策 名	内 容
1998年	大学等技術移転促進法	TLO（テクノロジー・ライセンシング・オーガニゼーション、技術移転機関）の設立
	金融システム改革法	キャピタルゲインによる起業促進を目的としたベンチャー企業の上場の場を作る
	新事業創出促進法	イノベーションの支援
	TAMA協会（首都圏産業活性化協会）	埼玉、東京、神奈川西部の研究開発型企業を個別訪問し、シリコンバレー型支援
1999年	投資事業有限責任組合契約に関する法律	シリコンバレー方式の出資ができる仕組みを導入

	中小企業経営革新支援法	イノベーションに対して金融、営業支援
	中小企業基本法の改正	中小企業を弱者でなく雇用、収入の担い手と再評価
	中小企業等経営強化法	経営革新と産学官連携支援
2000年	中小企業指導法を中小企業支援法に改正	中小企業診断士を行政の指導中心から民間経営コンサルタントの資格に
	中小企業白書	シリコンバレーの投資の仕組みを徹底調査
2001年	経済産業省の産業クラスター政策、文部科学省の知的クラスター政策開始	TAMA協会（首都圏産業活性化協会）の支援内容を全国展開。大学とも連携。
2002年	中小企業挑戦支援法（中小企業等が行う新たな事業活動の促進のための中小企業等協同組合法等の一部を改正する法律）	資本金1円で会社を設立できるようにした。
2005年	有限責任事業組合契約に関する法律	1999年の「投資事業有限責任組合契約に関する法律」制定時に不確かで対応できていなかったことを補って、シリコンバレー方式の出資ができる仕組みを完全コピー。
2006年	中小企業のものづくり基盤技術の高度化に関する法律、戦略的基盤技術高度化支援事業（サポーティング・インダストリー支援事業）開始	産学官連携によるイノベーション支援への大規模補助金

　2000年までにも、シリコンバレーの情報は、現地に行った多くの人たちから断片的に日本に伝えられていたが、ファイナンスの組み方、税を免除するパススルー税制、ベンチャーキャピタルの事業の実態、成果報酬の受け取り方など、肝心な点が不確かだった。吉田は、2000年版中小企業白書の責任者である中小企業庁調査室長に着任した。調査予算をシリコンバレー調査に集中させた。ベンチャーキャピタルの投資手法や、ベンチャー企業が成功するまで課税されない仕組みなど、日本ではそれまで不確かだった情報を、豊富な調査予算で収集・整理した。経産省に、ベンチャー支援の現場で活躍する人たちを集めた委員会を作って調査内容を確認し、日本で初めてシリコンバレー

［写真3-8］2000年版中小企業白書の表紙

の支援機能の全体像と仕組みをとりまとめて、中小企業白書で公表した。
　中小企業白書の表紙のデザインは室長に任されていて、吉田の本籍地の岩手県遠野市の六角牛山を臨む風景に、IT Revolution, Cashflow Management, Equity Culture というシリコンバレーのキーワードをあしらった。

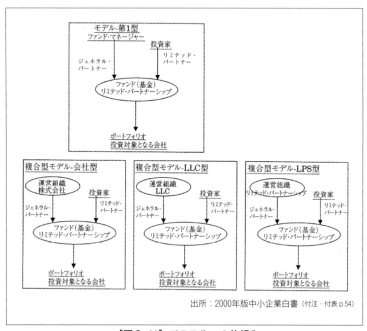

[図3-11] パススルーの仕組み

　ファンドへの課税のパススルー（通り抜ける）は、投資ファンドが稼得したキャピタルゲイン（儲け）や配当等の利益に、ファンド段階では課税されずに、課税前ベースで出資者へ分配できることをいう。ファンド（投資組合）に課税されると、出資者に課税後の利益が分配され、その分配金に対してさらに所得税が課税されるという二重課税が発生する。そのため、一定の法制度に基づいて設立された組合は「パススルー課税（構成員課税）」が適用され、ファンドには課税されない。法制度に基づいて設立された組合は、有限責任事業組合（LLP）、投資事業有限責任組合（LPS）、任意組合がある[24]。シリコンバレーでは、パススルーを認める法制度を利用して、ベンチャー企業への投資が盛んにおこなわれた。1999年以前の日本では、このようなファンドへの課税のパススルーは認められていなかった。
　投資事業有限責任組合は、投資家が出資金の範囲で責任を負う事業組織の一つ

で、Limited Partnership（リミテッド・パートナーシップ、LPS）の日本版である。有限責任組合員（リミテッド・パートナー）となる投資家には出資額に応じた収益が分配され、損失が出ても負担に上限があるため、投資を呼び込みやすい。業務を執行する者は無限責任組合員（ゼネラル・パートナー）で、負担に上限はない[25]。

LLC（Limited Liability Company）は、日本では合同会社という。主にアメリカで使用されている会社形態で、日本では2006年5月の会社法施行によって設立できるようになった[26]。

ポートフォリオ（portfolio）は、英語の元の意味は紙挟み、かばんだが、転じて、安全性や収益性を考えた有利な分散投資の組み合わせをいう[27]。ベンチャーファンドの場合は、大きな資金を集めて、どのようなベンチャー企業にいくらずつ投資しているかが、ベンチャーファンドのポートフォリオの意味となる。

・・

吉田雅彦のIM・CD、岩手県、産学官連携との関わりを紹介する。

［表3-4］吉田雅彦の略歴 ── IM・CD、岩手県、産学官連携との関わり ──

年	略歴、IM・CD、産学官連携との関わり
1961	出生地 長崎県佐世保市　本籍 岩手県遠野市
1984	東京大学経済学部経済学科（根岸ゼミ）卒　通商産業省入省
1992	岩手県商工労働部工業課長（〜1994）　岩手ネットワークシステムと出会い、交流を継続。
1999	中小企業庁長官官房総務課調査室長　2000年版中小企業白書でシリコンバレーの仕組みを日本に初めて詳細に紹介。
2000	関東通商産業局（2001.1〜関東経済産業局）産業企画部長（〜2001）　TAMA協会の産学官連携の運営に関わり、交流を継続。
2002	経済産業省地域経済産業グループ政策企画官（〜2003）　産業クラスター政策の全国展開。
2003	地域産業おこしに燃える人の会を総理官邸で開催、その後、NPO地域産業おこしの会成立。関満博 一橋大学名誉教授に師事。
2005	関西ネットワークシステムに参加
2006	隠岐・海士町CAS事業中期計画策定に参加
2013	観光庁観光地域振興部長（指定職〜2015）
2015	宮崎大学 教授（〜2021）　2016〜2018 地域資源創成学部長（初代）
2020	実践女子大学 教授

コラム［寄稿］8

領家　誠
(生駒市副市長)

地域産業政策と産業支援人材の関係
〜エコノミックガーデニングの視点から

○地域産業政策の３層構造

　このコラムでは、「地域産業政策」を自治体が自律的に立案し実施する産業政策として定義し、主として中小企業等の地域産業を技術・財務・経営組織・デザイン等の専門的知見から支援する人材を「産業支援人材」として述べる。

　地域産業政策は、次の３つの領域で展開されることが多い（図3-12参照）
　①成長産業等の分野を特定して、産学官の拠点などを誘致しクラスター形成を図る「成長分野」への投資
　②成長分野のイノベーションの促進を目的に産学連携、産産連携、官民連携などのマッチングを図る「プラットフォーム」の形成
　③地域産業の多くを占める「中小企業振興」

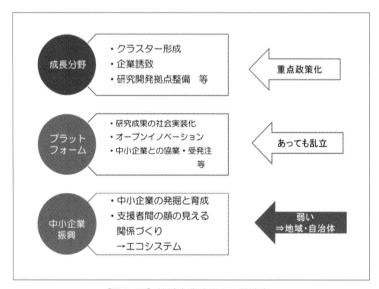

［図3-12］地域産業政策の３層構造

この３層の地域産業政策をすべて実施しているのが都道府県・政令市クラス、そのほか、大阪であれば東大阪市など産業集積のある自治体である。産業集積のない自治体や基礎自治体レベルは、主として③中小企業振興を中心に実施している。

　この３層構造は、個々にも成立しうるが、自治体が産業政策として展開するのであれば、成長産業の形成が地元の中小企業振興につながらないと地域経済の活性化に資することができないので、この３層が相互に連関してはじめて、政策実施の目的を果たすことができる。いわゆる「トリクルダウン」といわれる①→②→③の流れ、それにより地域中小企業のイノベーションが進み、③→②→①への流れができる好循環が生まれるか否かが成否の鍵となる。しかし実際には、こうした循環が起こることは少ない。

　その原因の一つが、「①成長分野」の政策展開の課題である。財源との関係で、多くの自治体では、成長しそうな分野に集中と選択し重点政策化する傾向がある。しかしながら、分野を特定するが故に、これにより直接恩恵を受ける地域企業は限定されることが多い。また、企業誘致などにより形成された成長分野のクラスターや集積では、一般に大手企業がその中核となることが多い。しかし、その中核企業の立地により、サプライチェーンが大きく変わることは少なく、地域企業との新たな取引関係を必ずしも生まない。このようなことから、企業誘致の成果を地域に涵養できないという課題である。

　次に、「②プラットフォーム」の課題である。こうしたプラットフォームでは、例えば、医療機器など特定の成長分野につないでいくことになるため、その性質上、プラットフォームの担う領域は専門性の高いものになる。そのため、扱う範囲が狭く深くなる傾向にあり、マッチングの成立が限定的になってくる。その結果、政策サイドとしては未領域のプラットフォームを順次立ち上げる傾向があり、成長産業に吸い上げる面の力の弱いプラットフォームが乱立することになる。このことは、成長産業に参入する中小企業側にとっても、多くのプラットフォームを前にどれが自社に最適なプラットフォームなのかがわからず、時間と資金を費やしても成果につながらないといった課題を生んでいる。

　最後に「③中小企業振興」の課題である。この３層構造の①と②が、仮にうまく機能したとしても③の中小企業振興による中小企業の把握、つまり前向きな中小企業の「発掘と育成」ができていないと送り込む企業がいないという事態となる。この領域は多くの自治体で実施しているにも関わらず専ら産業支援財団や商工会・商工会議所、業種組合等の振興団体を通じた間接支援の形態をとっており、直接自治体と企業がつながっているケースは少ない。そのため自治体の政策部門が行う①や②の政策・事業との関連が薄く、うまく接続できていない。

　このように、それぞれの階層で課題を抱えており、階層間の流れも意識されて

いないため、トリクルダウンが起こらず好循環も起こらない自治体が多い。

○間接支援と直接支援

　先ほどの三層構造の「③中小企業振興」における企業とのつながりに関して、間接支援と直接支援について述べたが、この点について、もう少し触れておきたい。

　我が国の第2次大戦後の中小企業支援政策は、大企業と中小企業の格差是正から始まっている。そのための集団化政策が長く採られてきた。例えば、国が業種別の振興法と振興ビジョンを策定し、業種別に組合・団体を組織化する。こうした組合・団体に対し融資制度、設備投資の共同化、地域における支援として公設試験研究機関による技術指導などを行い、業種・業界単位で底上げを図るものである。

　また、中小企業の中でも経営資源に格差のあった零細企業、個人事業主への支援としては、商工会・商工会議所を通じた支援を行う形で格差政策を実施してきた。こうした組合・団体や商工会議所等を通じた政策展開が間接支援にあたるものである。

　自治体の地域産業政策もこれらと軌を一にし、集団化政策の中もっぱら間接支援を旨としてきたが、都道府県立の産業支援財団や公設試験研究機関では、個別企業支援も行われていた。

　例えば、産業支援財団における下請振興法に基づく「取引あっせん」、「設備貸与」などは、直接企業間取り引きのマッチングを行ったり、設備投資に関する割賦払い支援を行ってきた。

　また、工業センターといった名称で存在する公設試験研究機関（以下、「公設試」という）では、技術指導や高額な設備機器の開放を行う各種機器の共同利用、各種検査業務など請負の中で直接企業支援を行ってきた。

　ただ、こうした自治体立の産業支援財団や公設試で実施していた直接支援では、支援先の企業の数が限られており、事業やサービス利用の場面でつながっているだけで、三層構造における中小企業振興の役割である「発掘と育成」にはなっていないことも多い。このため成長産業戦略やプラットフォーム施策ができたとしてもこうした政策につないでいく仕組みもなく企業のストックとしても十分ではなかった。

○地方分権と三位一体改革

　1980年代の半ばになり、中小企業がサプライチェーンの中で自立発展していく中、組合・団体は親睦会化しその役割が変節してきた。こうした中、国も集団化支援から個別の「やる気と能力のある中小企業の支援」への直接支援に舵を切る

ことになる。
　この動きは、1995年から始まる地方分権改革、とりわけ、2000年代から始まる国と自治体に関する行財政システムの３つの改革（「国庫補助負担金の廃止・縮減」「税財源の移譲」「地方交付税の一体的な見直し」）である「三位一体の改革」からより顕著になる。
　この三位一体の改革で各省庁は、国庫補助金と税財源の移譲・交付税化の検討を行う中で、自治体との関係を整理していくことになる。各種法律により国と自治体の役割が定義されている福祉や医療、教育といった分野では、その役割において大きな変化はなかったが、そもそも法的に国と自治体の役割が明記されていることの少ない産業分野では、所管する経済産業省が自治体への財政支援をほぼなくし、地域経済産業局や中小企業基盤整備機構などの国の機関での支援に切り替えた。国の直接企業支援は、これら機関を通じて実施されることになる。
　一方、これにより、自治体は従来の法により国から諸計画の策定などを通じて受けてきた各種財政支援をうけることができなくなり、自治体自らが、産業支援政策を立案し実施する必要が生じてきた。これにより、多くの自治体で、成長戦略、プラットフォーム、中小企業振興といった前述の３層構造の政策を展開することになる。そして、ここで、自治体においても直接企業支援の機能が求められることになるが、その機能が弱かった点については前項で指摘したとおりである。

〇地域産業政策としてのエコノミックガーデニング
　エコノミックガーデニングは、企業誘致に頼らずに地域企業の業績を伸ばし雇用と税収の増加を目指す地域産業政策である。発祥は、米国フロリダ州リトルトン市という着手当時の人口が５万人という小さな町である。
　リトルトン市は、軍需産業の集積があったが、米ソの冷戦終結後に全米各地で起こった軍需工場の閉鎖のあおりを受け、地域の中核企業を失うことになる。全米各地では、軍需工場に代わる企業の誘致に奔走することになるが、リトルトン市では、企業誘致のサイクルにはまると撤退時にまた同様の問題に直面することから、誘致ではなく地域企業の中で成長が期待できる企業を発掘し、産学公民金のネットワークにより徹底的に支援するという形で多くの成長企業を生み出し雇用と税収増を果たすことになる。これが「リトルトンの奇跡」としてアメリカ版の中小企業白書で紹介され、その取り組みが各地に広がったものである。
　日本では、2011年に静岡県の藤枝市が日本で初めて導入し、その後、徳島県鳴門市、千葉県山武市、神奈川県寒川町にも広がり、筆者が所属していた大阪府でも取り組むこととなった。
　日本でのエコノミックガーデニングの展開は、リトルトン市のモデルをそのま

ま展開したものではなく、「企業誘致に頼らずに地元の伸びる企業への支援を通じて地域経済の活性化を果たす」という理念に共感し、各市町で地域企業の実情や産業支援機関の状況に応じた展開となっている。

ただ、全事業所調査や経営改革・新分野展開に熱心な経営者を企業訪問で発掘するなどして支援するという「変革と挑戦に取り組む中小企業の発掘と育成」については、各市町とも展開しており、3層構造の中小企業振興を直接企業支援の形で実施している点では共通した取り組みとなっている。

○「変革と挑戦」に取り組む中小企業を「発掘と育成」する直接企業支援

自治体の直接企業支援について、筆者が導入を担当した大阪府版のエコノミックガーデニング「EGおおさか」の例に、間接支援から転換した経緯を見てみる。

「EGおおさか」では、その対象を主として製造業としている。製造業支援においても、前述のとおり、間接支援を旨としてきたことから、大阪府の財団や公設試での支援や一部の補助金を除いては企業への直接支援を実施していなかった。このことから、事業所数の多い大阪府にあっては、地域の中小企業の把握が不十分な状況にあった。

こうした中、2008年2月に橋下徹氏が大阪府知事に就任し、財政規律の観点から産業予算を大幅にカットした。商工会・商工会議所への補助金など間接支援先への補助金もその影響を受けることとなった。また、大阪府関連の財団への府の現役職員の派遣を見直し、一律かつ同時期に府に引き上げる方針が出されたことから、間接支援先との関係性が大きく変わるとともに直接企業支援を担っていた産業支援機関の人的・財政的基盤の喪失をもたらすことになり、このことで、従来の間接支援による産業支援が難しくなった。

筆者としては、従来から産業支援機関の発掘・育成機能に頼ることに限界を感じていたこともあり、この機会を大阪府としても職員による直接企業支援を展開する機会として捉えることにし、新たな支援戦略を模索することになる。その戦略の起点が、東大阪市に設置していたクリエイションコア東大阪におけるものづくり支援拠点「MOBIO」の開設と大阪府のものづくり支援課の本庁機能のMOBIOへの移転である。

MOBIOでは、本庁機能の移転により政策展開と現場支援を一致させ、産業支援財団の職員・コーディネーターや施設の設置・管理主体である中小企業基盤整備機構のIM、リエゾン施設を構えていた大学のコーディネーターらの産業支援人材とともに日常的なビジネスマッチングや企業訪問、経営者の学びと交流の場である「MOBIO-Cafe」などを通じて大阪府職員も直接企業支援を行っていった。

こうした取り組みを進める中で、エコノミックガーデニング政策と出会い、そ

の趣旨がMOBIOでの施策展開と趣旨や手段が酷似していたことから、2014年度をスタートとした「第2期　MOBIO大阪府ものづくり支援アクションプラン」に位置づけ、大阪府版エコノミックガーデニング「EGおおさか」がスタートすることになる。

〇産業版コミュニティソーシャルワーカー「地域経済コンシェルジュ」の養成
　大阪府で本庁機能の移転を行って政策展開と現場支援を一致させたのには理由がある。
　通常、自治体における政策形成サイクルでは、政策対象者の状況を把握する中で、政策課題を設定し、その課題解決のための対応として政策立案を行い、その政策の実施検証を政策対象者からの声を吸い上げるなどし、政策の改善や新たな政策の立案に生かしていくという過程を経る。
　しかしながら、地域産業政策の展開では、中小企業への直接支援を行う現場である出先部署等と政策立案を担当とする本庁部署との間で分断があり、この政策形成サイクルがうまく回らない。
　その理由は、間接支援を主とした施策・事業展開をしているいわゆる自治体組織の本庁部署と、対企業支援を直接実施している出先部署あるいは産業支援機関（以下「出先部署等」という）とは日常的なつながりは薄いという点にある。これは、本庁部署は、計画や戦略といった政策立案とそれに基づく各年度の予算事業の執行をもっぱらとしているのに対し、出先部署等は、政策に位置づく業務というよりは、組織や施設機能に基づく対企業サービスのルーティンをもっぱらとしていることにより両者の業務の基盤が異なることによるものである。
　これは、産業政策だけでなく、他の分野でも同様で、私が制度設計に関わった大阪府から始まった福祉政策である「コミュニティソーシャルワーカー」の創設の際にも課題となった事項であった。
　福祉の世界でも、もっぱら対人支援としてソーシャルワークをする福祉専門職と市町村や小学校区などの地域における政策を立案する行政職員との間では、日常的な対話が少なく政策形成サイクルが回っていなかった。
　さらに、対象者毎の縦割りの政策体系から、制度や事業の狭間に落ちる人々が散見されるようになり、行政によるフォーマルなサービスでだけでは支援が行き届かなくなってきていた。そのため、現場でのソーシャルワークの成果を行政にフィードバックし政策に反映することができていなかった。また、自治体による政策化でなく、地域でボランティア・NPO・地域住民などによるインフォーマルなサービス展開とそれを生み出す組織化などの働きかけなどを行い、この隙間を埋める活動を行うことも必要となり、こうしたコミュニティワークの必要性も高まっていた。

このような状況にあった大阪府では、大阪府社会福祉協議会との共同事業として、現場の対人支援であるソーシャルワークと自治体への政策提案や地域での組織化を担うコミュニティワークの両方を行う人材として「コミュニティソーシャルワーカー」の育成・配置を行う事業を創設した。
　この経験から、同様の課題があった地域産業政策においても、直接企業支援を通じて、産業政策の立案に生かしていく人材として「地域経済コンシェルジュ」の育成研修事業を開始した。
　多くの事業者を抱える大阪府では府職員のみでは十分な「発掘と育成」はできないとして、本研修事業を通じて、大阪府内を中心に産学公民金の公的支援機関の人材を対象に、その趣旨を共有し担い手づくりを通じて、その裾野の拡大に努めることにした。
　本研修事業では、とかくマクロ思考の公的支援機関の人材を直接企業支援に向けたミクロ思考にマインドセットすることで、各機関による直接企業支援を活性化させることを目的にプログラムを構築した。具体的には、本著でも取り上げられている佐藤利雄氏をはじめ大阪府内外で、対企業支援、地域活性化、地方創生関係などミクロの視点で取り組みを実施している人材を講師に迎え、対企業支援の実際について多くの学びを得て、最終的には、自らの組織で展開する事業アイデアを構想し発表するものである。
　なお、「地域経済コンシェルジュ」は、エコノミックガーデニングの担い手として、同地域政策を日本に紹介した拓殖大学教授の山本尚史氏が著書（2010年）の中で提唱したもので、大阪府の研修でも講師やコメンテーターとして参画している。

○これからの地域産業政策の展開と産業支援人材に求められる関係
　これからの地域産業政策の展開に際しては、どのような規模の自治体にも求められる基本的な機能で、3層構造のもっとも重要な基盤となる「中小企業振興」での企業発掘をいかに行うかポイントとなる。つまり、自治体は、直接企業支援を行い、「変革と挑戦」に取り組む中小企業の「発掘と育成」を日常的に行っておくことが重要で、このことが直接的にも地域経済の活性化の源泉にもなるものである。
　しかしながらこれを担う自治体職員は、通常、3年程度でのジョブローテーションがあり、企業や支援機関、産業支援人材とのネットワークを考えると、「ようやく、顔と名前を覚えてもらった」段階で人事異動するわけである。こうなると、自治体内では直接企業支援の経験が蓄積されず、結局のところ政策と現場の分断の解消にはつながらない。
　そこで重要となるのが外部の産業支援人材との連携・協働ということになる。

自治体職員は、直接企業支援を担う意識を持ち政策立案にあたるものとしつつ、中長期の期間、直接企業支援を担う産業支援人材の経験やネットワークからの情報も吸い上げ、政策への反映を意識する必要がある。

一方で、産業支援人材側でも、対企業支援にのみ没頭するのではなく、自らの役割が政策の一翼を担っているという意識をもつことが重要である。

いわば、この両者で地域経済コンシェルジュ機能を担う形が現実的に有効な形である。そのための両者対話が日常的に起こっている「顔の見えるネットワーク」が地域にあることが重要となる。

また、公的産業支援機関に属する産業支援人材の多くは企業や自治体のOBが担っており、現役世代の人材は少ない。また、委託実施や指定管理者制度の導入などもあり、自治体の外にあっても、実施主体の変更により、中長期に産業支援人材を確保することが難しい流れもある。

対企業支援だけをみれば、経歴とノウハウだけで十分なのかもしれないが、地域経済コンシェルジュ的な機能を担うとなれば、さらにその地域での産業構造や集積の状況、産学公民金のネットワークなど多くのことが求められる。

地域産業政策の展開において、自治体はこうした自治体職員の持つ限界とその枠外にある産業支援人材が中長期にその任にあたることの重要性を認識し、両者の関係性を保つ視点を持つことが不可欠となる。

【参考文献】
山本尚史（2011）『地方経済を救うエコノミックガーデニング：地域主体のビジネス環境整備手法地域自治のしくみづくり　実践ハンドブック』新建新聞社　アース工房

理論7　バウンダリースパナー、π型・H型人材

理論7-1．バウンダリースパナー ── 組織の境界を越えて行動する対処法 ──

バウンダリースパナー（Boundary Spanner）は、組織や集団の境界を越えて行動する人材をいう。**組織に必要な業務をやり遂げ、組織や集団の境界を超えて内部と外部をつなぐことができる人材**である[28]。英語で、Boundaryは境界。Spanは橋を架ける。Spannerは架け橋になる人。Spanningは橋を架けることである。

産学官の異なる分野の人々の考え方や専門性の違いを乗り越えてコミュニケーションをとって協働できるように話を進める"翻訳機能"を持っている佐藤のような人はバウンダリースパナーである。

バウンダリースパナーは、アーンスト、クロボット＝メイソン（Ernst, Chrobot-

Mason) という２人の心理学者が2011年に出した『Boundary Spanning Leadership（バウンダリー スパニング リーダーシップ）』という本[29]で注目された。

【推薦図書２】Chris Ernst, Donna Chrobot-Mason（2011）, BOUNDARY SPANNING LEADERSHIP, SIX PRACTICES FOR SOLVING PROBLEMS, DRIVING INNOVATION, AND TRANSFORMING ORGANIZATIONS, The McGraw-Hill Companies, Inc.（クリス・アーンスト，ドナ・クロボット＝メイソン（著），加藤雅則，三木俊哉（訳）(2018)『組織の壁を越える―「バウンダリー・スパニング」６つの実践』英治出版）

バウンダリースパナーは、次節で紹介する人的資源マネジメント理論の**π型人材**、**H型人材**に該当する。

『バウンダリー スパニング リーダーシップ』の内容は、理論というよりも、グローバル企業が、多様な人種、民族、宗教、教育レベルなどの背景をもつ役職員から構成される中で、主に人間関係、心理学の側面から、どのような課題があり、どう対処すればよいのかという"課題への対処法"である。10年以上の年月をかけて、心理学者が企業の役職員にていねいなインタビュー調査をしてまとめた。その内容には、人的資源マネジメント理論、構造の空隙理論など、他の経営理論で説明できる要素もある。

本書のテーマは日本国内の起業・企業支援なので、"バウンダリー スパニング リーダーシップ"の内容のすべてが関係するわけではないが、いくつか重要な要素がある。

バウンダリー スパニング リーダーシップの要点は、**企業、政府、コミュニティなどの組織がイノベーションを起こすには、リーダーは、組織や集団の壁を越えて考え、行動する必要がある**。バウンダリー スパニング リーダーシップは、高い目標、将来像を目指して、組織や集団の壁を越えて、関係者に同じ方向性を示し、団結させ、やり遂げようという意思を持たせるリーダーシップである。そのための**手順は６過程**ある。
　①集団間の距離を適切に保って関係者を**安心**させる（Buffering）
　②集団ごとの違いを認めたうえで、集団を越えた**共通点**に気づかせる（Reflecting）
　③集団どうしを**つなげる**（Connecting）
　④関係者を**結集**させる（Mobilizing）
　⑤集団と集団の**相互依存**を高め、一部が重なりあうようにする（Weaving）
　⑥それぞれの**集団を変化**させ、一体としてイノベーションする（Transformation）である[30]。

バウンダリー スパニング リーダーシップが課題にしている集団間の壁は、白人と黒人、白人とネイティブアメリカン（インディアン）、白人とヒスパニック（中南米の人々）、キリスト教とイスラム教などの深刻な壁である。移民国家である米国や、グローバル企業では避けられない、国内、組織内の集団間の深刻な壁である。なぜ、集団間に壁ができるのか。心理学に基づく実験や分析をしていて、壁の背景に自分や組織の価値（アイデンティティ）があるという。自分が白人であれば白人としての自分の価値（アイデンティティ）があり、自分が黒人であれば黒人としての自分の価値（アイデンティティ）がある。その自分の価値（アイデンティティ）が同じであれば結束が強い集団となる。異なる価値・アイデンティティの集団と集団の間には深刻な壁が生まれる。このような**集団の壁を越えて、高い目標を達成しようとするリーダーシップが"バウンダリー スパニング リーダーシップ"**である[31]。

　日本企業が、1970-90年代、競争力が強かったのは、バウンダリー スパニング リーダーシップの苦労が少なかったことも一因かもしれない。現在の日本発のグローバル企業が苦労しているのは、欧米や中国の企業がバウンダリー スパニング リーダーシップの向上に苦労して取り組んできた時期に、あまり苦労しないで済んだので、遅れて対応していることも一因かもしれない。

　米国では、白人と中南米からの不法移民の間に深刻な壁があるという。法律を守らずに米国に入ってきて、安い賃金で働いて白人の仕事を奪うからである。ある白人がメキシコを訪れて人々と会話し、中南米の不法移民も自分も「家族の暮らしをよくしたいという思い」は同じだと気づいたという。「自分の家族の幸せが不法移民によって侵害されている」と思っていたのに、「どちらの集団も家族愛が原動力になっている」という共通点に気づいて驚いたという[32]。６つの過程のうちの「②集団ごとの違いを認めたうえで、集団を越えた共通点に気づかせる（Reflecting）」である。

　日本人どうしの産学官の関係者も、立場や考えが違う。**企業人**は「本当に売れるのか、利益はあるのか」に関心がある。**研究者**は研究内容や、論文として発表して自分の業績になるのかに関心がある。**行政職**は、うまく連携してもらって役所の補助事業に申請してもらい、予算ノルマを達成したいと思っている。このように、産学官の関係者の関心は**３者３様（それぞれにバラバラ）**である[33]。集団の間に壁があるときの佐藤の話術が**"翻訳機能"**であり、それは**バウンダリー スパニング リーダーシップ**そのものである。

　バウンダリー スパニング リーダーシップの「③集団どうしをつなげる（Connecting）」の過程では、集団と集団のつながりを作ろうとするよりも、違う

集団に属する個人と個人のつながりを作ろうとする方がよい。**違う集団に属する個人が、集団の境界から外に出て、中立地帯で交流する。**そうすると、集団の違いを脇に置いておいて個人の共通点をもとにつながれるようになる。その結果、集団相互の信頼も生まれるという[34]。

ＩＮＳ（岩手ネットワークシステム）は、岩手大学、岩手県庁、民間企業など異なる組織に属する"志をもった個人"の集まりで、勤務時間外で一緒に学び、懇親し、全人格的な関係性をつくる。まさに集団の外の中立地帯である。もしも、産学官連携で何か一緒にできそうであれば、自分の職務権限の範囲内で勤務時間内でも協働する。組織の壁を乗り越えて、重要な**ヒト、モノ、カネ、情報という経営資源が、しなやかに強く結びつく人的ネットワーク**である。

ＩＮＳは、バウンダリー スパニング リーダーシップの「**⑤集団と集団の相互依存を高め、一部が重なりあうようにする（Weaving）**」、「**⑥それぞれの集団を変化させ、一体としてイノベーションする（Transformation）**」に該当している。

グローバル企業では、人種、民族、宗教、習慣が異なる社員をどうつなげるか苦労する管理職が多い。「③集団どうしをつなげる（Connecting）」の調査事例として、香港の会社で欧州人の社員と中国人の社員をつなげることに苦労した管理職の話を紹介している。欧州人はアイリッシュパブが好き、中国人はカラオケバーが好きといった違いがあって共通に楽しめる懇親会の企画が難しかった。管理職は「香港には世界の様々な料理を出すレストランや料理店がある」ことに注目し、「世界の味めぐり」という懇親会を継続実施することで、欧州人の社員と中国人の社員をつなげることに成功したという[35]。

佐藤は、ＩＭ・ＣＤの手法の産学官の翻訳機能の説明で、「産学官の３者の立場を理解し、うまく連携できそうだと判断したら、早めに**交流会を開催する**。交流会を開催できれば、連携が壊れる心配は少なくなる。交流会後にうまくいかなくなるケースもあるが、それは仕方がない」と言っている。

まさに、**バウンダリー スパニング リーダーシップの「③集団どうしをつなげる（Connecting）」を行っている。**

一般的なオフィスは、集団や部署を違う部屋に入れたり、階が違うことが多い。Google社のオフィスは、バウンダリー スパニング リーダーシップの「③集団どうしをつなげる（Connecting）」に有効な手段として、部署を分断しないゆるやかな間取りのオフィス、開放的なカフェテリアにホワイトボードを置いてディスカッションできるなどの工夫をしていると例示している[36]。

佐藤は、ＩＭ・ＣＤのマインドセット（考え方）の第一に、「**いかに相談、会話がし易い環境を作るか。**」を挙げていて、**同じ考え方**である。

バウンダリー スパニング リーダーシップの「④関係者を結集させる（Mobilizing）」では、リーダーは、「私がリーダーだ。ついて来い」ではダメで、対立する集団の内外で**共通の目的を作るためにていねいに語ることが大事**だとしている[37]。

佐藤は、「**IM・CDは産学官の3者が集まった場で、3者に3者が持っていない情報や、有益な情報を提供し、会話を展開させていく役割**を果たせるとよい。そのためには、IM・CDは、自分が所属している組織の情報だけでなく、国、県、企業その他の情報を持ち、あらかじめ、Webなどで関連情報を下調べしておくことが必要である[38]」と言っている。④関係者を結集させる（Mobilizing）に該当する。

バウンダリー スパニング リーダーシップの「⑥それぞれの集団を変化させ、一体としてイノベーションする（Transformation）」では、**従来の集団の境界ではなくて、新しい方向に向くための境界を新しく作る**と言っている[39]。

何を言っているのか実例がないとわかりにくいが、INSはその例である。従来からある「岩手大学、岩手県庁、民間企業といった組織の間の境界」ではなく、「**INSに参加して産学官連携によるイノベーションを進める集団**と、それぞれの組織に属してイノベーションに関心がない集団」という"新しい境界を作る"ということだと解釈すると理解できる。実際に、岩手県でも、INSや産学官連携の活動に無理解な人、参加しない人の方が、人数としては多い。

関西の産学官民連携コミュニティであるKNS（関西ネットワークシステム）では、自己犠牲を厭わず、ボランタリー精神で、毎回楽しく活動している人のことを、尊敬の念と親しみを込めて"変態"という。ネガティブな意味ではなくて、組織、因習、しがらみを超えて、社会の変化によって必要になったことに挑戦するバウンダリースパナーを意味している。KNSメンバーから、佐藤は、レジェンド級の"変態"として尊敬されている。

佐藤がどのようなバウンダリースパナーか整理すると、
・大企業（富士電機）と中小企業（アドテックシステムサイエンス花巻工場）と花巻市役所の仕組みを勉強
・研究職（富士電機）と技術営業（アドテックシステムサイエンス花巻工場）。この経験から「デジアナ的商品」というコンセプト（基本的な観点・考え方）を考えた[40]。
・黒沢尻工業高校（工学）と産業能率大学通信教育部 経営情報学部経営情報学科（経営学）
・マイクロコンピュータ技術教育研究会の事務局、INS（岩手ネットワークシステム）に参加し、産学官連携を経験した。企業人と大学の研究者や行政職の会話をつなぐ「産学官の翻訳機能」を身につけた。
・民間企業、花巻市の組織、岩手大学、JSTという産学官の組織をすべて経験

佐藤が発揮するバウンダリー スパニング リーダーシップは、
- IM・CD は産学官の３者が集まった場で、３者に３者が持っていない情報や、有益な情報を提供し、会話を展開させていく役割を果たせるとよい。そのためには、IM・CD は、自分が所属している組織の情報だけでなく、国、県、企業その他の情報を持ち、あらかじめ、Web などで関連情報を下調べしておく[41]。
- IM・CD のマインドセットの第１に、①いかに相談、会話がし易い環境をつくるか。を置いている。
- 産学官の３者の立場を理解し、うまく連携できそうだと判断したら、早めに交流会を開催する。

佐藤は、IM・CD を29年（1996〜2024年）してきた経験から、「起業や中小企業の経営革新は、自社の経営資源だけではできないことが多いので、大学の研究者や、公設試験所の研究員と連携したり、公の補助金を申請する産学官連携に挑戦することが多い。しかし、まず結論は、**そもそも産学官連携はうまくいかない。参加機関の方向性が違う。途中で困難があるのはあってあたりまえ。うまくいく案件には、強いリーダーが必要だ**と考えるようなった[42]。強いリーダーがいない場合の手法として、誰がイノベーションのリーダーになるか。リーダーが IM・CD だったらどうするか。それを考えてほしい」と言う。

理論7-2．人的資源マネジメント理論 —— なぜ部署を作るのか ——

人的資源マネジメント理論で、**部門化**は、業務をグループにまとめることをいう。職種別、製品別、顧客別、地域別、工程別などの分け方・まとめ方がある。

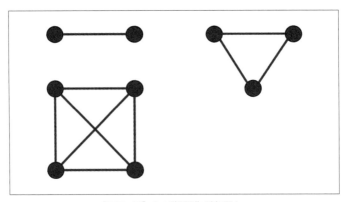

［図３-13］なぜ部門化が必要か

なぜ部門化が必要かというと、人数が増えるにつれてコミュニケーションが薄

くなっていくからである。**図3**-13で、2人のときは1対1でコミュニケーションが取れる。3人のときは、1対1のコミュニケーションが3つあるので、コミュニケーションの密度は1/3になる。2人が話しているとき、1人は聞き役である。4人になると、1対1のコミュニケーションが6つでき、コミュニケーションがとりづらくなると言われている。5人のときは10、6人のときは15、7人のときは21と増えていき、人数が増えるにつれてコミュニケーションは人数の増加以上に薄くなっていく。大企業は社員が多くいるので、自然に任せるとコミュニケーションが取れない。したがって、業務をグループにまとめて部門化したり、組織を作って、小単位ごとにリーダーを置く必要がある。

ところが、**部門化すると、部門と部門の間に壁**ができて、"バウンダリースパニングリーダーシップ"をしないと、壁を越えて一緒に働けなくなってしまう。

理論7-3．I型人材、T型人材、π型人材、H型人材

人的資源マネジメント理論のビジネスパーソン（ビジネスをする人）の人材タイプの分類として、**I型人材、T型人材、π型人材、H型人材**などがある。どのような分類なのか見てみよう。

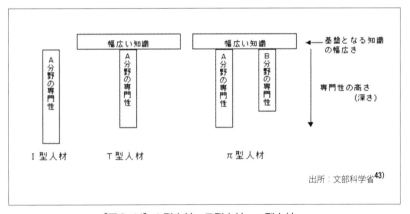

［図3-14］I型人材、T型人材、π型人材

I型人材は、ひとつの専門分野に特化したスペシャリストで、技術職に多い。
T型人材は、ひとつの専門分野の専門知識、スキル、経験を軸に、専門外でも幅広く知見がある。
π型人材は、2種類以上の専門知識を究め、専門外でも幅広く知見がある。
H型人材は、自分の専門分野と、他の専門分野を横軸でつなぐ架け橋になる人

材である。
　現在の多様でグローバルな時代には。T型人材、π型人材、H型人材が求められているとされる。

　T型人材、π型人材、H型人材を目指すには、まず、新人として社会に出たときに、何かの職種・専門領域に特化した研修とオンザジョブトレーニング（OJT）で、I型人材になる必要がある。そのうえで、ジョブローテーション（育成目標のある人事異動）で、必要な他の分野の実務も覚えていく[44]。
　新入社員は、最初に配属された部署で、その専門分野の仕事ができるようになるために、研修やオンザジョブトレーニングを受ける。その訓練の中には、専門知識だけでなく、納期に間に合わせるための仕事の段取り、責任者と部下の組織内コミュニケーションの手順など、どの仕事にも必要な基礎も含まれている。
　勘違い（事実とは違った風に理解・認識すること）をした新入社員が「とにかく様々な仕事を早く経験しなければ仕事ができるようにならない」「いろいろな経験をすることがキャリアアップになる」「キャリアの早回しをせねば」と焦って、配属先を選り好みしたり、短期で人事異動を希望したり、転職したりすると、I型・T型・π型人材のどの人材にもなれない。どの仕事にも必要な基礎を学ばず、どの仕事にも専門性がなく、横棒だけの浅い知識になる。これでは、仕事ができる人にはなれない。その状態で20代を終えてしまうと、それ以降は、頭が固くなったり、周りが教えてくれなくなったりして仕事ができるようになるのはますます困難になると言われている。

　バウンダリースパナーや、T型人材、π型人材、H型人材になるには、社会人になった新人時代に、まずは何かの専門性と仕事の基礎を固めないといけない。

　「とにかく様々な仕事を早く経験しなければ仕事ができるようにならない」という**勘違いの原因の一つが"キャリアの早回し"という言葉**らしい。言葉の中身を知らずに、聞いたイメージだけで、頭の中をいっぱいにしている若い人がいる。
　2024年現在、"キャリアの早回し"は、2000年以前の大規模製造業や地方行政組織の育成よりも"早回し"で育成するという意味で使われている。
　しかし、総合商社、広告代理店の総合職、中小企業の大学卒社員などは、2000年以前から"キャリアの早回し"を自然に行っていた。中央省庁のキャリア官僚は明治時代から行っていた。現在は、大規模製造業を含めて、ほとんどの会社が、大学卒の新入社員が3年を終えた時点で仕事が「できる/できない」を評価するようになっている。つまり、3年間で仕事力を見極めるに足りる研修と仕事の経験をさせ、評価している。**現在のほとんどの企業は、それと言わなくても"キャリアの早回し"をしていると言える。**若い人が惑わされないことを願う。

理論7-4.「100万人に1人」の存在になる方法

藤原 和博氏（元リクルート、教育改革実践家）は、**高校生に「10年後、君に仕事はあるのか？」という問いかけ**をし、**自分自身を希少性のあるレアな存在に**持っていくこと、具体的には、「3つのキャリアを5年から10年ずつ経験して、その掛け算で希少性を獲得し、100万人に1人の存在になりましょう。100万人に1人はオリンピックのメダリスト級のレアさだし、同世代でたった1人の存在になるから、「雇われる力」が飛躍的に高まり、必ず稼げる大人になれます。」と提案している。

その方法は、何か一つの分野で「100万人に1人」というオリンピックのメダリストや天才になるということではない。

まず、ある分野で集中して仕事をして、100人に1人の希少性を確保する。**100人に1人の存在になるのは、最後まで仕事をやり遂げれば、突出した才能のない普通の人にも、必ず達成できる。**1つの仕事をマスターするのに、人間は一般的に1万時間かかると言われていて、1万時間というのは、5年から10年の練習量に当たるという[45]。

大ざっぱなイメージとしては、20代である分野で100人に1人に、30代で別の分野で100人に1人を達成して、その後、あと1つの分野で達成して、**3分野で100人に1人の希少性を達成すれば、100分の1×100分の1×100分の1＝100万分の1の希少性が実現する**という考え方である。オリンピックのメダリストや天才ではないが、"メダリスト級のレアさ"になれる。

「とにかく様々な仕事を早く経験しなければ仕事ができるようにならない」と勘違いをした新入社員が、焦って、配属先を選り好みしたり、短期で人事異動を希望したり、転職したりすると、どの仕事も1万時間練習できない。どの仕事にも専門性がなく、浅い知識になり、仕事ができる人にはなれない。

佐藤は、
- 大企業（富士電機、9年勤務）と中小企業（アドテックシステムサイエンス花巻工場、13年勤務）と花巻市役所の仕組みを勉強
- 研究職（富士電機、9年勤務）と技術営業（アドテックシステムサイエンス花巻工場、13年勤務）。この経験から「デジアナ的商品」というコンセプト（基本的な観点、考え方）を考えた[46]。
- 黒沢尻工業高校と産業能率大学通信教育部 経営情報学部経営情報学科
- マイクロコンピュータ技術教育研究会の事務局、INS（岩手ネットワークシステム）に参加し、産学官連携を経験した。企業人と大学の研究者や行政職の会話をつなぐ「産学官の翻訳機能」を身につけた。（1990年から現在まで）
- 民間企業、花巻市の組織、岩手大学、JSTという産学官の組織をすべて経験した。

佐藤は、農家を継ぐために帰郷したことで、2つの約10年のキャリアを経験した。

　大学の通信教育で経営を、アドテックシステムサイエンス花巻工場で経営・営業、さらに、産業能率大学通信教育部で学ぶことで、経営コンサルタントという3つ目のキャリアを身につけた。

　マイクロコンピュータ技術教育研究会、INSに参加したり、IM・CDとして産学官連携に取り組んだり、民間企業、花巻市の組織、岩手大学、JSTという産学官の組織をすべて経験することで、産学官をつなぐCDというキャリアも身につけた。

　偶然と主体的な取り組みが重なって、「100万人に1人」以上の希少な存在になっている。

　これからの高校生、大学生、若い社会人に、**わくわくと勇気**を与えるモデルではないだろうか。

・・・

コラム［寄稿］9

福井　瞳
（Sparkle 代表 シニアーインキュベーションマネージャー：JBIA 認定）

IM との出逢いで開いた、新しい生き方への扉

　私は現在、独立して4年目のインキュベーションマネージャー（IM）として活動しています。滋賀と京都を中心に、起業支援と経営サポートを主な業務として、様々な起業家と向き合う日々を送っています。今回の寄稿を通じて、この仕事の魅力と、IMになったことでの変化、そしてIMとしての活動を共有できればと考えています。

新しい始まりと自己再発見

　私の育った環境は、「起業」というものには縁遠く、サラリーマンである両親の下、私自身も早い段階で結婚し、家事と育児に追われる日々を過ごしておりました。しかし、25歳での離婚が人生の転機となり、生計を立てるため、そして自分自身を支えるための力をつける必要性に迫られました。安定した雇用を求めながらビジネススキルを磨き、30歳で中小企業支援機関の職員として採用されたことをきっかけに、創業支援の世界に足を踏み入れることになりました。

　採用された1年目から、起業するための基礎的な知識と事業計画の立て方などを身につけるための創業塾を運営するグループに所属し、先輩方に運営方法など

を教わりながら、開催時期や講師、周知方法などを選定し、当日は事務局として受付や資料配布などを行う業務を行っておりました。当時は創業塾の運営を行うことが創業支援担当者の仕事という認識で、具体的なアドバイスは専門家に委ねられることが多かったように思います。しかし、IM養成研修を受ける機会に恵まれ、全国のIM諸先輩方の活動や、起業者との向き合い方を学んだことにより、起業者ともっと深い関わり方ができることに気づかされました。この経験は、私がこれまで職場内で行ってきた創業支援のやり方を根本から見直す契機となりました。支援の対象が創業塾を受講するような、ある程度事業計画の立てられる段階の人に偏るのではなく、それ以前の段階の人々や、創業後のフォローアップまで行うことが重要なのではないかと考えるようになりました。

支援の広がり

IM養成研修を受けた後、私は創業塾の修了生を対象に月1回の進捗確認会と勉強会を立ち上げました。回数を重ねるごとに、この会は参加者たちにとって知識を共有し、互いに学び合う貴重なコミュニティとなりました。これにより、私は創業を志す方たちがそれぞれの事業で成長を遂げるために必要な支援とは何なのか、さらに深く考えるようになりました。

やがて、子育てで夜の時間を確保することが困難な女性たちから、彼女たちに合った支援の必要性についての声が上がりました。「私たちも学びたい」という切実な要望を受けて、私は「女性のための創業ミニ勉強会」を企画しました。これが意外な反響を呼び、これまで支援の対象となっていなかった新しい参加者層を引き込むことにつながりました。この頃、産業競争力強化法が制定されたことや、地方自治体による創業支援の意識の向上が相まって、創業塾への関心が高まり、塾への参加者数も増加していったと記憶しています。

さらに、私の所属地域においては、男女共同参画の促進と女性の社会進出を目指す第2次男女共同参画計画（女性活躍推進計画）が策定されました。女性の創業勉強会を開催していたことが契機となり、私は女性の起業支援プロジェクトの担当に就任しました。そしてセミナー、販路開拓、テストマーケティングに結びつくイベントなど、多岐にわたる女性の起業支援活動を展開することで、多くの女性起業家が当地域に存在することを知り、女性起業家とのつながりが深まっていきました。この頃から創業支援の仕事に、より一層の充実感と楽しさを見出し、この分野への情熱が一層深まっていったように思います。

新たな一歩

キャリアの新たな局面は、転職という形でやってきました。京都に本社を置くジャスダック上場の独立系ベンチャーキャピタルから、ベンチャー育成支援を行

う人材を探しているので、やってみないかとの申し出があったのです。これまでの地域密着型の支援活動から一転し、ベンチャー企業と投資の世界に飛び込むことになりました。この大きな変化に対する不安はありましたが、未知の領域への強い好奇心がそれを上回りました。新しい環境で、私はベンチャー企業との関わりを通じて、インキュベーションマネージャーとしての新たな役割を模索し始めました。

　これまで私が支援してきた起業家は、地域に根ざし、長期的スパンで事業を行うことを前提として起業するスタイルが中心でした。しかし、ベンチャーキャピタルで出会った起業家たちは、既存にはないようなビジネスモデルを構築し、短期的に急成長することを目指して起業するスタイルが主であり、そのスピード感や目指す世界の大きさに、当初戸惑い、自信を喪失しそうになった時期もありました。しかし彼らと接する中で、急速な成長過程で起こりがちな目標のずれや方向性の混乱を目の当たりにすることがありました。さらに事業資金が枯渇してくると、資金を集めるために投資家の意見を優先してしまい、さらに混乱が拡大する場面もありました。

　このような状況で、起業家たちに起業を志した当初の目的や方向性を再認識できるような、揺らぐことなく進むための「方位磁針」として寄り添うことが私の新たな役割だと気づきました。この役割を果たすために、私は常に客観的な視点を持ちつつ、孤独と戦う起業家たちと深い信頼関係を築くために寄り添い続けました。そして彼らの事業が直面する小さな変化にも敏感であり、適切なアドバイスとサポートを提供することで、その信頼を深めていきました。

起業支援の新章
　そして現在、私自身が起業して4年目を迎えます。これまでの様々な経験を活かし、滋賀県甲賀市で女性起業家をサポートする事業を行っております。この取り組みでは、女性が起業しやすい環境を作ることに重点を置いており、「オンライン起業相談」や「COMACHI会」、「チャレンジマルシェ」、「地域クラウド交流会」といった多様な支援を用いて、起業家精神を育むための土壌づくりを行っております。

　「オンライン起業相談」は、自宅や移動中など、スマートフォン1つでどこからでも気軽に相談できる環境で行っています。個々の相談者に対し、常に私自身が対応することで、精神的な安心感を持って相談できるよう努めています。子育てや介護といった家庭の役割と仕事のバランスを考慮し、事業拡大の目線に偏ることなく、ライフスタイルに合った事業運営を希望する方々に対し、個々のニーズに合わせたアドバイスを行い、起業を目指す目的や人生観に深く寄り添うようにしています。

「COMACHI 会」では、オンライン相談を受けた方々が月に一度実際に集い、必要な学びとつながりを深める場を設けています。参加者は先輩起業家から具体的なアドバイスを受けたり、互いの強みを生かした事業のコラボレーションを実現させたりしており、自分以外にも起業して頑張っている方を目の当たりにしてモチベーションが上がるといった効果が生まれています。

そして、オンライン起業相談や COMACHI 会で自身のビジネスモデルを構築し、ブラッシュアップされてきた方のアウトプットの場として「チャレンジマルシェ」や「地域クラウド交流会」を開催しています。

特に地域クラウド交流会では、地域社会の中で起業家たちがさらに大きな視野で事業を展開できるよう、応援とサポートを組織的に行っています。具体的には、100名程度のオーディエンスの前で、自身の事業についてプレゼンテーションを行い、オーディエンスから応援投票をいただくことにより地域から応援される仕組みを取り入れています。起業を志すが前進できないでいる女性たちに、実際に行動に移す勇気と機会を与え、地域内での起業家としての存在感を高めるとともに、新たな支援者を見つける機会を創出しています。

これらの取り組みを通じて、起業の構想段階から実際の起業、さらに必要な支援が受けられるよう支援機関へとつなげる体制を整えており、継続的な支援と様々なフェーズに合わせた取り組みにより、女性の起業を新たな働き方の選択肢として、地域に根ざした育成と、創業機運の醸成に日々試行錯誤しながら IM として関わっております。

IM の役割の再認識

IM としての活動を通じて、私の考え方は大きく変わりました。離婚した当初は、目の前の生活に追われ、労働や生活環境に対してネガティブな思考で生きていたように思います。しかし様々な起業家たちとの刺激的な交流を経て、徐々にポジティブな思考へとシフトしていきました。彼らの無尽蔵の情熱と、ビジネスモデルを共に築き上げる過程で、私自身も学びと成長の機会を得ることができました。今では、仕事は単なる労働を超え、情熱を込めた活動へと変わりました。

IM として多くの起業家と関わる中で、この職に必要なスキルは経営知識や公的施策の理解だけでなく、広範な人的ネットワーク、高いコミュニケーション能力、そして何よりも、起業家の夢に共感し、共に情熱を燃やすことの大切さを痛感しています。また、全国の IM 諸先輩方からは、それぞれの経験が如何にして IM の個性を際立たせるかを学びました。それぞれ独自の経歴が、個別の支援スタイルに生かされているのです。

IM として歩んできた日々は、私を取り巻く環境だけでなく、私自身の内面にも大きな変化をもたらしました。今、働くことは私にとって単なる職務ではな

く、日々の「活動」そのものであり、私の人生にとって生きがいへと変わりました。起業家たちと歩むこの道は、単なる職務以上のものを私に与えてくれています。これからも起業家の夢の実現に向けて情熱を注ぎ、共に努力を続けていきたいと強く願っています。

コラム[寄稿]10

丑田　俊輔
(プラットフォームサービス株式会社 代表取締役)

まちに多様な挑戦が生まれる生態系づくり

　私がインキュベーションの世界にはじめて触れたのは、2004年のことでした。
　大学時代にひょんなご縁から創業期に参画することになった「ちよだプラットフォームスクウェア」。日本におけるコワーキング・シェアオフィス文化の先駆けとして、千代田区の公共施設を活用して誕生した、公民連携によるまちづくり拠点です。

■現代版「家守」の再生

　プロジェクトの背景にあったのは、当時、都心部において課題となっていた空きビルの増加や地域コミュニティの希薄化です。これらを解決するために提案されたのが、「現代版『家守』の再生」というアイデアでした。
　「家守」とは、江戸における長屋の大家の呼称であり、借家管理や家賃徴収のみならず、借家人の生活面の面倒や地区マネージャーのような雑事に至るまで全般的な仕事をこなしていたそうです。
　この「家守」という存在を、まちの様々なビルの空室・空きオフィスの改修や連携による共同利用、テナントの募集や入れ替え、ビジネスサポート・インキュベーション、施設全体の維持管理、共有スペースや会議室の運営など、エリアマネジメントの中核を担う役割として現代に再生させていくことを目指しました。

　2004年当時は、インターネットの発明も受けて、「SOHO」(Small Office/Home Office)と呼ばれる新しい働き方を実践する人たちが増え始めている時期でした。こうした小さくとも多様な起業家・事業者が集う拠点として、「ちよだプラットフォームスクウェア」は次第に活用されはじめていきました。
　5階建ての建物をリノベーションして生まれた共有空間に三百数十社の起業家・事業者が入居。入居者の一部は「家守」として、入居者同士の学び合いやイ

ンキュベーション、そして多様性あふれるコミュニティを育んでいく役割も担っていきました。

　また、本施設を運営するプラットフォームサービス株式会社は、エリアの「家守」としての役割も併せ持ち、周辺の中小ビルの所有者と連携し、本館で成長した起業家・事業者がより大きなオフィスを必要とした際には、徒歩圏内で柔軟に移動できる環境を整えていきました。

　そのためにも「非営利型株式会社」という組織形態をとり、共感する方々からの出資をもとに、短期的な株主への配当ではなく地域への再投資を繰り返していくことで、地域の「つながりの資本（社会関係資本）」を豊かにしていくことを目指しました。

　こうしてエリア全体に挑戦の熱量や賑わいが伝播していくことで、入居企業の成長やエリア全体の活性化が自然発生的に生み出されていくようになりました。

　定年まで勤め上げた後、第二の人生に踏み出した人。大企業からスピンアウトして、新たな挑戦を志す人。若い感性を全開に、社会に問いを投げかける人。都市と地方を行き来しながら働き生きる人。世界各地とつながりながら事業を生み出す人。

　成長とインパクトを目指すスタートアップ。拡大を目指さない、生きがいとしての起業。プロフェッショナルを追求する個人。非営利型の組織や、全国の行政機関。人情味あふれる神田地域の人たち。

　様々な世代と地域が交わり合いながら、それぞれの挑戦を支え、育て、何より楽しむ環境を。

　2024年には開設20周年を迎えます。これからも、新たなビジネスや文化が生まれていくプラットフォームとして、社会への問いかけを繰り返しながら挑戦を続けて参ります。

■土着ベンチャーの生態系

　「ちよだプラットフォームスクウェア」は、本館の建物が公共施設でもあることから、全国の地方自治体が東京で活動する拠点としても活用されています。

　その流れの中で出会ったのが、秋田県の中山間地域に位置する、人口8,000人台の五城目町でした。千代田区との姉妹都市であるというご縁もあり、首都圏での企業誘致活動を行われていました。

　従来のアプローチは、工場をはじめとした大規模な企業を誘致するものでしたが、工場用地も少なく20年以上誘致実績がない当町においては、これまでにない新たな視点が求められていました。

その打ち手と（ビジネス用語で解決法の意味）して2013年に開設されたのが、旧馬場目小学校の廃校舎を活用したシェアオフィス「BABAME BASE」（五城目町地域活性化支援センター）です。
　地域の暮らしや文化に根ざして活動する起業家・事業者を「土着ベンチャー」（ドチャベン）と命名。人口減少と高齢化の進む田舎において、小さくとも多様な挑戦者達が草の根から生まれていくことを目指す場です。短期的には小さな火種であったとしても、中長期的には、次世代が働きたくなる多彩な仕事がエリア全体に育まれていき、持続可能性のあるまちづくりへとつながっていくというビジョンが共有されていました。

　私自身、東日本大震災を経て、暮らし方や働き方を見つめ直すタイミングでもあり、2014年、五城目町に移住することになりました。上記「BABAME BASE」に秋田拠点を置き、地域で出会った人とのご縁や地域資源を活かしながら、新たなプロジェクト群を立ち上げ、下支えしていきました。

　住民票にとどまらない暮らしを実現する「関係人口」という言葉のきっかけとなった茅葺古民家の会員制（村民制）コミュニティ「シェアビレッジ」。住民や高校生が出資するLLC（合同会社）による温泉再生プロジェクト「湯の越温泉」。530年続く朝市を新たな形で再生する「ごじょうめ朝市plus+」。半径30km圏内の森林資源とデジタルファブリケーションによって建設する集合住宅「森山ビレッジ」。酒蔵をはじめとした地域企業の共同出資によりエリアを活性化する「発酵パーク」など。
　また、秋田県と共にアクセラレータープログラム「ドチャベン」を展開し、都会と田舎がつながり学び合うことを土台にしたインキュベーションのモデルを構築することで、次第に移住起業者も増加していきました。

　こうして、スタートアップから、ローカルビジネス（スモールビジネス）、伝統産業、公民連携まで、多種多様な挑戦が立ち上がっていきました。
　これまで「BABAME BASE」には延べ43社の田舎発ベンチャーが入居。まちの小さな中心市街地には20軒以上の新たな店舗や場が誕生、集積をはじめています。
　まだまだ途上ではありますが、当初のビジョンのように、成長した企業が新卒や中途の採用をはじめたり、子育て世帯を含めUIターンで移住する人も増加したりと、現在進行系で刻々と変化を続けています。

　私自身も子育て世代なので、自分ごとして、暮らすまちの遊びや学びの環境を

よりよくしていくための活動も大切にしています。
　例えば、商店街の遊休不動産をまちの親子60人ほどでリノベーションした遊び場「ただのあそび場」や、統廃合によりまちで１校となった五城目小学校を住民参加型で建築・運営する「越える学校」など。コミュニティの共助やコモンズ（社会的共通資本）をアップデートしていくという視点も、暮らしを楽しく豊かにしていく上では欠かせないものと実感しています。

■まちに多様な挑戦が生まれる生態系づくり
　こうした活動を経て感じていることは、インキュベーションという営みの楽しさと、その奥深さです。
　たった一人からはじまる小さな種が、次第にたくさんの人を巻き込みながら、地域や社会に大きなインパクトを生み出していくこと。その連鎖によって、多種多様な植生が地上に芽吹いていくこと。
　そのプレイフルな気持ちを共有できることは、人生において何にも代えがたいものであると感じます。
　それと同時に、目に見えない土壌や地下水のような部分──遊びや学びの環境、つながりの資本（社会関係資本）、コモンズ（社会的共通資本）など──までを想像し、エリアやまち自体をインキュベーションしていくという視点も含めて、多様な挑戦が生まれる生態系づくりを下支えしていくこと。

　その果てしない可能性を実感しつつ、大先輩方の背中に学びながら、これからも精進していきたいと思います。

コラム［寄稿］11

中川　普巳重
（中小企業診断士、IT コーディネータ）

思い込みを手放し自分らしく生きるお手伝い、あり方を共に考える人になる

はじめに
　このような機会をいただけたことに感謝。「ありがとうございます！！！」
　個人では知りえない情報を得て、関われないような案件に携わることができるフィールドに感謝。
　自身の役割を再認識し、「わくわく、どきどき」。さらに精進します！

■高校3年生　進路を考えていた時
　「そうだ！中小企業診断士になろう」と思い現在に至る。
　小学校3年生のころ、ドライブショップを経営していた祖父が事業に失敗、一家離散の苦境に立った経験がある。この時、何とか家族の生活を守ろうと必死に頑張る父親の姿を見て子供心に経営に対する興味が芽生えた。また、祖父の体験を通じて「経営に無知であることが如何に怖いか」「誰か相談できる人はいなかったのか」「中小企業の経営者はこんなにも危うい環境で仕事をしているのか」を強く意識させられ、敗者復活を誓うと同時に、「自分と同じように、ある日突然、目の前の生活をゼロクリアされるという体験をする人を生みたくない」という思いから中小企業診断士になる！と決め、30歳で中小企業診断士の資格を取得し、今日まで中小企業支援に心を注いでいる。
　　ポイント：その人が持つ価値観や考え方に影響を与えただろう体験、バック
　　　　　　ボーンを聞くことはその人を理解する上でとても大切なこと。
　　ポイント：「そうだ！〇〇しよう！」や「ふと思った」ことは自分への大事な
　　　　　　メッセージ。打ち消さず是非実行しよう。

■平成2年　社会人になる
　大学4年生のとき、卒業論文は手書きした。情報系のゼミでワープロ専用機を使っている程度。これからはオフコン、パソコンなるものを使って仕事をするらしい。だったら情報処理産業に就職して仕事を通じて使いこなせるようになろう！とTKC九州情報センターに就職。
　パソコンのインストラクターとして中小企業の自計化支援を実施。在職中に約100社の自計化を支援。自計化支援においては、多種多様な業種・業態の事業内容を把握するとともに、財務諸表を見る機会を得たことが、現在の幅広い業界知識の土台となっている。
　転職し、パッケージシステムだけでなく、カスタマイズやオーダーシステムの導入に関わる中で、企業の戦略に応じたIT化支援のコンサルタントとしてベース活動を開始。型にはめることなく、創意工夫により予算内で目的達成する支援を心掛ける。
　　ポイント：時流を読む。自分の感覚を信頼する。
　　ポイント：何事にも好奇心を持ち、どん欲に学び自分の引き出しにストックし
　　　　　　ていく。
　　ポイント：固定概念に縛られず、「どうしたら？」を考える。
　　ポイント：IT化がすべてではない、アナログのままがよいこともある。

■資格取得のために通っていた専門学校を自らFC経営することに

　縁あって、OLを辞め専門学校をFC経営することになる。「こんな事業がやりたい！」と起業したわけではない。一緒にやらないかとお声掛けいただき二言返事で「はい！やります」と言っただけ。この時まだ中小企業診断士には合格していない。専門学校経営時代には、自ら創業・経営を経験、国家資格の取得を目指す人材の人生設計をサポートすることとなる。元々「聴く」ことが得意ではあったが、さらに個人の想いに寄り添うことの大切さを学ぶ。中小企業診断士合格後は、「人と企業が元気になるお手伝い」をモットーに活動。子供のころの体験を基に、経営者の相談相手に徹する。

　しかし、コンサルティングの経験を積む中で、これでいいのか？　果たして企業の全体を見ることができているのだろうか？　と疑問を抱く。経営品質協議会の認定アセッサーの存在を知り、自分の知識や経験に左右されることなく、企業全体を見るための指標を学ぶ。組織プロフィールという様式を活用し、経営者と共に「見える化」支援プロセスを実践する伴走支援のスタイルを構築する。

　ポイント：チャンスが来たら迷わずつかむ。直感を大切にする。
　ポイント：まずはやってみる！何事も挑戦、常に挑戦！
　ポイント：俯瞰することを意識する。自分を客観的な視点で見ることも大事。
　ポイント：わからなければ素直に聞く。第3者という立場の存在価値を考える。
　ポイント：最初は一緒に走ることしかできなかった、だからこその伴走支援スタイル。

■経営支援に必要な知識を学んでいく

　「企業は人なり」ということで、人材育成の相談が増え、経営者のメンター的な要素も増えたため、キャリアカウンセラーの勉強をする。リーダー候補者に向けたモチベーションの醸成、起業家候補に向けたカウンセリング、経営者に向けたメンタルフォローを実施。IT経営の重要性も増してITコーディネータの資格ができたため、改めてIT経営を学ぶ。時代の流れと共にインキュベーション事業への関わりが増え、JANBOの認定制度を通じてインキュベーションマネージャーとして必要なことを学ぶ。経営者と共にビジョンを見据え、ギャップを分析し、目標達成に向けて共に活動する中で、何かうまくいかない、原動力の不足を感じる。そこで、自分を知り人を知り、最適なコミュニケーションの中で目標達成を支援できるようコーチングを学ぶ。その後も時代に応じた「見える化」及び「プラン検討用」のツールを取り入れ、より具体的な行動につながるような支援を心掛けている。

　ときには言い難いこともはっきりと言いきってしまう率直さ、女性ならではの

きめ細やかさの両面から経営者をサポートしている点、コーチング手法も活用しながら経営者自身も気がついていない「強み・ノウハウ、課題」を引き出し解決に導いている点、自身の経験に頼るのではなく、常に目前の事象を客観的に把握し、指標を定めるように努めている点、時流を読んで肌で感じつつ、情報収集に努めている点、自らを「ミツバチ」と位置づけて多様な可能性を記憶力と自由な発想でコーディネートしている点により、独自の支援スタイルを構築している。

- ポイント：企業を取り巻く環境が変わるに応じて支援の在り方にも時流がある。
- ポイント：見える化は「気づき」を促す。あの手この手で見せていく。第3者の提供価値そのものである。
- ポイント：質問を投げかけながら深堀りする。掘ると見えてくることがある。
- ポイント：模範解答のビジネスプランが成功するわけではない。この事業はこうあるべきというものでもない。成功している他社をまねたからといってうまくいくわけでもない。人それぞれの「どうしたいのか？」に寄り添うことが大事。その人の想いを実現するための支援であり、その人ができることをアドバイスすることが大事。
- ポイント：現場力が大事。主観は不要。意味づけも不要。ありのままの現状を把握したい。
- ポイント：業界システムを導入したからといって課題が解決するわけではない。

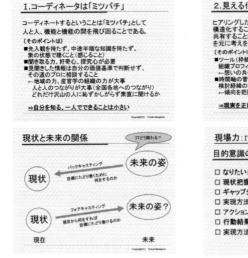

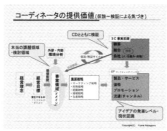

■独自の支援スタイルを構築：女性であること

　中小企業診断士やコーディネータの人材として、未だ女性が少ないのが現状である。支援実績を振り返り、改めて女性起業家・女性経営者の支援を多く実施していることを実感。同性であり結婚と出産も経験した者として、同性にしかわからない要素を深く認識し、時には泣きながらの相談者の心に向き合い、そして常にチャレンジする勇気を与えてきたと自負している。

　中でも、福岡市アミカス女性起業家セミナーは23年の企画・運営・講師の実績を持つ。私の講義を受講した人は述べ約600人を超える。参加者には公私にわたって関わり、創業及び企業成長を伴走支援している。長く講師依頼が続いていたのも、受講生の満足度が高いこと、開業実績が多いことが評価されていたためである。コーディネータとして、ティーチングとコーチングを融合し、ぶれない自分を手に入れてもらい、その人それぞれの自己実現のあり方を支援している点が成果につながっている。また、男性経営者にとっては、構えることなく本音が話し易いようである。

　　ポイント：創業相談は人生相談。どう生きたいのかに寄り添う。創業だけが手
　　　　　　　段ではない。
　　ポイント：団体戦、個人戦、経営スタイルは人それぞれ。
　　ポイント：やると決めるのは経営者本人。行動を起こすのも経営者本人。

■インキュベーション施設立ち上げ運営

　神戸インキュベーションオフィス、宇治ベンチャー企業育成工場、京都リサーチパーク内インキュベーション、ASTEM 内インキュベーションなどの立ち上げ・運営に係わる。

　特に宇治ベンチャー育成工場では、入居企業の事業の加速化を伴走支援するために、①企業をＡ３版一枚で「見える化」する組織プロフィールの作成、②年度単位の事業計画書を作成し課題と対応を明確化、③定期面談の実施、④必要に応じて課題解決に向けたマッチング、⑤地域中小企業向け各種セミナーの企画・開催、⑥事業の進捗状況が見える定期報告会開催、⑦アドバイザリーボードなどの仕組みを構築した。

　入居企業には審査時の事前ヒアリングから関わり、入居後には申請書記載の７年～５年の事業計画を掘り下げ、１年単位の事業計画を作成することから始める。定期面談を通じて忙しい経営者の課題解決に共に取り組み確実な計画実行を伴走、必要に応じて産学・産産マッチングを実施。ときには何時間もかけて経営者の想いに耳を傾け、従業員とも話し合い、資金繰りには共に心を痛め、商談成立を共に喜んだ経験が今に活きている。また、支援担当者が代わっても従前の経緯がわかる、経営者自身の考えの「見える化」を通じて発想がさらに広がる、経営者自身が事業展開の経過を確実に把握できるなどの支援形態を試行しつつ、「見える化」支援の在り方を深めた時期でもある。

　ポイント：個性に寄り添う。この人を応援したいと思えるか。
　ポイント：問いをたてる　スキルを磨く。
　ポイント：フィードバックが大事。

「問い」をたてる
役割とは何か？
企業経営においては、経営目標や経営計画なるものがあります。企業は人なり。
人で構成されている組織が役割を果たしていくには、まずは企業の役割を明確にすること、その役割を果たせるように各人に役を割り振ること、各人が役割を果たせるように環境を整えることが必要です。

結局は人
　　一人一人が役割を果し合い大きな力となる

企業の現場を感じつつ…
□ 答えは現場にある
□ 何がわかれば　何が判断できるのか
□ 人のめがね　が邪魔をする
□ 情報が多すぎてもダメ

□ 量が変われば　質が変わる

□ やっぱり　仮説→検証　が大事

■産官学の立場を経験

　情報処理会社に就職→システム開発・コンサルティング会社へ転職→資格取得専門学校経営→コンサル会社経営→大手企業にて社内ベンチャー支援、インキュベーション支援、経営革新、創業支援などを実施→自治体にて経営相談、IT 支援、第２創業支援、創業支援などを実施→私立大学の産学官連携センターで産学

官連携コーディネータとなり現在に至る。企業、自治体、大学の立場を経験したことからこそ、見えてくるものがある。それぞれの都合を加味しながらコーディネートできる、触媒になれる、自分が介することで化学反応が起きる、融合できる、新たな価値を生み出せるとの思いがある。
　ポイント：立場が違えば考え方も違う。間に入って通訳することが必要。
　ポイント：目の前のテーマにワクワクすることが大事。
　ポイント：座学よりも現場経験が大事。自分が経験したことは人に伝わりやすい。

■先人に学ぶ
　経営者（リーダー）として身に着けることは、①直観力、②人間力、③運。事を成す人は人間力のある人である。何をするかのノウハウではなく、どうあるかの「あり方」が大事。仏教の教えなのか、論語の教えなのか、はたまた宇宙の法則なのか、成功者に共通していることは、自分だけの力ではない。大いなる力によって導かれた結果。必要なサポートが必要なタイミングで必要なだけあったと考えていることだ。おかげさまの心で何事にも感謝し、思いやりのある人に人はついていく。人材育成に力を入れ人が成長している会社が伸びていく。

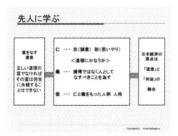
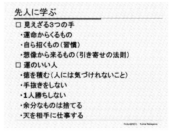

最後に
　結局は人。目の前に起こっている原因はすべて己にあると思い向き合える人。経営者としてのあり方次第なのだと思う。人に共感し、気づきをもたらし、寄り添える人でありたい。
　なぜ中小企業診断士になったのか、社会人35年を振り返りながらその時々にどのような思いでどのような仕事をしてきたのかを綴ってみた。人と企業が元気になるお手伝い、この仕事が好きだからこそ今も続けている。好きを仕事にするって大事なこと。

[注]
1) 鹿住（2007）(pp.52-53)
2) 佐藤（2024）
3) 佐藤（2007b）(p.4)
4) 佐藤（2007b）(p.3)
5) 佐藤（2021a）(p.25)
6) 岩手日報（2013年11月28日）
7) 佐藤（2024）
8) 佐藤（2021a）(p.24)
9) 佐藤（2024）
10) 佐藤（2007b）(p.6)
11) 藤吉（2015）
12) 奥田 三枝子（2011）「地域産業・市民と関わるインキュベーション施設」『現場発！産学官民連携の地域力』学芸出版社（pp.150-159）
13) 鹿住（2007）(p.52)
14) https://www.ksp.or.jp/sciencepark/company-story/ （2024/3/2取得）
15) 佐藤（2007b）(p.13)
16) 佐藤（2021a）(p.25)
17) 佐藤（2021a）(p.26)
18) 佐藤（2007b）(p.13)
19) 堀場，佐藤ほか（2000）(pp.17-18)
20) 佐藤（2024）
21) 佐藤（2007b）(p.12)
22) Kenny, Burg（2000）
23) 吉田（2019）(pp.22-24)
24) 山田コンサルティンググループ㈱
25) 三井住友DSアセットマネジメント株式会社
26) 弥生㈱
27) 小学館デジタル大辞泉
28) R Leifer, A Delbecq（1978）(pp.40-41)（入山（2019）(p.495)）
29) Ernst, Chrobot-Mason（2011）(アーンスト，クロボット＝メイソン（著），加藤，三木（訳）(2018))
30) Ernst, Chrobot-Mason（2011）(アーンスト，クロボット＝メイソン（著），加藤，三木（訳）(2018))(p.14)
31) Ernst, Chrobot-Mason（2011）(アーンスト，クロボット＝メイソン（著），加藤，三木（訳）(2018))(p.64)
32) Ernst, Chrobot-Mason（2011）(アーンスト，クロボット＝メイソン（著），加藤，三木（訳）(2018))(pp.145-146)
33) 佐藤（2021a）(p.25)
34) Ernst, Chrobot-Mason（2011）(アーンスト，クロボット＝メイソン（著），加藤，三木（訳）(2018))(pp.163-164)
35) Ernst, Chrobot-Mason（2011）(アーンスト，クロボット＝メイソン（著），加藤，三木（訳）(2018))(pp.165-166)

36）Ernst, Chrobot-Mason（2011）（アーンスト，クロボット＝メイソン（著），加藤，三木（訳）(2018)）(pp.168-169)
37）Ernst, Chrobot-Mason（2011）（アーンスト，クロボット＝メイソン（著），加藤，三木（訳）(2018)）(p.196)
38）佐藤（2021b）(pp.16-17)
39）Ernst, Chrobot-Mason（2011）（アーンスト，クロボット＝メイソン（著），加藤，三木（訳）(2018)）(p.232)
40）佐藤（2024）
41）佐藤（2021b）(pp.16-17)
42）佐藤（2021a）(p.26)
43）https://www.mext.go.jp/b_menu/shingi/gijyutu/gijyutu10/siryo/attach/1335213.htm （2023/7/18取得）
44）マイナビ https://saponet.mynavi.jp/column/detail/20211025192846.html （2023/7/18取得）、https://www.kaonavi.jp/dictionary/t-type-human/ （2024/1/20取得）
45）ダイヤモンドオンライン　https://diamond.jp/articles/-/178417 （2024/9/21取得）
46）佐藤（2024）

第4章
佐藤利雄の仕事の流儀

IM・CDのマインドセット

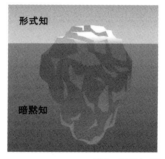

提供：イラストAC

形式知と暗黙知

日本のインキュベーションは、**1980年代半ばに民間ビジネス・インキュベーション**がいくつか作られ[1]、長洲一二神奈川県知事のリーダーシップで、**1989年、"かながわサイエンスパーク"**ができた[2]。当時、国や地方公共団体の政策立案者が、米国のビジネス・インキュベーションを実地調査したが、本来のビジネス・インキュベーションのコンセプトが十分理解されず、経営支援等のソフト面が軽視されてきたという[3]。起業家や経営革新する経営者に真剣に伴走支援するIM・CDは、それぞれの努力や、IM研修によって、経営支援等のソフト面を、現場から学んでいった。**2000年以降は、シリコンバレー型の起業（スタートアップ）支援の考え方や手法が導入され、現在のIM・CDの仕事内容になっていった。**

　シリコンバレーの機能が理論的に解明されて普及したのは2000年以降なので、本書執筆時（2024年）で、**現在の内容のIM・CDという仕事の歴史は24年足らず**である。佐藤は「IM・CDの仕事で、何が正しくて、どう活動すべきか、教科書もないし、少し早くから経験した人間の活動すべてが正しいわけでもないだろう」と言う。佐藤は、「IM・CDは、自分なりのコーディネート手法を作ることが重要だ。自分がどのようなマインドセット（心構え）でIM・CDとして働くのかが一番重要で、良いマインドセットを持ち続けることができれば、どの組織でもIM・CDとして働くことができるのではないか」と後輩に語っている。

　この章では、これからのIM・CDを担う人たちに、**佐藤利雄の仕事の流儀 ── IM・CDのマインドセット ──** を解説する。

○この章の研究課題
　・IM・CDのマインドセットはどうしたらよいのか？

○キーワード
　現在のIM・CDという仕事の歴史は西暦2000年から
　・IM・CDの支援の3カ条
　・IM・CDは、最低5年間の経験が必要

○理論
　・センスメイキング理論
　・知識創造理論（SECIモデル）

1. IM・CDの支援の3カ条

　一橋大学の関教授から、"地方で成果を挙げている事例"として佐藤が紹介されたこともあり、周りからは、マスコミに登場することも次第に好意的に受け止められるようになった。

　IMになってから3年経過した1999年、佐藤は、IM・CDはどのようなマインドセット（心の持ちよう）で仕事をしたらよいのかを考えぬいて、10項目ほどのキーワードを創った。当時から何かと助言を受けていた関教授に「起業・企業支援の10項目を考えてみました」と相談したら、「人間は、一度に10個のことは覚えきれない。せいぜい3個が限界[4]」という助言を受け、IM・CDの起業・企業支援の3カ条を作った[5]。

　誰でもできる起業・企業支援の3カ条
　・**常に明るく、元気に、笑顔で、そして早い対応。**（理論編の「SECIモデル」に関連する。）
　・**否定語は使用しない。**一度断るとそこで支援活動は終わりになってしまう。（理論編の「SECIモデル」「エフェクチュエーション理論」に関連する。）
　・**まずできることから取り組む。**相手（企業、大学、行政）が動かなければ自分から動く。（理論編の「センスメイキング理論」「エフェクチュエーション」に関連する。）

2. IM・CDが持つべきマインドセット

　IM・CDのマインドセット（考え方）は、以下が重要だと考えている。

①**いかに相談、会話がし易い環境を作るか。**（理論編の「SECIモデル」「バウンダリースパナー」「エフェクチュエーション理論」に関連する。）
②**評価は企業、学から。**行政や所属組織からの評価を気にすると、支援内容が本質から外れて変わってしまう。（理論編の「信頼の理論」に関連する。）
③**「支援している」でなく「支援させていただいている」というマインドセット（心持ち）でいること**[6]。（理論編の「SECIモデル」「エフェクチュエーション理論」に関連する。）

「評価は企業、学から」の意味を解説する。支援評価は企業からされるべきで、

その**評価の基準は黒字経営**であると佐藤は考える。行政のインキュベーションは、「何社起業した、雇用が何人増えた」などをKPI (Key Performance Indicator, 数値目標)にしているケースが多い。しかし、過剰な売上げ目標、設備投資、雇用拡大で倒産したベンチャー企業は多い。ビジネス感覚が乏しい行政が、KPI・数値目標を無理につくったり、無理に達成しようとしたりして、起業家に過剰なプレッシャーを与えて、結果として倒産させたとすれば、インキュベーションの本来の目的を見失っている[7]。「税金を使っているから」と、無理なKPIを後押しする住民や議員がいたら、その考えも間違っている。

　自治体のインキュベーションへの支出は、雇用や納税の形で、将来、地元に戻ってくる可能性がある投資である。毎年、使ってなくなってしまう公的支出とは視座(ものごとを眺め、それを把握するときの立場)を違えて考えないと、**間違った判断**になる。

　自治体の行政担当者は3年で関連のない仕事に人事異動していくことが多い。したがって、それぞれの仕事に習熟していない人がほとんどである。このような行政担当者が、起業・企業支援のソフト面の意味を理解せずにKPIの達成に追われると、ベンチャー企業に害を与えたり、インキュベーション施設に誰も来なくなったりする。全国で、そのような事例は多い。

　2009年、当時の民主党政権で、蓮舫参議院議員は「2番ではダメなんですか？」とスーパーコンピュータの開発予算を凍結しようとした。ノーベル賞受賞者の野依良治氏は「**歴史という法廷に立つ覚悟があるのか**」と民主党に迫り、多くの研究者も抗議したため、政府は「仕分けの結果は政策判断ではない」と釈明し、翌月に凍結方針を撤回した[8]。

　文部科学省の知的クラスター計画は、蓮舫議員によって「大多数の御意見で、これは国としてやる必要性が余りないのではないかという結果になりました。何度も繰り返し言いますが、否定はしていません。出していただいた提案、これまでやってきたことを否定はしませんが、それを更に発展するという議論をした上で国としてどうなんだろうという結果を、我々の仕分けの結果とさせていただきたいと思います。ということで廃止ということで、まとめさせていただきます[9]」と廃止された。経済産業省の産業クラスター計画は、事業仕分けは受けなかったが、連座(連帯責任で罰せられること)で廃止になった。

　佐藤は「JSTが全国16箇所に置いていたイノベーションプラザ・イノベーションサテライトが2011年度末で廃止になり、**ここから地方大学、研究機関の疲弊が始まってしまいました。**」と言う。

民主党政権の事業仕分けで、産業クラスター、知的クラスター、起業・企業支援を廃止した判断は、シリコンバレー型の起業支援・企業支援を進めるという世界の国・地方政府の取り組みとは逆方向の判断で、日本のイノベーションにはマイナスの効果となった。「**歴史という法廷で間違っていたと裁かれた**」と言える。

コラム[寄稿]12

箭野　謙
（国立研究開発法人科学技術振興機構〈JST〉、元JSTイノベーションサテライト岩手事務局長、
元JST復興促進センター盛岡事務所長、マッチングプランナー）

岩手に11年半過ごして

○産学連携は日常、転勤先岩手11年6カ月

　岩手県に転勤したことをきっかけに佐藤利雄さんと交流が始まった。

　関係した国立研究開発法人科学技術振興機構（以下「JST」）事業は時系列に、JSTプラザ・サテライトを拠点とする「地域イノベーション創出総合支援事業」、事業仕分けを受けプラザ・サテライトが閉館準備を進める中発生した東日本大震災の復興事業「復興促進プログラム」、復興促進プログラムのソフト面での支援が評価されたマッチングプランナーがプログラム名となった事業「マッチングプランナープログラム」の3事業である。

　JSTの産学連携事業は、A-STEP（研究成果最適展開支援プログラム）と地域イノベーション創出総合支援事業があった。産学共同研究を通じて研究機関の企業等への技術移転を支援するという手法は共通であるが、後者はJSTが地域ごとに産学連携拠点を置き、地域の特性を考慮しながら産学共同研究を進めるという点で特徴的であった。

　自分自身のことを言うと、平成15年4月に地域事業推進部に異動となり、JSTプラザ・サテライトと呼ばれる地域拠点の総務・経理等を2年6カ月担当した。直接、事業を担当することはないまま、産学連携拠点であるサテライト岩手開館時事務局長として赴任（2005年10月）することとなる。

　JSTサテライ岩手が設置される以前は、東北6県と新潟県をJSTプラザ宮城が担当していた。日本一広い岩手県をはじめとした広いエリアである一方、大型大学である東北大学を擁する。サテライトよりプラザは科学技術コーディネータの人員が多いとは言っても、4名～5名程度と限りがある。プラザ宮城よりサテライト岩手が青森県・秋田県・岩手県分の引継ぎを受けた際、広範囲の大学等のコーディネート業務への日々の努力に頭が下がった。

サテライト岩手として北東北3県を担当したが、開館当初JSTサテライト岩手の認知度は低かった。大学・高専・公設試にはトップにあたる方を直接訪問しある程度認知度が高まったものの、企業は数多いため認知度アップには時間を要した。
　そもそもプラザに比較してサテライトは人数が少なかった。サテライト岩手の場合、科学技術コーディネータは1名、コーディネートスタッフ1名（後に増員）、サテライト岩手館内で実施される共同研究「育成研究」を主に担当する技術参事が科学技術コーディネータを兼務という体制である（後年、共同研究はすべて委託研究となった）。サテライト岩手ができる前のプラザ宮城のことを考えれば贅沢は言えないが、北東北各県に1名、非常勤の科学技術コーディネータを委嘱できたら、ネットワークの広がりと新たな連携構築が期待できるのではと思っていた。後日、技術移転先である企業とのネットワークは産学連携では重要である。そこで企業支援に長らく携わった佐藤さんに非常勤の科学技術コーディネータをお願いした。
　話は前後するが岩手に着任間もないころ、佐藤利雄さん（当時花巻市起業化支援センター）にサテライト岩手の説明を行う場面があった。資料はサテライトの開館式に用いる資料だったと思う。産学連携のベテランに対して、コーディネート経験のない自分が説明すると思うだけで憂鬱だった。すべてを聞き終わった後、佐藤さんから一言。「箭野さん、全然駄目だ。コーディネータが否定語を使ってはダメだ」といった意味合いの短いコメントだった。苦笑い交じりだったように思う。後のサテライ岩手を運営していく上で、このときの経験は役立った。特に痛感したのは復興促進プログラムを任されたときであった。

〇地域事業終了サテライ閉館準備中震災、復興促進センターへ
　事業仕分けの結果、JSTイノベーションプラザ（北海道、宮城、石川、東海、京都、大阪、広島、福岡）、サテライト（岩手、新潟、高知、宮崎、茨城、静岡、滋賀、徳島）は2012年3月末日閉館した。JSTサテライト岩手として活動は6年半であり、私は最初で最後の事務局長となった。サテライト最終年度を4月に控える3月11日、東日本大震災を経験した。沿岸被災地の深刻な状況が時々刻々伝えられる中、サテライト岩手の閉館に向けて片付けが続いた。復興に向けてJSTがどのような支援ができるか、各部署が真剣に考えアイディアを出してもらい、予算を確保・実践にしてもらったことは忘れられない。
　閉館の翌年度2012年4月、復興特別会計によりJST復興促進センターが設置された。盛岡・仙台・郡山に事務所、仙台に本部という構成である。復興が事業の趣旨・目的であるため、大学等の研究者がプロジェクトリーダーではなく、企

業がリーダーとなる。被災地を科学技術で元気にする、そうした思いで向き合っていた。企業と研究者を結ぶという思いからコーディネータではなくマッチングプランナーという職名である。応募は産学とJSTマッチングプランナーが共同申請するというルールであった。ファンドへの応募の経験がない、あるいはほとんどない企業も被災地には多く、丁寧な支援をするために設けられたと考える。震災復興という目的であればこそ、踏み込んだ制度が準備されたと思う。

　岩手県工業技術センターを会場にて実施した説明会には一週間の周知期間で250名以上が参加され、関心の高さ、熱量に改めて責任を痛感した。最終的に盛岡・仙台・郡山の3事務所に持ち込まれた相談課題は約1,100件。地域事業よりも幅広い分野の様々な内容が寄せられた。盛岡事務所の特徴としては、農林水産関係、食品加工などの一次産業関係の割合が一番多い点であった。2カ年度各3回合計6回公募した。二期作ならぬ三期作であった。
　盛岡事務所は公開の成果報告会を3か所（青森県八戸市、岩手県盛岡市、釜石市）で開催した。盛岡市から距離がある八戸市、釜石市では行事の周知が気になったが、各120名程度、盛岡市ではその倍程度の参加者があった。登壇者へ向けられる参加者の真剣な眼差しが毎回印象的であった。

〇復興事業からマッチングプランナープログラムへ
　全国の研究機関からシーズ提供、被災地企業を支援する企業等協力を得て、共同研究をマッチングプランナーが伴走しソフト面からも支援する手法は評価され、復興促進プログラム終了前に、「マッチングプランナープログラム」として事業が発足した。予算規模や仕組みは変更されたが、その職名は承継された。各地域を担当するマッチングプランナーが選任されたが、東北ブロックの一人が佐藤利雄さんである。

　地域イノベーション創出総合支援事業、復興促進プログラム、マッチングプランナープログラムのこれら制度について共通して言えるのは、コーディネートをする者（科学技術コーディネータ、マッチングプランナー）の存在を前提する点が特徴的だ。公募事業にソフト面で支援を提供することで、新技術が産学共同研究に進み、企業化が促進される。
　大手企業と異なり中小企業の場合、研究資源は人的リソースも経済的リソースに制限がかかることが多い。岩手に11年半過ごして、地域企業の大学・高専、公設試に対する期待を痛感した。事実、企業からの課題解決の期待に応える関係性を見てきた。こうした課題解決の支援のため、研究機関から企業に初期段階での共同研究支援が必要と感じる。

○終わりに
　佐藤利雄さんの故郷、岩手県花巻市は宮沢賢治さんを生んだ土地。
　宮沢賢治さんの生年1896年に明治三陸津波が発生し、没年1933年に昭和三陸津波が発生した。津波と現れ、津波と共に去っていった。
　宮沢賢治さんが生きた二つの震災に挟まれた期間、「雨にも負けず」で「私」がなりたい人として描かれている、暑さ寒さをものともせず東奔西走する人の姿は、コーディネータや公設試の職員の日々の姿と重なって見える。
　「世界全体が幸福にならなければ、個人の幸福はあり得ない」は宮沢賢治さんが残した言葉である。現代の「No one left behind」（誰ひとり取り残さない）に通じると言える。
　岩手県の花巻には、未来の世界が見える窓があるのだろうか。産学連携の緩やかな連携、岩手ネットワークシステム（INS）、SDGs研究会の主要メンバーとして佐藤利雄さんが活動されている。これは、果たして偶然なのだろうか。

3. IM・CDは最低5年間の経験が必要

　佐藤は、**IM・CDは、最低5年間の経験が必要**と言う。地方自治体に多い3年での定期異動では、ノウハウも人脈も未熟・未活用で終わる。期限を切った不安定な雇用では、IM・CDは育成されにくい。企業支援が活発な地域には、経験5年以上のIM・CDが存在していると言う[10]。
　1996年の花巻市起業化支援センターは、市役所のメンバーは人事異動するが、花巻市技術振興協会で雇用されて派遣された佐藤らのメンバーは**人事異動しない**という仕組みだったので、**IM・CDを育成することができた**と佐藤は言う[11]。
　1996年からの花巻市起業化支援センターの初期の**入居企業が7社倒産**してしまった。原因は、IM・CDに製品の販売支援のノウハウ・人脈がなかったことであると佐藤は言う[12]。IM・CDは、最低5年間の経験が必要である。

・・・

| 理論8 | インキュベーションの類型 |

　世界のインキュベーションを見ると、3つの類型がある[13]。
- 「孵化器」型のインキュベーション（技術シーズを発芽させる）　試作品の開発まで。

- 「苗床」型のインキュベーション（発芽した苗木を育成する）　事業化、成長支援
- **アクセラレーター**（Accelerator, 加速させるもの）　既存事業の成長・拡大を支援する３カ月〜６カ月程度の期限を設けたプログラムを提供する団体・組織をいう[14]。
  2005年に米国でベンチャーキャピタリストのポール・グレアム氏が立ち上げた「Y Combinator」が有名で[15]、米国では、起業や新たな事業の創出を支援するインキュベーションとは区別しているという。

日本では、これらをまとめてインキュベーションと言っていることが多い。

日本初の公的インキュベーションかながわサイエンスパーク（KSP）（1989年〜）では、「孵化器」型のインキュベーションを、「生む」もの、「苗床」型のインキュベーションを「育てる」ものと表現して設置した。しかし、当初は「孵化器」型のインキュベーションの成果は上がらなかった[16]。

シリコンバレーでは、「孵化器」型のインキュベーションは公的資金（国防総省予算・国立衛生研究所予算）やエンジェルが関与する。「苗床」型のインキュベーションはベンチャーキャピタル（VC）の領域とされる。フランスでは、前者は国が設立、公的資金によって運営し、後者は自治体が設立し、有料である。

日本では「大学発ベンチャー」を支援するプログラムができる以前には、高度な技術シーズに基づくスタートアップの創出という事例はほとんどなかった。「高度な技術シーズに基づくスタートアップの創出」とは関わりなく、インキュベーション施設（BI）が設立されてきており、各地で、ビジネスモデル重視、経営支援重視で実績を積み上げてきたことが日本のインキュベーションの特徴と言える。

日本では、"インキュベーション"という外国のモノを輸入して、日本の初期のIMたちが試行錯誤で奮闘する中で、日本の市場に合った進化を遂げてきた。日本の歴代のIM・CD自体が「日本型インキュベーションという事業」の創業者であると言える[17]。

コラム[寄稿]13

牛来 千鶴（ごらい ちづる）
（株式会社ソアラサービス代表取締役社長）

わずか20万円の初期投資でスタート！
シェアオフィス開設から23年の軌跡

■**はじめに**

まずは、本書への寄稿の機会をいただいたことに感謝を述べたい。これから多

くの起業家を支えてくれるであろうIMやCDの皆さんに、つたないながらも私の経験シェアができる機会をいただけたことに、心より御礼を申し上げる。

現在、私は広島市で、約100名が入居する大型のシェアオフィス「SO@R（ソアラ）ビジネスポート」を経営し、ここを拠点に人と企業をつなげ、創業支援のみならず、独立系プロに仕事をつなぐコーディネイト事業や、地場企業とクリエイターとのコラボ商品開発など、地域の「人」「企業」を元気にする事業を多角的に展開している。

［写真4-1］2009年にオープンした「SO@R ビジネスポート」には、1,500m²に約100人が入居

最初にシェアオフィスを開設したのは、シェアオフィスという言葉も、コワーキングという概念もなかった2001年のこと。全国的にインキュベーション施設が増える中で、起業家やクリエイターのための共同オフィス「広島SOHO'（ソーホーズ）オフィス」と名付けてスタートした。インキュベーターだという意識はなく、

「起業家たるもの、最初から支援を求めるのではなく、自分の足で立て！」

というスタンスを貫いた。自身が起業家。やりたいことは自分が先頭に立って旗を振り、自分で責任を負ってやる、誰かに指導してもらうことなんて望んでいなかったので、起業家の仲間たちも同じだろうと思っていた。

とはいえ、結果的に起業家の支援につながっていたので、周囲からはインキュベーターと思われ、それを私がいちいち否定していたのでややこしい（笑）。

「当時は尖ってたな」

と、懐かしい。

※SOHO（ソーホー）＝スモールオフィスホームオフィス（小規模事業者）

■そもそも、なぜ、共同オフィスを作ろうと思ったのか

私は、山口県岩国市出身。地元の高校卒業後、広島の短期大学に進学し、卒業

後は広島の教科書出版社に就職。通信教育部で事務職を経験したのち21歳で結婚、22歳で出産のため退職し6年間の専業主婦を経て、企画会社に再就職した。パートからスタートし正社員となり年俸制で働いたのち、1999年、販促プランナーとして独立した。

　自宅で個人事業主としてスタートしたものの、自宅オフィスならではの様々な"悩み"や"困った"に直面した。主要な3つを以下に挙げる。

①情報不足・偏り
　　会社員の時なら様々な情報が飛び交い、自ずと得られていた情報が激減。また、1人で集める情報に偏りを感じ、焦った。

②公私の区別
　　日中に家事が気になったり、固定電話が自宅と共用のため仕事の電話に子どもが出てしまう、クライアントを自宅に呼びにくいなど、困った。

③モチベーション維持
　　ついつい朝方までも仕事し過ぎる、逆にやる気の出ない時に誰も叱ってはくれないので、自分で自分のお尻を叩くしかない、など。

　自らが直面した、このような"悩み"や"困った"を解決する策として思いついたのが、数人でシェアして使えるオフィスだった。企画書にして、これを実現してくれる企業を探してみたが、過去に実績のない未知のオフィス形態を理解してもらうことは難しく、

「自分でやるっきゃない！」
と、覚悟を決めた。

　資金はない。起業家やクリエイターの仲間たちに協力を仰ぎ、中古の机や椅子、書棚や冷蔵庫や電子レンジなど必要なものを譲ってもらい、パーティションを手作りするなどして、設備にかけた初期投資は、わずか20万円。1人のスペースは1坪（約2畳）で、プログラマーや行政書士、ライターやネットで課金制のビジネスを始めた起業家など、自分を含む10人が入居。

　こうして2001年、「広島SOHO'オフィス」をオープンした。家賃などのランニングコストを考えると、心中は、「清水の舞台から飛び降りる」ような気持ちだった。

BGMが流れる中、30坪×2フロア（3・4F）に17ブース。Webデザイナー、プログラマー、プランナー、行政書士などのSOHO仲間が仕事中。

［写真4-2］2001年に、わずか20万円の初期投資で始めた共同オフィス「広島SOHO'オフィス」

■見えない価値を有する"場"づくりとは

　その後「広島SOHO'オフィス」は3フロアに増床し、わずか1年半で30人余が入居するシェアオフィスに拡大。常に95％以上の稼働率を維持した。起業家やクリエイターで賑わい活性化しているのが珍しいのか、メディアの取材も多く、県内外から行政やインキュベーション従事者などの視察も絶えなかった。
　成功要因を聞かれると、決まって答えたのは、
「目の前の空気の中に、見えない価値が詰まっている」
　見えない価値とは、多様な人が集うことで集まる様々な情報、「よし！私もがんばろう」とモチベーションの上がる出逢い、ワクワク感、刺激、落ち込んだときにもホッとできる空気感、などなど。一言では言い表せないソフト面での価値のこと。
「よく起業家を纏められますね？」
とよく聞かれたものだが、
「纏めようとしたことなんて一度もない。私は"場"をつくるだけ」
　"場"と聞いて、誤解されてはいけないので念のために説明するが、もちろん、よく聞く"箱物"という意味ではないし、単なるスペースのことでもない。
　私の言う"場"とは、
「見えない価値を有する"空間"」のことである。

■本音で語り合える、人肌感覚の交流を

　その"場"をつくるには、様々な要素が必要とされるが、私が一番大切にしたのは、みんなが気軽に集まれて、"ここに来れば元気になれる"交流の場である。実は、共同オフィス開設の半年前から、何もないその空間で、起業家のための交流会「広島SOHO'クラブ」(2000〜2010年)を開催。共同オフィスのオープンに先行し、起業家や独立系クリエイターたちが集う"場"をつくった。
　「広島SOHO'クラブ」のコンセプトは"人肌感覚の交流"
　敢えて、堅苦しいコンセプトを掲げず、熱すぎず、冷たすぎない、人肌感覚の居心地のよい交流の場をつくることに注力。先輩起業家やクリエイターを無償でゲストに招き、毎月、多様なテーマの話を聴き、発泡酒と豆菓子で乾杯し、交流した。
　参加費はワンコイン（500円）、お片付けは参加者みんなで行うラフな会。
　自分のビジネスにつなげようと最初から営業目的で集まっても、つまらない会になってしまう。それよりも、まずは純粋に「参加したい」と思える場をつくれば、そこで何度か会ううちに信頼関係が築ける。
「信頼関係なくして、仕事の依頼やコラボなんてできるはずもない」
　まずは本音で語れる信頼があってこそ、その後につながると考えた。

[写真4-3]"人肌感覚の交流"をコンセプトに立ち上げた起業家のための交流会「広島SOHO'クラブ」(2000〜2010年)

「広島SOHO'オフィス」が、現シェアオフィス「SO@Rビジネスポート」に拡大移転するまでの8年間で、交流会の参加数は述べ6,000人を超えた。当時の狭い共有スペースにぎゅうぎゅう詰めになりながらも、毎月50〜70人の起業家やクリエイターが集い交流する中で、本音で語れる仲間と出会えたり、仕事やコラボにつながったケースが次々と報告され、その"場"は、周囲から注目された。

交流会は、起業家たちのストレス緩和という大切な役割も担っていた。参加者の一人がある日、私に言った言葉は、今も忘れられない。

「ここ2カ月くらい、家族以外の人と誰とも話をしていなかった。今日いろんな人と話せて、気持ちが楽になった。参加して本当によかった」

起業家は孤独である。この言葉を聴き、心に誓った。

「たった一人でも必要としてくれる人がいる限り、続ける！」

■独立系プロに仕事をつなぐコーディネイト事業

「広島SOHO'オフィス」での出会いは、起業家やクリエイターの仕事や成長につながっただけでなく、彼らが語る悩みや困りごとの一つひとつをニーズとして捉えることで、当社の事業としてもカタチになった。

その一つが、2004年に始動した、独立系プロに仕事をつなぐ、コーディネイト事業である。きっかけは、入居者からの相談だった。

「営業先として思いつくところは全て行き尽くして、もう行き先がない。何かよい営業方法はないか……」

個々で営業するには確かに限界がある。では、束になってPRするしくみを作ればよい。しかも、弊社で請け負って子請けや孫請けにするのではなく、クライアントと直接つなぐという新しいしくみにすれば、間が入ることによる無駄なコストが節減されるなどメリットは双方にある。

「広島SOHO'オフィス」に入居する、Web制作者やプログラマー、ライター、カメラマンの協力を仰ぎ、Webサイトとして、プロ意識の高いSOHOと企業をつなぐ「SOHOプロダクション広島」（現 THE プロフェッショナル広島）をスタートさせた。
　広島近郊で活躍している起業家や独立系のクリエイターで、実績と信頼性あるプロだけを直接取材して、各々の実績や業務内容などを詳細に掲載。プロに直接、仕事を依頼できるサイトにした。

[写真4-4] 広島で活躍するプロに直接、仕事を依頼できるWebサイト「SOHOプロダクション広島」※現「THE プロフェッショナル広島」

　近年では、デザインやライティング等の仕事依頼にマッチングサイトを利用するのが当たり前となったが、20年前には浸透していなかったサービスだ。年間掲載費は初回製作費込みで12,000円（現在は15,000円＋製作費）と廉価に設定。掲載者にも、発注する企業に対しても、こまめな説明とPRにパワーを要したが、

「世の中に必要とされている」
と思うと、続けて来られた。
　当時は、全国各地のインキュベーション施設からの視察や講演依頼を受け、ＩＭや行政担当者の方の生の声を聴く機会も多かった。
「仕事をもらえると期待して入居する起業家が少なくないが、企業とのマッチングはそう簡単ではなく、課題だ」
　そんな悩みをよく聞いたものだが、面談のうえ"プロしか掲載しない"というコンセプトと、有償化（することで自ずとアマチュアレベルの人はふるいにかけられる）という点に大きな関心を示すも、公平性を問われない民間だからできるサービスだからと諦めるケースが少なくなかったようだ。
　今であれば行政も、可能性のある起業家を重点的に支援することができるようなので、いい意味で、えこ贔屓をして、創業初期の個人事業主やスタートアップの起業家などに必要な支援をしっかり行い、スケールの加速を上げるのが良策と思う。

■創発的集積地「SO@R（ソアラ）」実現に向けて
　共同オフィス「広島 SOHO' オフィス」開設からわずか半年、そこに集まる人と情報が相互作用して生まれるエネルギーは、正直、想像を超えていた。
「これを10倍、いや30倍にすれば、その影響力は凄いことになるはず！」
「起業家やクリエイターのこのパワーを、広島の元気につなげたい」
　その思いを、2001年12月、「広島 SOHO' クラブ」１周年の交流会で、起業家の仲間たちを前に10年後の夢として発表した。
「"あったらいいな"と思う理想の共同オフィスは、８階建てのビルで、300人の起業家やクリエイターが入居し、毎日300人の来客で賑わう。その屋上にはヘリポートがあり、国内どこへでも渋滞を気にせずひとっ飛び。最上階にはバーがあり、ジムや惣菜屋もある便利なビル。その地下には、起業家たちがジーンズにＴシャツでビール片手にわいわいリラックスできる居酒屋さんがあって……」
　できるできないは構わず、好き放題並べた（笑）。そして、
「夢は大きく、具体的に掲げ、信じて伝え続ければ、きっと実現する」
　と信じ、以来、いつもどこに行っても、伝え続けた。
　そんなある日、
「牛来さん、それはいつできるの？」
と起業家の仲間に聞かれ、ハッとした。
　楽しい夢物語として語っていたが、その瞬間、夢から覚め、現実のものとして突き付けられた気がした。ドキッとした一方で、そんな問いかけをしてくれるということは、牛来にはできると思われているということ。

「信じてくれる人がいるということは、きっと私にできることなのだ」
と自身を鼓舞し、覚悟を決めた。

　理想の共同オフィスの実現に向けて、起業家やクリエイターの仲間の協力を仰ぎ、"創発的集積地 SO@R"プロジェクトを立ち上げた。中心メンバーと共に全国各地の事例を見て回り、イメージをパースに落とし込み、企画書を作成して、行政や企業に実現に向けた支援を求めてプレゼンを繰り返した。

［写真4-5］2006年に制作したパース「創発的集積地 SO@R」　※制作：対馬肇

「創発的集積地 SO@R」構想には6つの機能を盛り込んだ。
① Office　オフィス
② Office service　オフィスサービス
③ Training　養成
④ Creation　創造
⑤ Business　ビジネス
⑥ Communication　交流

　ピッチイベントやクラウドファンディングなどなかった当時のことだ。資金調達の手段すらわからない中、1億円を目標に掲げて出資を仰いで回ったが、これが本当に大変だった。思いつく人や企業を片っ端から訪ね、人から人へとつないでもらい、プレゼンをしまくったが、2008年のリーマンショックの影響も受け、資金調達はかなり難航した。また、条件に合う場所との出逢いもなかなかなく時間がかかり、選定も容易ではなかったが、多くの、本当に、たくさんの方々の声援と支援のおかげで、2009年6月1日、「創発的集積地 SO@R」実現の日を迎えることができた。

　それが現在の「SO@R ビジネスポート」である。

[写真4-6] 2009年6月にオープンした「SO@R ビジネスポート」

■株式会社ソアラサービスの事業内容

　2009年6月の、起業家やクリエイターのためのシェアオフィス「SO@R ビジネスポート」オープンを機に、弊社は資本金を3100万円に増資し、社名を有限会社SOHO総研から株式会社ソアラサービスに変更した。事業内容は、約1,500㎡に拡大したシェアオフィスの運営に、創業・ビジネス支援、商品開発を加えた。

【株式会社ソアラサービスの事業内容】
　①シェアオフィス＆コワーキング運営
　②創業支援・独立系プロの紹介などビジネス支援
　③地場製造業×クリエイターによる商品開発

　株式会社ソアラサービスは、クリエイターや起業家などの創造的な事業者が集い関わりながら、広島に新しい価値と魅力をつくりだし、発信。①②③を融合させ、シェアオフィス「SO@R ビジネスポート」を拠点に、「人をつなぎ」「人を育て」「人を集結」し、商品開発や創業支援など、人と企業をつなぎ地域に新たな価値を生み出している。

　これまでに広島のクリエイターと製造業をつなげて開発した商品は、黒もみじ、朱もみじ、白もみじ〈やまだ屋〉、広島菜キムチ〈山豊〉、瀬戸内ちりめんアンチョビ〈作田水産〉など多数。食品のほか、自社商品として宮島の最古の寺「大聖院」のお守り「守り砂」も開発してきた。

　また、2016年には自社ブランドである、世界へ届ける広島発Peaceブランド「EARTH Hiroshima」をローンチ。広島のクリエイターと、樹脂、ガラス、金属、紙など非食品の製造業をつなげた広島土産の商品開発を行い、広島を中心に海外ではパリ〈仏〉とポートランド〈米〉でも販売している。

[写真4-7]「黒もみじ」〈有限会社ROCKETS×株式会社やまだ屋〉
「朱もみじ」〈対馬デザイン事務所×株式会社やまだ屋〉

[写真4-8]「広島菜キムチ」〈有限会社ペンギングラフィックス×株式会社山豊〉

[写真4-9]「瀬戸内ちりめんアンチョビ」
　　　　　〈対馬デザイン事務所×有限会社作田水産〉

[写真4-10] 宮島最古の寺院「大聖院」で祈禱した御砂をお守りにした「守り砂」
　　　　　〈対馬デザイン事務所×大聖院×広島工業大学〉

[写真4-11] 世界へ届ける広島発 Peace ブランド「EARTH Hiroshima」〈広島のクリエイター×樹脂、ガラス、金属、紙など非食品の製造業 ※ソアラサービスの自社ブランド〉

■創業支援事業

　創業・ビジネス支援事業では、広島のプロ紹介「THE プロフェッショナル広島」や、SO@R 創業支援プログラム（セミナー・ロビートーク・交流会・個別相談・起業家カバン持ち、オフィスの無償提供ほか）などの自社事業を様々展開してきた。また、創業のみでなく、プロの育成事業や、雇用対策を目的とする人材育成事業など、行政からの受託事業も多く実施してきた。

【行政からの受託・補助金事業】

〈人材育成・創業支援〉

・内閣府「地域の元気再生事業」(2008年～2009年)
・弟子入り型即戦力養成プロジェクト（2007年～2010年8月）
・「ひは。」ひろしま はたらく プロジェクト（2010年8月～2011年3月）
・専門職マイスター・チャレンジプロジェクト（2011年2月～2012年1月）
・広島県パッケージ型創業支援業務：起業家向け共同オフィスを活用した独立・開業・第二創業支援「Let's begin! at SO@R」(2013年7月～2014年3月)
・広島市新成長ビジネス等人材育成サポート事業実施業務（広島県緊急雇用対策基金事業）(2013年8月～2014年3月)
・広島市「創業支援事業計画」参画事業 創業支援事業者補助金採択 コワーキング型創業支援制度「FLY HIGH!」(2014年7月～2015年3月)
・広島市「創業支援事業計画」参画事業 創業支援事業者補助金採択 創業・事業拡大応援プロジェクト「Stand up!」(2015年7月～2016年1月)

- 広島市「創業支援事業計画」参画事業 創業支援事業者補助金採択
  創業支援プログラム （2016年7月～2016年12月）
- 広島市「創業支援事業計画」参画事業 創業支援事業者補助金採択
  創業支援プログラム「Get a chance！」(2017年7月～2017年12月)
- 広島市「創業支援事業計画」参画事業 創業支援事業者補助金採択
  創業支援プログラム「HONKI」(2018年7月～2018年12月)
  創業機運醸成プロジェクト「COCOROMI」(2018年7月～2018年12月)
- 広島市「創業支援事業計画」参画事業 創業支援等事業者補助金採択
  創業機運醸成プロジェクト「JumpUp！」(2019年7月～2019年12月)

〈創業・ビジネス支援施設の開設～運営〉
- ●三次市女性活躍推進プラットフォーム「アシスタ lab.」（三次市）事業運営
  [2018年～現在]

　子育て世代の女性対象とする創業・就職支援施設。現地採用のコーディネーターが常駐し、子育て世代の女性の「何かしたい」をカタチにするために、同じ目線で相談にのり、専門家とつないだり、チャレンジの機会を与えてサポート。わずか5万人の市で、6年間に90人の女性起業家を輩出し、注目を集めている。

　子育て世代の女性への創業支援で大切にしているポイントは以下のとおり。
　①同じビジネスプランでも、誰がやるかで結果は変わる。本人の意思を否定しない
　②年収100万円でも、1,000万円でも、1億円でも、本人が望む規模に合わせてアドバイスする
　③みよしアントレーヌ認定制度をつくり、起業後のPRや専門家への相談等を支援。OG会を開催し、創業後の仲間づくりを促す

[写真4-12] わずか5万人の三次市で6年間に90人の女性起業家を輩出した「アシスタ lab.」

●岩国しごと交流・創業スペース「Class Biz.」(岩国市) 事業運営 [2021年〜現在]

　岩国駅すぐ近くのコワーキング＆シェアオフィス。新たな出会いが生まれ、インスピレーションが降りてくる。ビジネスに必要な「セレンディピティ」を生む、岩国の新たなビジネススポットとして機能。創業機運醸成や、県外企業の誘致を目的するオフィスとしての役割も果たしている。

[写真 4-13] ビジネスに必要なセレンディピティを生む「Class Biz.」

【SO@R 独自の創業支援プログラムの例】
〈3ヶ月集中！SO@R 創業支援プログラム「Boost Up」〉
　「連続創業セミナー」＋「ピットガレージ（定期座談会）」＋「専門家による個別相談」＋「受講者同士の交流会」＋「コワーキング活用（3か月間フリー)」による、複合的な3カ月集中プログラム。講義だけではなく、交流会や座談会で志を同じくする仲間たちとの双方向の学びや、専門家のアドバイスによる個々のステージに合わせた指導により、起業・創業を成功に導くもの。〈20名限定・参加費1万円〉
　オプション「起業家のかばん持ち」では、なかなか会うことのできない著名な起業家への、一日密着体験による学びの機会を提供。〈参加費3万円〉有償による初の取り組みだったが、10名が参加し、ふだん会えないような経営者に丸一日同行する中で多くの学びを得、好評だった。

[写真4-14] 3ヶ月集中！SO@R 創業支援プログラム「Boost Up」概要

■地場製造業×クリエイターによる Peace ブランド「EARTH Hiroshima」

　SO@R ビジネスポートを拠点に展開する「製造業」×「クリエイター」による商品開発は、食品開発からスタートし、その後、非食品の商品開発に着手。2016年に、自社ブランド「EARTH Hiroshima」を立ち上げた。「EARTH Hiroshima」のコンセプトは、「ひとつながりの地球」。「平和」で世界とつながり、世界から人が訪れる「広島」から、平和への願いを込めた。

　単にデザイン性の高いパッケージに変えるだけでは売れる商品にはならない。広島の起業家、クリエイターたちのパワーを生かし、広島の活性化につなげるために重要なのは、"売れる仕組み"づくりと考えた。

　「EARTH Hiroshima」は、ターゲットを観光客に絞り "広島土産として売ること" と出口を明確にしたうえで、「国際平和都市 Hiroshima」をテーマにしたグッズを、束になって商品化する、新たな広島ブランドである。

　自身が被爆二世で、いつか平和のために何かをしたいと思っていたことや、大病をしたことなど、立上げの理由は様々あるが、ずっとあたためていた思いを実行に移すきっかけとなったのは、2008年のリーマンショックだった。

　「広島の製造業が、自動車メーカーの下請けだけでない、新たな収入源をつくり、また同じようなことが起きたときに少しでも売上げになれば」

　また、平和記念公園を訪れる観光客が、買いたいと思えるグッズが少ないとい

う現状を見て、
「観光客に、広島でもっとお金を落としてもらいたい」
という思いに駆られた。全ては、「広島の"あったらいいな"をカタチに」という思いから。それを実現するために、広島の独立系のクリエイターたちとのコラボは不可欠であり、彼らのデザイン力により「EARTH Hiroshima」の商品価値を高めている。

【EARTH Hiroshima 商品例】

[写真4-15]「折り鶴チャーム」〈有限会社馬場プラスチック × 金具智子〉
自動車部品のプラスチック端材を再利用し、自動車部品製造の形成技術や塗装技術を駆使した立体の折り鶴を、アクセサリーや雑貨に

[写真4-16]「金箔の折り鶴栞」〈株式会社歴清社×株式会社河内×対馬デザイン事務所〉
本金箔と同様に変色せず実用にも耐え得る金紙を歴清社が日本で初めて製品化した洋金箔紙（真鍮箔）。その端材を使用した環境に優しい栞

[写真4-17]「折り鶴再生紙アロマディフューザー PEACE/LOVE」〈株式会社KAORILOGO×株式会社河内× HEREDIA KOMIYAMA〉
折り鶴再生紙で、国内外から日本の花として愛されている桜の花を表現。天然香料100％の香りのテーマは"Peace（平和）"と"Love（愛）"

　一方で我々は、「EARTH Hiroshima」ブランドの展開により、彼らの可能性を広げる一役もかっている。2023年5月、広島で開催されたG7広島サミットに使われたキービジュアルは、実は弊社が担った。「EARTH Hiroshima」のデザイン性の高さを評価した東京の企業から、G7のデザインコンペへの参加協力を依頼され、「EARTH Hiroshima」の商品デザインを幾つも手掛ける対馬肇が提案したデザインが、採用されたのだ。
　「EARTH Hiroshima」は現在、約70アイテムを商品化し、広島を中心に海外を含む約50か所の取り扱い店舗をもつ。2024年12月には、日本原水爆被害者団体協議会のノーベル平和賞受賞を機に、ノルウェー・オスロのノーベル平和センター内 ミュージアムショップ「Nobel Peace Shop」での取り扱いも始ま

った。今後は開発途上国とのコラボ商品開発にも広げ、広島から世界に届けるPeaceブランドとして、世界に認知されることを目指し展開している。

[写真4-18] G7広島サミット2023で、採用されたキービジュアル
〈デザイン：対馬肇〉

■おわりに

　冒頭で述べたように、SO@Rビジネスポートがインキュベーターだという意識はない。私が描いた「創発的集積地 SO@R」構想は、広島の起業家やクリエイターと共に、"あったらいいな"をカタチにするもので、広島の「人」「企業」がもっと元気になることを目的としている。しかしながら振り返ると、その事業活動の中で、実に多くの起業家を支援し、また、独立系のクリエイターとコラボすることで、彼らの仕事や発展にかかわってきたことには違いない。

　起業家が育てば雇用が生まれ、企業が発展すればまちが元気になる。その単純な思考で、目の前の"あったらいいな"をカタチにし続けてきたが、その活動を書き記した中で何か一つでも、IMやCDを担う皆さんの参考になれば嬉しい。

理論9　知識創造理論（SECIモデル）

　新しい"知"はどうやって創造されるのか。経営学で世界的に関心を集めているのが、野中郁次郎 一橋大学名誉教授のSECIモデルである。米国を中心に発達している経営学の中で、数少ない日本人による世界標準の経営理論である。

　知識創造理論（SECIモデル）は、暗黙知を形式知化することで、新しい"知"を創造すると考える。

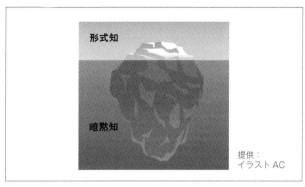

[図4-1] 形式知と暗黙知

　暗黙知は、主観的で言語化することができない、知っているが言語化できない、たとえ言語化しても肝要なことを伝えようがない知識をいう。形式知は、言語化して説明可能な知識をいう[18]。

　人間の知識はほとんどが言語化できていない暗黙知で、表面に出ている形式知はごく一部である。形式知と暗黙知の関係は、全体の9割が海面下に沈んでいる氷山に喩えられる。1990年代から、製造業の現場では、職人の暗黙知を形式知化してコンピュータ制御のNC工作機械、ロボット、AIで実現する努力が積み重ねられているが、いまだに、職人の暗黙知に頼っている部分は広くて深い。

理論9-1．知は、個人の主観や人格に始まる

　野中教授は「知は、個人の主観や人格に始まる。暗黙知が基礎となる。暗黙知と形式知は対照的な知であるが、互いに独立して存在するのではなく、相互に変換が行われる」と言う。

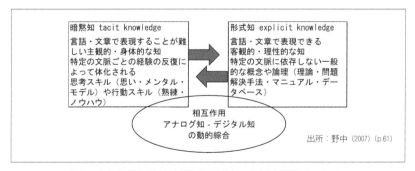

[図4-2] 知識創造は暗黙知と形式知の相互変換運動である

暗黙知の説明（図4-2）にある「文脈」は、国語辞典の意味では、文章の流れの中にある意味内容のつながりぐあい。文と文の論理的関係、語と語の意味的関連。文章の筋道をいう[19]。**哲学、心理学で「文脈（context）」は、過去から現在までの人の行為や行為の意味などの全体、あらすじ**をいう。哲学、心理学では、人は、文脈の中で自分と他者を位置づけたり、どう行動するか決めたりして社会活動に参加できると考える[20]。

　形式知は、人と知識を分離して量的に分析できる。
　暗黙知は、人と知識が一体である。西田哲学の"純粋経験"に近い。暗黙知は個人の内面のものなので、形式知に変換されないと、自覚的に磨かれず、組織で共有できない[21]。
　西田哲学は、西田幾多郎（1870-1945年，京大教授，哲学者）が、東洋思想の"無"と西洋哲学とを融合した[22]哲学をいう。西田哲学の"純粋経験"は、理知的な反省が加えられる以前の直接的な経験[23]をいう。

　暗黙知と形式知、主観と客観、部分と全体を行ったり来たりしながら高めることで、個人の知を集団、組織、社会の知にしていく過程を明らかにするのが、SECIモデルである[24]。

理論9-2．知識創造理論（SECIモデル）

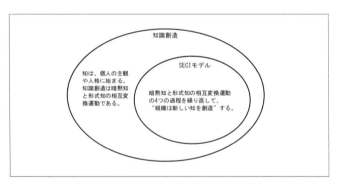

[図4-3] 知識創造とSECIモデルの関係

　SECIモデルは、図4-4のように暗黙知と形式知の相互変換運動の4つの過程を繰り返して、"組織は新しい知を創造"すると考える。野中教授は、企業がイノベーションをする様子を調査してSECIモデルを考えた。

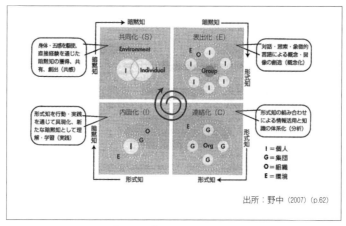

[図4-4] SECI モデル

Socialization= **共同化**
　図4-4の左上で、経験を通じて暗黙知を得て、対面で深く語り合って暗黙知・形式知の全体をできるだけ共有する。

Externalization= **表出化**
　図4-4の右上で、対話しながら暗黙知を言語化し、知をコンセプト（概念）にし、図で表現し、できるだけ暗黙知を形式知に変換する。

Combination= **連結化**
　図4-4の右下で、表出化された形式知を組合せ、体系化する。報告書やマニュアルにまとめ、誰でも読んだら体系的な知識（形式知）を得られるように整理する。

Internalization= **内面化**
　図4-4の左下で、報告書やマニュアルを読みこんで、体系的な知識（形式知）を得て、自分でも実際にやってみて経験して、形式知と暗黙知が合わさった自分の専門知識にする。報告書やマニュアルに書いてあることを理解するだけでなく、その背景にある本質（暗黙知）を腹落ち（理論10　センスメイキング理論参照）させて理解する。

2周目のSocialization= **共同化**
　報告書やマニュアルを読みこんで、経験を通じてさらに暗黙知を得て、それを、図4-4の左上に戻り、対面で深く語り合って暗黙知・形式知の全体をできるだけ共有する。

理論9-3．職場での応用例

　例えば、ある市役所で、心ないクレーマーのパワハラで、社会人になったばかりの新人職員が鬱病になり出勤できなくなったとする。組織としてクレーマー対応の質を上げなくてはならない。市役所職員が市民と接するマナーの知識には、マニュアルに言葉で書ける形式知と、表現できないが暗にわかっている暗黙知がある。市役所（組織）で、市役所職員が市民と接するマナーの知識レベルを全体として上げるにはどうしたらよいのか。職員が鬱病になるのを防ぐにはどうしたらよいのか。SECIモデルを使ってみる。

- S：まず、複数の職員で、クレーマーに対応した経験や、"難しい市民対応あるある"について、ざっくばらんに実体験を含めて、時間をかけて語り合う。言葉による形式知だけでなく、顔の表情、身ぶり手ぶりによる感情表現など、暗黙知も複数職員で共有化する。
- E：次に、これまで言語化できていたことだけでなく、言葉になっていなかったことも、できるだけ言葉に書き表してみる。みんなでがんばって考え方を言葉や図にひねり出す。暗黙知の一部を形式知化する。
- C：次に、書き出した形式知を、体系整理してマニュアルにする。広げた形式知を、頭に入りやすいように整理し直す。
- I：職員一人ひとりが、新しいマニュアルを読み込んで、市民と接する際の行動原理を、無意識レベルまで"腹落ち"させる。
- S：クレーマー対応をやってみた結果を、複数の職員で対面で深く語り合って暗黙知・形式知の全体をできるだけ共有する。

以下、繰り返し。

理論9-4．IM・CDとSECIモデル

　経営コンサルタントとIMの違いについて、増田氏は、「**IMは伴走支援で、企業に寄り添う**」。「どんな時でも話を聞くよ〜」というオーラを出しつつ、彼らの変化に気づき話を聴く。「伴走支援をして、必要があれば、経営支援は経営コンサルタント・中小企業診断士に頼めばよい」。IM、経営コンサルタントには、いくつかの資格や研修があるが、「資格よりも、企業のニーズを見つけられる感性が重要だ」と言う。他方、一般的なコンサルティング契約では、提案書・企画書・見積書などの書面を、契約書に別添として添付することで、業務内容を確定させる[25]（第1章　3-4参照）。

　IM・CDが経営者に伴走しているということは、経営者が元気なのか元気でないのか、事業が進んでいるのか、うまく進められなくなっているのか、何に悩んでいるのか、いつも見ているのでわかる（暗黙知がわかる）ということである。SECI

モデルのS＝共同化「経験を通じて暗黙知を得て、対面で深く語り合って暗黙知・形式知の全体をできるだけ共有する」を会うたびに行っていて、**経営者の暗黙知を深く理解しながら相談に乗っている**。したがって、SECIモデルがぐるぐる回って、知が創造される。増田氏が、「IM・CDは、**資格よりも、企業のニーズを見つけられる感性が重要だ**」と言っているのは、**経営者の暗黙知を感じ取ることが重要**だと言っていると解釈できる。

一方で、経営コンサルタントは、契約書に書いた内容の範囲で、顧客の質問に対して答える。文書や言葉で質問できるということは形式知になっている内容ということである。**経営コンサルタントは形式知になっている部分を顧客が質問し、回答を聴く**ということである。コンサルタントにも様々な内容があるが、典型的なコンサルタント契約では、知らない知識を教えてはくれるが、SECIモデルは回らないと考えられる。

これが、IM・CDと経営コンサルタントの違いのSECIモデルでの説明である。

|理論10| センスメイキング理論

センスメイキングは日本語では"腹落ち"と訳される。腹落ちの"腹"は暗黙知のことである。腹落ちは形式知が暗黙知まで浸透して心から納得することをいう。
センスメイキング理論は、"万物には共通の真理がある"といった物理学、経済学のような科学（サイエンス，science）の考え方はしない。**ものの見方、認識は、人によって違うという考え方**をする。

センスメイキング理論は、①感知、②意味付け、③行動の過程をぐるぐる回す。厳しい環境の情報を感知し、行動し、得た情報を解釈し、行動を修正していく。

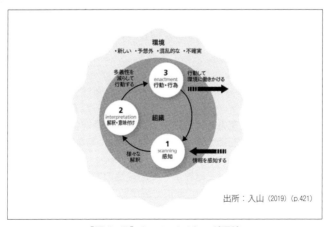

[図4-5] センスメイキング理論

①感知 (scanning)
　周りの環境を感じとる。特に、新しい変化、予期しなかった変化、混乱、将来が見通せない厳しい環境変化を感じとる。センスメイキング理論は、このような厳しい環境変化を3種類に分類している。
　　1）危機 (crisis)
　　　　製品が売れない。ライバル企業が攻めてきた。技術が変わった。事故が起きた。などである。
　　2）自分の価値への脅威 (threat to identity)
　　　　急な市場変化で「うちの会社はどうしていけばよいのか？」などと、自分の価値（アイデンティティ）が揺らいでいる状況である。
　　3）意図した変化 (intended change)
　　　　イノベーションや経営革新を会社で起こし、経験したことのない状況になっている。

　感知する能力が、変化する経済社会の中で価値を生む源泉であることから、感知する能力を高めることにシリコンバレーでは関心が高まっていて、マインドフルネスを導入する企業が増えている。
　マインドフルネスは、10分程度の瞑想により、①新しいアイデアに心が開かれる、②アイデアの斬新さや有用性に気づきやすくなる、③困難に対して勇気やレジリエンス（粘り強さ）を持てる効果がある[26]とされる。

②意味付け (interpretation)
　センスメイキング理論は、ものの見方、認識は人によって違うという考え方をする。新しい変化、予期しなかった変化があり、混乱して将来が見通せないとき、人々の認識の違い、多様性は激しくなる。経験したことがない状況のときには確かな情報も得られない。"万物の共通の真理"を見つけることは不可能であると考える。
　センスメイキング理論は、**組織の存在意義は、解釈の多様性を減らし、解釈を揃えることにある**と考える。組織、リーダーに求められることは、多様なものの見方、認識の中から、特定のものを選別し、それを意味付け、メンバーに腹落ち（センスメイキング）させ、組織全体の解釈（ものの見方、認識）の方向性を揃えることである。
　センスメイキング理論は、**正確性よりも納得性の方が組織の指針になる**。急激な変化が起こり、客観的な情報を正確に分析することができないときは、「今、何が起きているのか」について、みんなの解釈を揃えることに努力するべきであると考える。**みんなが同じ方向性で納得すれば、危機を乗り越えることができる**と

考える。

　企業経営で、ストーリー、ものがたり（経営学では、ナラティブ，narrative）**が大事**だと言われている。経営者が、ストーリー、ものがたりを語って、"みんなの解釈を揃える"ことが重要という意味である。

③**行動**（enactment）

　センスメイキング理論は、新しい変化、予期しなかった変化、混乱、**将来が見通せないとき、"なんとなくの方向性"でまず行動**し、環境に働きかけることで**新しい情報を感知することができ、さらに解釈を揃えることができる**と考える。必死に行動した結果、危機を乗り越えたあとに「あー、ああやって危機を乗り越えたのだな」と納得（retrospective sensemaking, **過去を振り返って腹落ち**）することも多い[27]。

　行政は、"万物の共通の真理"が何にでもあると考え、それを知ってから動こうとして動きが遅かったり、時間だけ使って何も行動しないことが多い。このような行動は、民間企業や住民からは批判的に見られる。多くの民間企業は「まずはやってみよう」と行動して、センスメイキングの過程を早く回して、早く情報を得て、納得して、早く行動を修正していく。日々、人件費などの経費を支払っているのに、行動しないで収入が得られないと、会社は倒産してしまうからである。

　センスメイキング理論の要点は、以下のとおりである。
①センスメイキング（腹落ち）は、自分や組織の価値（アイデンティティ）に基づいている。
②人は、ものごとを経験している最中にはセンスメイキング（腹落ち）できず、事後に振り返ってセンスメイキング（腹落ち）できることがある。
③**行動する**ことで環境に働きかけることができ、**情報を得る**ことができる。
④センスメイキング（腹落ち）は、自分と他者との関係性で起きる。
⑤**センスメイキング（腹落ち）は、1）環境の感知、2）解釈・意味付け、3）行動・行為を循環する過程**である。
⑥ものの見方、認識は人によって違う。ある人の"ものの見方、認識"は、全体の一部である。
⑦人は、正確性ではなく、**説得性**で、自分自身や他者をセンスメイキング（腹落ち）させることができる。

　未来をつくる経営者は、**信念をもってストーリー、ものがたりを語り**、多くの関係者を**センスメイキング（腹落ち）**させ、巻き込んで、**方向性を揃え**、できないと思われたことを実現してきた。これからもそうであろう[28]。

【推薦図書3】入山章栄（2019）『世界標準の経営理論』ダイヤモンド社

コラム［寄稿］14

重巣 敦子
（リファインアカデミー株式会社　代表取締役，福島県コワーキングスペース協同組合　理事，
ふくしま女性起業家活躍推進協議会　会長）

女性の起業を伴走支援する IM として意識したいこと

　はじめに、私が IM になり女性の起業支援に興味を持った経緯をお伝えしたい。

　私は2011年1月に起業した。3カ月も経たないうちに東日本大震災に遭い、ご縁があり IM 養成研修を受講することになった。当時の女性 IM は全国で24名（うち女性 seniorIM は3名）、たった9.7％である。当然のことだが、IM 養成研修のカリキュラムに女性の起業に触れる内容は何もなかったし、私自身そのことに違和感を覚えた記憶はない。

　しかし、翌2012年に福島県が設置した小さなコワーキングスペースに在席することになると、（施設館長も女性であったことから）男性よりも女性相談者の方が圧倒的に多いことに驚き、彼女たちの起業実態を何とかしたいと思うようになった。

　当時の SNS は Twitter と Facebook が主流で、利用率は45.1％、2024年末の83.2％（「ICT 総研」調べ）と比較してもかなり低い状態である。ゆえに女性相談者は、みな「誰かの紹介」でやってきた。初来館した女性相談者が口を揃えて言っていたのは、「事業を相談できる場所がなかった（知らなかった）」「〇〇に行ってみたが、相手にされなかった（話が通じなかった）」である。セミナーや補助金といった支援情報もほとんど届いていなかった。

　なぜ女性には支援情報が届きにくいのか、なぜ相手にされないのか……

　以降、私はこのアンバランスな男女差の原因と対策を考えるようになる。女性であり、起業家であり、IM である私は、それぞれの視点で偏ることなく考えることに留意した。

　まだ道半ばではあるが、この13年間の女性起業支援についてまとめた一部を以下に記したい。

1．多岐にわたる起業動機

　一般的な起業動機とは別に、女性特有の起業動機が2種類ある。

　1つ目はビジネスアイデアのない（事業内容が未定）の起業動機だ。一般的に起業といえば、ビジネスアイデア（商材・サービス）を事業化することを指す。これが大前提である。しかし、女性の中にはビジネスアイデアを持たないまま、働き方の一つとして起業を選択するケースが見受けられる。

2016年の調査で、既婚女性962名に「あなた自身が望む働き方について」尋ねたところ、「個人事業主・フリーランス」が52.0％で１位になったというデータがある。実に２人に１人という高割合である。（ソフトブレーン・フィールド調べ 2016年８月29日〜９月４日、30代〜40代の既婚女性を対象にインターネットで行われ、962名（平均年齢46歳）の有効回答）

　ここで注意しなければならないことは、52.0％の既婚女性が必ずしも個人事業主・フリーランスとして始めたい事業を定めているわけではないということだ。この結果の背景には「家事も育児も自分も大切にしたい。だから（職場や家族に迷惑をかけずに）自分で仕事量を調整できる働き方をしたい」という想いがある。女性は様々なライフイベントを機に働き方を変えざるを得ない状況に陥りやすい（結婚、出産、育児、夫の転勤、離婚、介護、定年等）。その状況を頭では分かっていても、勤務条件で職業を選ぶしかない人生にジレンマを抱えている人も多い。

　こうした起業動機の相談者の場合、まずはキャリアを洗い出し、事業化できうる商材を考える必要が出てくる。この作業はキャリアコンサルティングである。私はこのニーズに応えるため、2016年に国家資格キャリアコンサルタントの資格を取得した。以降、女性相談者対応で大いに役立っている。

　２つ目は、自らが社会課題の当事者となり、その辛い経験から課題解決のために起業したいという動機である。非常に強い課題意識を持ち、起業意欲も高いのだが、事業として収支等を考えるには至っていないことが多い。

　その場合は、課題解決のための活動をボランティアやサークル活動にするのか、自走化できるだけの収益を得る事業とするのかは最初に確認しておいた方がよい。なぜならば、ＩＭがボランティア活動の立ち上げを支援するか否かはそれぞれの判断によるものであり、ＮＰＯサポートセンターのような専門窓口を紹介した方がよいパターンもあるからだ。

２．起業目標値

　多岐にわたる起業動機と同様に、起業して得たい所得額も男性に比べて幅が広い。生業と成り得る金額を設定する方もいれば、家計の補助程度（扶養範囲内）でよしとする方、先に述べた社会課題解決型となれば赤字にならない程度でよいという方もいる。女性の起業が長らく「趣味の延長」といわれる所以は、この少額目標値が原因であると考える。

　ここで留意しておくべき点は２つある。

　１つ目は、家計の補助程度を目標値にしている女性の環境である。その多くが子育て中で、時間的制限を受けながらの起業であるということだ。子育ては永遠に続くものではない。その時間的制限から解放されたとき、事業に専念できるよ

うになれば（継続年数も相まって）当然売上高は伸びると予想できる。私は彼女たちに、そのタイミングが訪れるまでのアイドリングと考えてみてはどうかと提案している。

2つ目は、儲けることに罪悪感を抱いている、もしくは事業で扱う金額に慣れていない場合である。社会人になってから給与と貯金以上の金額を扱うことのない職種であった方に多く見受けられる。この場合、個人の価値観によるものなのでIMが言葉で罪悪感を払しょくすることは難しい。しかし、身近なロールモデルでの代理学習や、事業を続ける中で金銭感覚が養われてくると、目標値は貪欲なほどに上がってくるので心配ない。

このように最初は家計の補助や赤字にならない程度に設定したとしても、環境が整い、金銭感覚が養われることにより一般的な起業と同レベルの目標設定も可能になる。この成長の可能性を、先入観で見誤らないように留意して欲しい。

3．コンフィデンスゾーンの存在

コンフィデンスゾーンとは、創業間もなく、先の2で述べた起業目標値の低い女性のみで構成される制限された市場（ハンドメイド、自己啓発系セミナー、ヒーリング等）のことである。特徴として、①コンフィデンスゾーン内でお金が回る、②メンバーが互いに商材を購入し合う、③未熟な商材でもゾーン内であればある程度売れる、④マルシェなどを企画運営するために時間と労力を割いているが、そこに対価はない、⑤支援制度や機関を知らない（利用しない）などが挙げられる。

このコンフィデンスゾーンは、ビジネス経験の少ない方にとって、商材のブラシュアップや技術向上、また金銭感覚を養うなど、ビジネス社会に出る前に疑似体験ができる貴重な機会だ。しかし、訓練はできても事業成長や展開に移行することが難しい。故に「趣味の延長」から脱する起業家がなかなか輩出されない。

コンフィデンス（confidence）の意味は「自信」「信頼」「確信」である。ここに属する方々は、自分自身の能力や人、計画、未来に対する信頼感や事業への確信を体験する必要があるため、このようにネーミングした。

巷にはコンフィデンスゾーンが溢れている。私はここに属する方々の事業をしっかりと収益化するために必要な支援は何かを考えるようにした。

4．ビジネスパーソンへの育成

私はコンフィデンスゾーンに不足している支援情報を提供すれば、事業成長につながるのではないかと仮説を立て、相談窓口や各種セミナー、補助金の情報を提供してみた。しかし、思うように利用されない。支援施策を活用するよりも、私に個別相談を求める声が圧倒的に多かったのである。その個別相談も、相談というよりは「自分はどんな事業をすればよいか」「次に何をすればよいか」と指

示を仰ぐものであった。
　なぜ自分で考えずに、他者（IM）に答えを求めるのか。
　その心理は、ビジネスにおける成功体験の僅少による自己肯定感の低さによるものと考えた。新社会人がそうであるように、未知のフィールドに入れば少なからず行動は慎重になる。そのフィールドでの様々な経験を積み重ねていくことでビジネスパーソンへと育っていくのだ。これは発達理論（ジャン・ピアジェ）や社会認知的キャリア理論（SCCT）に記されている人の成長サイクルと同じである。人は経験を通じて成長していく。このことを無視して起業しようとすると、比較的安易に取得できる認定資格に依存し、重要な決断さえも他者（IM）に依存するようになってしまう。こうなってしまうと、どんなに支援情報を提供しても思考停止している状態なので自ら判断し行動に移すことは激減する。さらに、支援者の中には相談者（起業家）に依存されることで自己肯定感を得ようとする共依存性質の方もいるのでやっかいである。
　相談者がどの成長段階にあるのかを見定め、次のステップに行くために必要な経験を促すことがIMの役割でもあると考えている。以下は発達理論を起業家育成に当てはめた持論である。

　第一段階：感覚運動期　乳幼児（起業という働き方を認識する）
　第二段階：前操作期　幼稚園（自己中心的な事業計画　模倣期　コンフィデンスゾーン）
　第三段階：具体的操作期　小学校（ニーズ、市場を認識　原価等数字の重要性に気付く）
　第四段階：形式的操作期　中学・高校（事業成長に必要な要素を可逆的に考えられる）

　思考停止している方は、該当段階の経験不足にもかかわらず、起業家ならばもっと上位段階にいなければならないという思い込みや焦りから資格や支援者に依存している可能性が高い。
　また、冒頭で紹介した女性相談者の声「〇〇に行ってみたが、相手にされなかった（話が通じなかった）」は、第一段階の彼女たちに第三段階で対応したことが原因であろう。第一段階の彼女たちに必要な成長支援は、まさに第二段階のコンフィデンスゾーンによる模倣体験だったのである。巷で増え続けるコンフィデンスゾーンの発生原因は自然な流れであり、第二段階の支援が手つかずであることを示している。
　コンフィデンスゾーンで十分な経験（成功体験や学習）をした者が次の段階に移行できるわけだが、次段階のロールモデルを示すと行動に移りやすいことが分かった。第二段階の方に日本を代表するような起業家の体験談を伝えても、感動は

すれども次の行動につながりにくいのである。例えるなら、幼稚園年長組の子供たちに伝えることはキャンパスライフではなく、小学校の情報であり、そこでどのような成長を遂げられるのかをイメージさせることだ。だとするならば、女性の起業支援に足りないものは、第二段階：前操作期の女性起業家を見守り次の段階へ送り出す保育士のような役割の存在と、第三段階：具体的操作期にいる先輩女性起業家を第二段階に見える化することだと考えた。

5．支援ニーズと女性起業支援者の養成

　先輩女性起業家を第二段階に見える化することは、もともと女性のニーズとして存在していた。経済産業省2015年度 産業経済研究委託事業（女性起業家等実態調査報告書）で支援機関に対して行ったアンケート（n=154）「女性の参加者・利用者から実施して欲しいと要望を受けた支援策」の結果は、「同じような立場の人（経営者等）との交流の場」が約半数の45.5％を占めていた。既に起業家交流会や商工団体などで経営者とつながる機会は設けられている。しかし、その会場の男女比を見てみると、その大半が男性であることが多い。ビジネスパーソンとして成長すれば男女比など気にならなくなるが、第二、第三段階にある女性は、同質性の安心安全な場所でロールモデルから情報を得たいと望んでいたのだ。彼女たちが求めていることは、慣れないビジネス用語が飛び交い、ヒエラルキーを感じさせるような場ではなく、「私にもできそうだ」という代理学習の機会である。

　つまり、IMとしてやるべきことは、各段階の女性起業家とつながり、必要に応じて代理学習の場を作ることと言えよう。

　しかしながら、IMの現状は既にたくさんの事業者を継続支援していて、それらは事業規模も大きく、地域経済への寄与も相当に期待できる。手間と時間のかかる女性の起業支援は、例えるなら、大学教授が教壇に立ちながら保育士も担うようなものだ。これはとても非効率であり、適材適所とは到底思えない。このことから私は別要員を準備することを考えた。それは先輩女性起業家による見守り体制の整備である。

　まず、第一段階の起業を志す女性を第三段階まで介添え（attend）してくれる女性起業家のことを「起業アテンダント」と称することとした。

　ちょうどその頃（2019年）、経済産業省女性起業家等支援ネットワーク構築事業は４年目を迎えており、私は初年度（2016年）から東北ブロックの事務局を担当していた。その事業の一環として起業アテンダント養成研修を実施し、東北各地に18名の起業アテンダントが誕生した。2020年度からは福島県が潜在的女性起業家発掘育成事業を開始。県単位では全国初の起業アテンダント養成研修を実施

し、2024年までに79名を認定した。2022年３月10日には福島県内の起業アテンダントで構成された「ふくしま女性起業家活躍推進協議会」を設立し、自治体や支援機関と連携しながら「同じような立場の人（経営者等）との交流の場」を設けている。

　因果関係は定かではないが、日本政策金融公庫が創業前段階の融資先で女性起業家の人数を調べたところ、2022年度上半期（４～９月）における福島県の女性起業家人数は34人で、県別男女比率全国１位（44.2％）になっていた。全国平均27.8％と比較しても相当に高い数字である。

　私はこの結果に至った一つの要因として、経済産業省 2015年度 産業経済研究委託事業（女性起業家等実態調査報告書）のアンケートで明らかになった女性たちの支援ニーズ（同じような立場の人（経営者等）との交流の場）に対して、真摯に応えてきたからではないかと考えている。

まとめ

　「女性の起業支援は時間と手間がかかり過ぎる。そこまでする必要があるのか」。そう感じた方も多いだろう。しかし私は、子どもたちが日本の未来を支える宝であるように、女性ならではの新しい視点をビジネス社会に注入することは経済の競争力を高めることにつながると信じている。事実、男性のみが発明者の特許に比べて、男女の発明者が関わっている特許の経済的価値は約54％も高いとされている（日本政策投資銀行　調査研究レポート No.257より引用）。

　性差で優劣をつけるのではなく、多様な価値観を認め合い敬い合いながら共生できるビジネス社会になるよう、私はこれからも努めていこうと思う。

［注］
1）鹿住（2007）（p.52）
2）https://www.ksp.or.jp/sciencepark/company-story/　（2024/3/2取得）
3）鹿住（2007）（pp.52-53）
4）Cowan（2000）（p.114）
5）佐藤（2021a）（p.26）
6）佐藤（2024）
7）佐藤（2007b）（p.23）
8）読売新聞 https://www.yomiuri.co.jp/national/20221112-OYT1T50227/　（2024/2/26取得）
9）行政刷新会議ワーキングチーム「事業仕分け」第3WG　日時：2009（平成21）年11月13日（金）16時53分～17時45分　事業番号：3-23
10）佐藤（2005），関，関（2005）（p.214）
11）佐藤（2007b）（p.6）

12）佐藤（2007b）(p.6)
13）藤本，宮本（2023）(pp.47-48)
14）https://www.utokyo-ipc.co.jp/column/accelerator/ （2024/3/20取得）
15）https://iwparchives.jp/files/pdf/iwp2016/iwp2016-ch01-05-p118.pdf （2024/3/20取得）
16）藤本，宮本（2023）(p.30)
17）2024年6月、宮本 光晴 専修大学名誉教授の指摘
18）デジタル大辞泉（小学館）
19）小学館デジタル大辞泉
20）心理学辞典
21）野中（2007）(p.61)
22）小学館デジタル大辞泉
23）小学館　日本大百科全書（ニッポニカ）
24）野中（2007）(p.61)
25）小山内行政書士事務所 https://www.gyoumuitakukeiyakusho.com/work-contents-of-consulting-contract-agreement/ （2022/10/26取得）
26）ダイヤモンド社 https://dhbr.diamond.jp/articles/-/5033?page=2 （2024/6/8取得）
27）入山（2019）(pp.416-427)
28）入山（2019）(p.431)

第5章

佐藤利雄の仕事の流儀

IM・CDの手法

KSシート（空白部分の対応）

	ヒト		モノ		カネ		情報	
	中	外	中	外	中	外	中	外
企画	2名					80万		C社
開発	3名		#装置		100万	50万		大学
製造	6名	5名	＊装置	A社	90万	50万		
品質	1名		＠装置		70万			
営業	2名	5名		B社		30万		展示会

出所：佐藤利雄

企業経営資源（KS）シート

佐藤利雄のIM・CDの手法を、「デジアナ的商品」「企業経営資源(KS)シート」「産学官の翻訳機能」「事業化まで5年」「セミナー等開催企画力」「現場主義と佐藤飲み」「逆企業誘致」「組織と個人」「組織・地域活性化における15歳理論」「IM・CDは経験からしか動けない」「IM・CDの経営資源」の順に紹介する。

　それぞれは相互に関連していて、総体として、佐藤利雄のIM・CDの手法になっている。また、すべてが「佐藤利雄のマインドセット（心構え）」が基礎にある。学ぶ場合は、**総体として学び**、自分が心から納得して**腹落ち**させ、自分の仕事の流儀を作っていくことが必要である。（理論編の「センスメイキング理論」「SECIモデル」に関連する。）

〇この章の研究課題
　　・IM・CDの手法とは？

〇キーワード
　　・「デジアナ的商品」「企業経営資源(KS)シート」「産学官の翻訳機能」「事業化まで5年」「セミナー等開催企画力」「現場主義と佐藤飲み」「逆企業誘致」「組織と個人」「組織・地域活性化における15歳理論」「IM・CDは経験からしか動けない」「IM・CDの経営資源」

〇理論
　　・バリューチェーン理論
　　・STPマーケティング理論
　　・エフェクチュエーション理論
　　・オープンイノベーション理論
　　・信頼の理論
　　・キャリア形成理論

1. デジアナ的商品

　佐藤は、1999年に成果を発表した"黒川食品と岩手大学の共同研究"から「**デジアナ的商品**」というコンセプト（基本的な観点・考え方）を考えた[1]。研究技術職出身ならではの発想である。（理論編の「バウンダリースパナー」に関連する。）
　どういう考えかというと、商品には、アナログ的商品とデジタル的商品があると考える。
　アナログ的商品は、評価が曖昧なもの、例えば、美味しい、美しいなど感覚的な評価をされる食品、洋服などである。しかし、"美味しい"という評価は人それぞれである。一部の人が「美味しくない」とSNSで書き込むと売上げが下がることもある。あいまいさによる難しさがある[2]。
　デジタル的商品は、評価が速さ、重さ、長さなど数値で表せるもの、例えば、コンピュータ、テレビ、自動車である。

　商品の競争力を高めるには、アナログとデジタルの２つの要素を盛り込んだ「デジアナ的商品」を開発すればよいと、佐藤は考えた。
　アナログ的商品を支援するときは、商品の評価を数値的に示せないか検討する。例えば、食品の成分、洋服の色彩を計測してデータ化し、他社との違いを明確にして差別化し、消費者にアピールする。
　デジタル的商品を支援するときは、使いやすさ、デザインなど感覚に訴えるような商品の差別化をして、同じような機能を持った商品の中から消費者に選ばれるようにする。
　「デジアナ的商品」化の効果は、特に、農産加工品などで大きかった。
　花巻市には「産業支援アドバイザー」を登録して、必要な企業に派遣する制度があって、それを活用した。「デジアナ的商品」を開発するために、デザイナーを派遣する案件が多かった[3]。

　アナログ、デジタル的要素を商品に盛り込んで「デジアナ的商品」を作ろうとすると、**産学官連携の必要性**が生まれてくる。数値化、デザインをしようとしても、中小企業は自社に人材がいない、必要な計測機器を持っていないこと（**経営資源が少ない**）が多いので、大学、工業技術センターなどの協力が必要となる。**このときに、ＩＮＳに助けられた**。（理論編の「弱い紐帯」「信頼の理論」に関連する。）

2. 企業経営資源（KS）シート ── 見える化の手法と営業支援

　経営学では、**企業の経営資源は、ヒト、モノ、カネ、情報**だという。スタートアップ企業、中小企業は、ヒト、モノ、カネに限りがある。しかし、佐藤は、情報はできるだけ集めて、支援対象とする企業の売上げにつながる技術、商品をつくることをめざしている。

　ヒトは、従業員の確保と、大学や工業技術センターなどの研究組織の人との交流が大事である。

　モノは、土地、建物、生産設備、研究設備などである。

　カネは、設備投資に必要な資金や、収入が得られるまで必要な支出ができるようにする運転資金を確保する必要がある。運転資金がなくなると、志半ば（夢や目標を達成していない状態）で倒産してしまう。銀行から融資を受けたり、行政の補助金を受けたりする。

　情報は、利益が出る商品開発のターゲット（ねらい）を決めるための市場情報（理論編の「STPマーケティング」に関連する。）、ライバル商品との差別化のための技術情報などが必要になる。

　佐藤は、1996年から、花巻市起業化支援センターのIMとして、企業の企画、開発、製造、品質管理、販売の全過程を支援した。起業や新規事業には、企画、開発、製造、品質管理、販売の、それぞれの過程で経営資源が十分足りているかが、成功のために決定的に重要になる。しかし、商品開発の工程管理の従来の手法であ

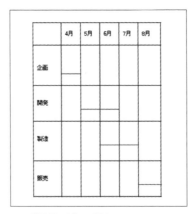

［図5-1］工程表（従来の手法）

る**「工程表」**では、それぞれの過程で経営資源が十分足りているかがわからなかった。"見える化"されないからである。したがって、IM・CDの起業支援、企業支援のツール（道具）としては使えなかった。

また、工程表で予定している企画、開発、製造の過程は、それぞれ予定よりも遅れが生じるのが普通であるが、工程表では、遅れの原因解明や対策のツールとしては使えなかった。

佐藤は、産業能率大学の卒業論文を作成している時に、この課題への対処方法を考えた。加藤茂夫専修大学経営学部教授の指導により、企業経営資源（KS）シートを考案した。

KSシート（空白部分の対応）

	ヒト		モノ		カネ		情報	
	中	外	中	外	中	外	中	外
企画	2名				80万		C社	
開発	3名		#装置		100万	50万	大学	
製造	6名	5名	*装置	A社	90万	50万		
品質	1名		@装置		70万			
営業	2名	5名		B社	30万		展示会	

出所：佐藤利雄

［図5-2］企業経営資源（KS）シート

企業経営資源（KS）シートは、企画、開発、製造、品質管理、販売の各過程（理論編の「バリューチェーン理論」に関連する。）で、**経営資源（ヒト・モノ・カネ・情報）が、社内・社外にどのように存在しているか、足りているのか／不足しているのかを"見える化"して確認する手法**である。KSシートの、**縦軸はバリューチェーン、横軸は経営資源**になっている。起業家が、バリューチェーンのどこかを見落として事業計画を作っていないか見える化するためである。佐藤のオリジナルの発案であるが、経営学の2つの基本要素を縦横で確認する表に仕上がっている。KSシートそのものを使うかどうかは各支援者の考え次第だが、**何らかの方法でバリューチェーンと経営資源を確認しないで起業・企業支援することはありえない。**

KSシートの使い方は、起業家や経営者の話を聴きながら、各過程のヒト、モノ、カネ、情報で、社内、社外で使えるものを記入していく。そうすると、どこか

の過程で経営資源が不足していれば、**シートが空白になったりして**（"見える化"されて）、**必要な水準の経営資源が割り当てられていないにことに気づく**。その課題に対して**起業家、経営者が準備していない**ことが"見える"。もし、準備不足に気づかずに開発を進めてしまうと、どこかのタイミングで**起業や開発を進められなくなり、それまでにおカネを使っているので、悪くすると倒産**してしまう。

　一般に、独自の技術で起業しようとする**技術系起業家**は、開発、製造の方針は明確になっている場合が多いが、**販売・マーケティングの準備が不足していることが多い**。また、技術志向が強い経営者は、商品改良、良い商品をつくることばかりに気がとられてしまい、**販売のタイミングや機会を逃してしまうことが多い**と言う。
　技術系起業家を支援する場合、IM・CD は、商品の完成度を見て、市場に売るタイミングを逃さないことも重要になる。製品まで開発できていなくても、技術を特許申請して、技術を専門商社に売り歩くこともできる。起業家の販売・マーケティング努力と、IM・CD の営業支援が、倒産しないために重要である。（理論編の「エフェクチュエーション」に関連する。）
　技術者が起業した場合、展示会で顧客への説明ができる機会を得たときに、その持ち時間のほとんどを、開発の苦労話に使ってしまうことが多い。「1本いくらなのか」といった値段の話をしない技術系社長が多い。"開発の苦労話"は買い手が関心を持つ話題・内容ではない。佐藤が「値段を言いましょう」と助言して、「1本3000円です」と技術系社長が言うと、相手が「じゃ、買います」と言い、佐藤が「社長、見積書を出してください」と言うと、技術系社長「えっ。見積書を用意していない」、佐藤「すぐ書いてください」といった展開になることが多かった。見積書を出すと、注文書が来て、製造して納品して、支払いを受けて領収書を出す。これを繰り返してだんだん慣れていく。IM・CD の**技術営業支援の実際**である。**企業経営資源（KS）シートは、このようなケースで、販売の準備ができていないことを"見える化"してくれる**。

　企業経営資源（KS）シートで、経営資源の不足を見つけたときの IM・CD の重要な役割は、**不足する経営資源をいかに外部から紹介できるか**である。IM・CD が組織内、地域内だけで狭く活動していては、情報は少ししか入手できない。事務所の席にじっと座っていたら、入る情報はゼロである。後で解説する「**情報収集と人的ネットワークの広げ方**」を学んで実践し、広く活動して人脈を作ることが、情報を得るために必要である[4]。（理論編の「**弱い紐帯**」「**構造的空隙理論**」に関連する。）
　行政から派遣されたインキュベーションの施設長や幹部が、部下の IM・CD に「出張したり、外を出歩かないよう」小言を言う（ぶつぶつ文句をいうこと）といった

話が全国で聞かれる。起業・企業支援の目的と方法について無知・無理解で、税金や企業の協賛金を無駄にしている。

コラム［寄稿］15

鈴木　徹
（南三陸商工会）

支援者として壁にぶつかっていた時期に
KSシートをご指導いただいた

　中小・小規模事業者の支援者として、壁にぶつかっていた時期にKSシートを佐藤利雄様よりご指導いただいた。そのころの経済環境は、円高によるデフレ基調で、国内の産業空洞化が叫ばれていた時期であった。国内産業空洞化等外部要因を如何にして課題解決対応を図るかを模索しているなか、2011年3月11日に東日本大震災が発生した。

　支援者として震災発生後に、中小・小規模事業者の方々に震災前への完全復旧は今後の市場を考慮すると危険であると説いている。なぜなら、市場環境が変化しており、ユーザーも変わり、内部のヒトも離れていく姿をみていたからである。このことについて、中小・小規模事業者へ気づきを促し、震災前のように元に戻らないことが起きていることを意識させるために、KSシートの考えを中小・小規模事業者へ伝え、自社の復旧・復興計画策定に活用させていただいた。

　この計画策定の重要性を示しているのは、私が重点的に関与をさせていただいた宮城県南三陸町において、現在まで事業破綻が少ないことが事実であり証明されている。

　特に、南三陸さんさん商店街へ入居している事業者の多くは知恵をしぼり工夫して事業を持続できており、支援者としては安心している。

　2016年の熊本地震の際に現地へ支援に赴き、東日本大震災での復旧復興計画策定に当たった経験をもとにKSシートの考えを説かせていただいた。

　2020年には新型コロナウイルス感染症が世界中に蔓延し、事業環境が劇的に変わった。この時も、KSシートの考えを事業再構築補助金等の支援等でも活用して気づきを与え、迷走しない事業計画策定を行った。

　これから先も大きな事業環境の変化が予想される。そのときに保有する経営資源の把握は重要であると思う。

　自分自身のターニングポイントは、東日本大震災の頃であると推察するが、復旧復興計画を1000社以上の計画をお手伝いさせていただくことができたのは、佐藤利雄様から教授を受けたKSシートの考えがあったからではないかと思う。

理論11　バリューチェーン理論

　バリューチェーン（value chain, 価値連鎖）という言葉の単純な意味は、図5-3のチェーン（くさり）のイメージのように、企業が価値を連鎖的なプロセスで生むことである。バリューチェーンの各プロセスの一連の努力が、イノベーションを含む価値の創造、全体の結果としての企業の利益をもたらしていることを示している。
　佐藤のKSシートの縦軸は、バリューチェーンの項目を順に表記している。

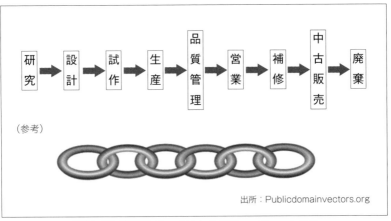

［図5-3］製造業（ものづくり）のバリューチェーンの例

　バリューチェーンは、企業が価値を生み出す重要な各プロセスを順に追っていく概念なので、その重要な各過程には、大企業であれば、それぞれに該当する機能を担う人たちの集団である購買、生産技術、営業などの職種・組織が存在する。その機能を社外に委託する場合には、その機能に特化して業務を受託する企業が存在する。**ベンチャー企業や中小企業では、経営者が一人で何役も担っている。**考えや手が回らないことがあるので、**IM・CDの伴走支援が大事**になる。
　企業は、顧客から対価を受け取り、利益を得ることで持続可能となる。製造業は、バリューチェーンのどこで顧客から利益を得ているであろうか？
　まず、**生産して品質をチェックした製品（新品）を販売**して、コストより高く売れれば利益が出る。コストには、仕入れ費用だけでなく、従業員の給料、工場設備の借金返済、研究費用も含まれる。
　売れた製品が壊れて補修を求められたり、消耗品の補充を求められたりすれば、

補修部品や修繕サービス、消耗品が売れる。プリンターのインクのように、消耗品の利益がメインの利益となっている商品もある。

中古品が売れれば、新品の販売拡大に結びついたり、新品の価格を高くできる。

このように、企業は、バリューチェーンのいくつかのプロセスで顧客から利益を得て、持続可能な経営を目指している。

バリューチェーンの中で、**営業は、おカネを企業にもたらす重要な役割**である。営業というと、知らない家の呼び鈴を鳴らして歩いたり、詐欺のような電話を手当たり次第にかけるといったマイナスイメージを持っている人がいる。しかし、実際の営業は、商品の価値を顧客に理解してもらい、顧客にとって購入費用よりも高い価値があれば購入してもらえる。営業は、顧客と常に接しているため、クレームや感謝の言葉などにより、自社製品の顧客の評価が最初に企業に入ってくる。そのため、営業から設計、生産技術に自社製品の不具合を報告して改善を求めたり、社内の会議で問題提起したりする。新製品の設計にも営業が集めた顧客の評価が活かされる。「営業」が顧客の声を集めて、「設計」に伝えて商品を良くしていく。**営業は、買った方も売った方もよくなっていくという関係性を、コミュニケーションをとって築いていく仕事**だ。

佐藤は、特に技術系起業家には、ものづくりに熱中して営業まで気が回らない経営者が多いという経験をしてきた。それによって、1996年、花巻市起業化支援センターに採用されてから1998年までに、入居企業が7社倒産してしまったという"つらい経験"もしている。このような場合、**技術営業支援は、IM・CDの重要な仕事**になる。

・・・

理論12 STPマーケティング理論

マーケティングは、生産者から消費者に向けて、商品（財、サービス）の流れを推進するビジネスの諸活動をいう。**マーケティングは、顧客から始まる**。生産過程から始まるのではない。マーケティングは、**標的（ターゲティング, Targeting）** 市場を選定し、その標的市場に対して、最も適切なマーケティング・ミックスを実行することである[5]。

マーケティング論で最も大切なのは、**STP分析、STPマーケティング**である[6]。STPマーケティングは、米国の経営学者のコトラー（Philip Kotler[7]）が提唱した[8]。

どの市場をターゲットとするか。市場の細分化（セグメンテーション）は、年齢や居住地、顧客の好みなどで分類していけば、いくらでも細分化は可能である。しかし、細分化するほど市場は小さくなるので売上げは減り、個別の対応が増える

[表5-1] STPマーケティング

S	セグメンテーション Segmentation	市場を細分化する。
T	ターゲティング Targeting	細分化した市場の中から、自社がフォーカス（集中）するべき市場を決定する。
P	ポジショニング Positioning	集中するべき市場（ターゲットセグメント）において、顧客の記憶の中に自社製品・ブランドを位置づける。このため、自社のブランドを顧客のニーズに合わせると同時に、競争企業・ブランドと差別化する。

のでコストは上がる。逆に、細分化しないと、いろいろな性格の顧客がターゲットの中に混じってしまい、誰からも望まれない"ぼやけた"商品になってしまって売れない。したがって、**市場の細分化には、大きすぎず、小さすぎず、ちょうどよいサイズがある**[9]。STPマーケティングするためには、どういう視点で顧客を分類していくのか、どれくらいの市場規模のどのような顧客をターゲットとするのかを決めることが、実際の仕事では成功と失敗を分ける。

3. 産学官の翻訳機能

　IM・CDが産学官連携によって支援するときに必要な能力が、**企業人と大学の研究者や行政職の会話をつなぐ「産学官の翻訳機能」**である。（理論編の「バウンダリースパナー」に関連する。）

　産学官連携に参加する関係者は、当然、それぞれの立場で会話する。**企業人**は「本当に売れるのか、利益はあるのか」に関心がある。**研究者**は研究内容や、論文として発表して自分の業績になるのかに関心がある。**行政職**は、うまく連携してもらって役所の補助事業に申請してもらい、予算ノルマを達成したいと思っている。このように、産学官の関係者の関心は**3者3様（それぞれにバラバラ）**である[10]。大学の研究者は、数式、英語、理論などの専門用語を、相手が理解できなくても当たり前のように使って話す。理系・技術系の研究者は、自分の技術にプライドを持っていて、まじめな表情で語り続けるので、企業人からすると、内容がよくわからないし、「怖い人だなあ」という印象になる。それらを仲立ちして取り持って関係性をつなぐのが、IM・CDの「産学官の翻訳機能」である。（理論編の「バウンダリースパナー」に関連する。）

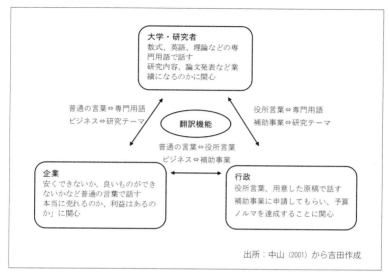

[図5-4] 産学官の翻訳機能

　専門用語を一般の人にも理解できるように表現する知識を得るための推薦図書は、

【推薦図書4】吉田雅彦（2024）『新しい業界研究』鉱脈社

である。

　佐藤は、花巻市起業化支援センターでIMを始めたばかりのころは、企業と行政の話はわかるが、研究者が話す内容を理解することは難しかったという。ただし、富士電機総合研究所に入社し、研究開発に携わり、特許を6件取得したので、研究開発の進め方は経験していた。案件の研究内容が理解できれば、技術開発をどのように進めればいいか、だんだんと先が読めるようになっていった。**3者の立場を理解し、うまく連携できそうだと判断したら、早めに交流会を開催する**。交流会を開催できれば、連携が壊れる心配は少なくなる。交流会後にうまくいかなくなるケースもあるが、それは仕方がない。（理論編の「オープンイノベーション理論」「バウンダリースパナー」に関連する。）

　2018年ころからは、「もともと産学官連携はほとんど成功しない。うまくいくには、強いリーダーが必要だ。佐藤自身が強いリーダーになってもよいし、研究者、経営者、行政職でもよいので、誰か1人、強いリーダーがいるとよい」と考えるよ

うなった[11]。（理論編の「バウンダリースパナー」に関連する。）

　産学官の関係者を引きつける話術(わじゅつ)は難しい。どのような場所、時間、人数、年齢、性別などかにもよる。IM・CDの仕事は、産学官の関係者をいかに連携させるかが重要なので、3者が集まって話す場を、お互いの組織にとって有益な場になるように会話を進めなくてはならない。企業は利益が欲しい。大学は研究費を獲得して研究して論文を書きたい。行政は補助金予算を使うノルマを果たしたい。など、それぞれ思惑(おもわく)（内心で考えていること）が違う。例えば、企業が「商品を開発して利益を出したい」と最初に発言すると、大学や行政は「ご自由にどうぞ」といって会話が展開せず、冷(さ)めて終ってしまう。大学が「この新しい技術を使ってもらって広めたい」と話すと、企業は黙って言わないかもしれないが、内心では「本当に売れるの？」とマイナスに反応する。行政に最初に話させると「本日はお集まりいただきありがとうございます。それでは助成制度の趣旨を、部長より説明させていただきます」と用意した原稿を読み始める。聞いている企業、大学は、行政は偉いので説明は聞くものの、これからどうすればよいか分からないまま会議が終了し、それっきりになってしまうケースがある。

　IM・CDは産学官の3者が集まった場で、3者に3者が持っていない情報や、有益な情報を提供し、会話を展開させていく役割を果たせるとよい。そのためには、IM・CDは、自分が所属している組織の情報だけでなく、国、県、企業その他の情報を持ち、あらかじめ、Webなどで関連情報を下調べしておくことが必要である[12]。（理論編の「バウンダリースパナー」に関連する。）

コラム［寄稿］16

小野寺 純治
（株式会社イノベーションラボ岩手代表取締役会長）

産学官連携と佐藤利雄氏

　本書はインキュベーションマネージャーとしての佐藤利雄氏の活動を理論を交えて詳細に紹介しているので、私からは岩手で何故産学官連携が起きて活発化し、それに佐藤さんがどのような役割を果たしたのかについて述べたいと思います。

1　産学官連携とは

　最初に産学連携という言葉について確認しましょう。特定非営利活動法人産学連携学会のテキスト「産学連携学入門」では、「産学連携とは一般には、大学・

公的研究機関と民間企業が、研究開発を共同で行ったり、各種の活動や事業において協力し合うことである。『産』とは民間企業、『学』とは大学や研究機関を意味している。この場合、産は主として技術シーズを事業化する役割、学は主として技術シーズを創出する役割と見る見方もある。産学連携が意味する範囲は非常に広く、産と学の間で展開されている様々な活動、仕組み、現象が含まれうる。(中略)さらに産学連携だけでなく、産学官連携(『官』は国や地方公共団体)、産学公連携(『公』は公設試験研究機関、公設産業支援機関などの公的機関)、産学金連携(『金』は金融機関)という言葉も使われている。官、公、金の役割は、一般には産と学との間で行われる連携を促進することとされる」と説明されています。

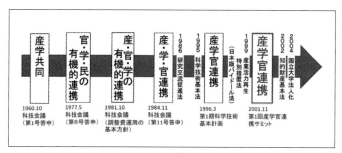

[図5-5] 産学官連携の歴史

「産学官連携」という言葉が市民権を得たのは意外と新しく、1996年の第一期科学技術基本計画に使われたのが最初のようです。それ以前に大学と産業界が連携する言葉として使われたのが「産学共同」という言葉であり、その登場は1960年の科学技術会議第1号答申でした。

産学共同は、変遷を繰り返しながら1995年に定められた科学技術基本法を根拠として翌年からスタートした科学技術基本計画の中で「産学官連携」という言葉として明確に位置づけられ、国として積極的に取り組んでいくこととなりました。2001年11月には内閣府、経団連、学術会議が主催する第1回産学官連携サミットが経団連会館で開催されました。また翌年6月には、国立京都国際会館において第1回産学官連携推進会議が開催され、全国から企業・大学・行政等のトップ及び第一線の研究者、実務者、専門家3,700人以上が参加する産学官挙げての一大イベントとなりました。

このような産学官連携活動がもたらす効果について、文部科学省は図5-6により多様な効果があることを説明しています。

この図を見る限り産学官連携はまさに魔法の杖であり、最終的にはイノベーション創出につながっていくとなっています。バブル崩壊後の日本は新たな経済成

[図5-6] 産学官連携の効果（2006年　文部科学省研究開発局研究環境・産学連携課上田課長補佐資料から）

長政策として科学技術立国を目指し、産学官連携をその重要なツールと位置づけて各種の施策を展開してきたわけです。

2　岩手の産学官連携活動
（1）国及び岩手県の産業政策

　1970年代のはじめから長洲一二神奈川県知事など主として大都市圏の首長たちによって「地方の時代」が提唱され、1978（昭和53）年に「第一回地方の時代シンポジウム」が開催されました。1980年代に入ると活動の主役は大都市圏から地方に移り、平松守彦大分県知事の「一村一品運動」や細川護熙熊本県知事の「日本一づくり運動」などに代表されるように地方が独自施策を展開する時代を迎えました。国はこれらの動きに呼応するように1979（昭和54）年に大平政権で「田園都市構想」が発表され、1983（昭和58）年には通商産業省（現経済産業省）主導で「高度技術工業集積地域開発促進法（テクノポリス法）」が制定されました。テクノポリス法は産・学・官が一体となって研究開発施設などの各種産業基盤の整備を通じて先端技術産業を中核とする地域経済の振興を目指すもので、1989（平成元）年までに26地域の計画が承認されております。岩手県もご多分にもれず、盛岡市を母都市に北上川流域の花巻市、北上市、水沢市（現奥州市水沢）、江刺市（現奥州市江刺）、金ケ崎町、江釣子村（現北上市）を対象とする「北上川流域テクノポリス開発計画」を策定し、推進主体として（財）岩手県高度技術振興協会（テクノ財団、現・（公財）いわて産業振興センター）を設立して取り組んできました。テクノポリス法の制定から5年後の1988（昭和63）年には「地域産業の高度化に寄与する特定事業の集積の促進に関する法律（頭脳立地法）」が制定され、ソフトウェア業や自然科学研究所など特定16業種の集積を促進することとなりました。岩手県でも滝沢村（現滝沢市）の小岩井駅周辺に「盛岡西リサーチパーク」を整備して誘致を目指しました。

(2) INSの誕生と活動

このような時代の流れの中にあって、岩手大学では1987（昭和62）年頃から工学部（現理工学部）の若手教員有志が、時代の流れに取り残されているとの思いから教え子の伝をたどって交流活動を開始しました。岩手県でも産業行政に関わっている中堅や若手職員がその活動に共鳴して動き始め、産学官の交流が始まったのは時代の要請でもあったのでしょう。

この交流会は、1992（平成4）年に「岩手ネットワークシステム（INS）」として正式に設立されました。INSの最大の特徴は、参加メンバーが所属や肩書きに縛られずに個人の資格で参加することにあり、参加者自らがやりたいことをやれる範囲で自発的に行っていくことにあります。

初期のINSの活動は「いつも飲んで騒ぐ会」と揶揄され、岩手県では優秀な職員がそのような活動に感化されないように働きかける幹部もいたと聞いています。しかしながらこのように揶揄されたINSの活動は、組織を離れ個人としての人的ネットワークのつながりが組織を超えたことにより成果を生み始め、岩手の産学官連携活動は黄金期を迎えます。2003（平成15）年の第2回産学官連携推進会議から実施された産学官連携功労者表彰の第1回表彰で、INSは経済産業大臣表彰を受けたのでした。INSの会員数は最盛期には1300名を超え、岩手県内に留まらず全国・海外からも参加するようになり、特定テーマに関心を持つ会員が活動する研究会も50を超えるようになりました。岩手大学内では、INSの活動に刺激を受け、農学部教員を中心に「岩手農林研究協議会（AFR）」が、教育学部では「岩手県教育研究ネットワーク（IEN）」が相次いで立ち上がりました。これらの組織は、程度の差はあるものの組織や肩書きに縛られない自由な交流を旨とした活動を展開してきました。さらにINSの活動に刺激を受けて全国に兄弟組織と言うべき組織体が誕生しました。それらの組織の多くはINSの最初の文字をご当地の文字に変えて名乗っています。

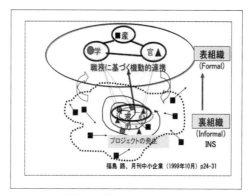

[図5-7] INSのイメージ

(3) 岩手県の産学連携支援策

　INSの活動に連動する形で岩手県は産学連携活動への支援を開始しました。1991（平成3）年には県内企業と大学の共同研究を促進させるための岩手県独自の補助事業を創設しましたが、この事業は市町村にも波及し、テクノポリス圏域の自治体が類似の支援制度を創設し、地域内の企業と大学研究者のマッチングを行うようになりました。このよう動きを踏まえて岩手県は、さらなる展開を目指して産学官連携による大型プロジェクトの獲得支援のため、2003（平成15）年から「夢県土いわて戦略的研究開発推進事業」を開始しました。

　一方、INSと岩手県の連携による研究開発プロジェクトの獲得も活発化し、その頂点に位置するのが科学技術振興機構の地域結集型共同研究事業の採択を1999（平成11）年に受けて5年間のプロジェクトとして実施した「生活・地域への磁気活用技術の開発～磁場産業の創生～」でした。このプロジェクトは5億円×5年間の研究開発プロジェクトであり、プロジェクトの責任者（事業総括責任者）にはINSの会長が、研究部門のトップ（研究統括）はINSの副会長が就任し、INSの若手研究者が数多く参加しました。

　当時までのINSを中心とする岩手の産学官連携活動の成果は**図5-8**の通りとなっています。

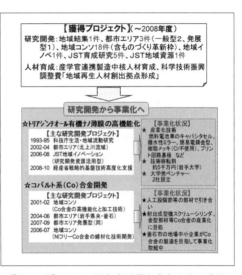

[図5-8] INSの研究会活動を中心とする成果

(4) 岩手大学の産学官活動

　岩手大学は、2004（平成16）年の国立大学法人化を契機に大学の校是を「岩手の"大地"と"ひと"と共に」とし、国立大学時代に設置された地域共同研究センターや生涯学習教育研究センター、機器分析センターの3センターと知的財産本部機能及びインキュベーションラボを統合し、地域と連携するワンストップの機関として「岩手大学地域連携推進センター」を設置し、産学官連携・地域連携体制を整備しました。この組織は2014（平成26）年3月までの10年間にわたって

地域と大学とをつなぐ組織として機能してきました。

　その間の主な実績としては、大学自らが研究開発プロジェクトのマネジメント能力を取得するため法人化とともに他の国立大学に先駆けて文部科学省の「都市エリア産学官連携促進事業」（2004〈平成16〉年度〜2006〈平成18〉年度）の中核機関を担ったことや、同年５月に学金連携による事業化・産業化を狙いとする「いわて産学連携推進協議会（リエゾン−Ｉ）」を岩手銀行及び日本政策投資銀行と組織したことです。加えて岩手銀行は、県内企業と岩手大学との共同研究のうち、事業化を見込める共同研究企業に対して200万円×10件を上限に「リエゾン−Ｉ研究開発事業化育成資金」の提供も行いました。なお、リエゾン−Ｉは、2006（平成18）年７月に県内他の試験研究機関（岩手県立大学、岩手医科大学、一関工業高等専門学校、東北農業研究センター、岩手県の試験研究機関、岩手県工業技術センター、岩手生物工学研究センター）および金融機関（北日本銀行、東北銀行、盛岡信用金庫）が参加し、オール岩手の学金体制を整えましたが、その後２金融機関が退会し、現在は11機関で活動しています。

　知的財産関係では、2003（平成15）年に文部科学省の知的財産本部整備事業に北海道・東北地区の地方大学として唯一採択されたことにより、知的財産マネージャーやインキュベーションマネージャーを採用して体制を整備するとともに、年度末には国立大学法人化後の産学連携に伴って起こりうる問題を31の具体例を使い、図解入りで解説した「岩手大学利益相反ハンドブック」を刊行しています。さらに2008（平成20）年からは、これまでの知財への取り組みを横展開するため、帯広畜産大学、弘前大学および山形大学ならびに県内４大学とともにライフサイエンス分野の技術移転の促進および産学官連携機能強化による地域経済の発展を狙いとする「北東・地域大学コンソーシアム（NERUC）」を組織して取り組んできました。

　インキュベーション分野では、2004（平成16）年２月に竣工したインキュベーションラボが狭隘となったことや県外企業との産学共同研究の推進、プロジェクト研究の拠点の確保など様々な課題を解決するため、産学官連携に理解を深めつつあった盛岡市に提案する形で岩手大学内の地域連携推進センター棟に隣接して2007（平成19）年８月に「盛岡市産学官連携研究センター（コラボMIU）」が設置されています。

　自治体との連携については、2000（平成12）年に岩手県との人事交流が始まったほか、2001（平成13）年３月の釜石市との相互友好協力協定の締結を皮切りに宮古市、北上市、水沢市、二戸市、花巻市、盛岡市、江刺市、滝沢村（現滝沢市）、久慈市、遠野市、さらには水沢市および江刺市等が合併して誕生した奥州市と2006（平成18）年11月に協定を締結しております。協定締結と前後して自治体との共同研究による職員の受け入れも開始し、2002（平成14）年の北上市およ

び滝沢村（現滝沢市）を皮切りに、2015（平成27）年までに10自治体から32名の職員を共同研究員として受け入れてきております。さらに、北上川流域の自治体からの寄附による研究部門の設置も相次ぎ、2003（平成15）年5月には全国の自治体で第1号となる北上市からの寄附による「金型技術研究センター」が、2006（平成18）年1月には水沢市（現奥州市）から「鋳造技術研究センター」が、2007（平成19）年2月には花巻市から「複合デバイス技術研究センター」が設置され、同年11月に「岩手大学工学部付属融合化ものづくり研究センター」として開所しています。

　一方、大学間連携による産学官連携も積極的に展開し、地域大学間連携では学部構成がほとんど被らない県内5大学が県民から一つの大学と感じられる「イーハトーブ大学」と称するいわて高等教育コンソーシアムの設立に向けた取り組みを、国際産学官連携では「UURR（University and University + Region and Region）プロジェクト」として岩手大学と中国の大連理工大学を窓口とする岩手県と大連市を巻き込んだ国際産学官連携を展開してきました。右の図は、法人化以降2010年ころまでの岩手大学の産学官連携の取り組みをまとめた図となります。

[図5-9]岩手大学の地域・産学官連携（2004年〜2010年）

　このような岩手大学の産学官連携活動のピークは2009（平成21）年に文部科学省と経済産業省が共同で実施した「産学官連携拠点」事業であり、岩手では調整機関を前年度に発足した産学官の組織のネットワークである「いわて未来づくり機構」（岩手県内の67団体が参加し、岩手経済同友会代表幹事、岩手大学長、岩手県知事の3者が共同代表を務める）とし、岩手大学、岩手県、岩手県商工会議所連合会の3者共同提案により「北上川流域を中心とするものづくり拠点」を提案し採択されております。

　このように順調に推移してきた岩手大学の産学官連携は、2009（平成21）年11月に実施された民主党政権下での「事業仕分け」により大きな転機を迎えることになります。この事業仕分けでは、岩手大学のような地方大学が取り組んでいた国の地域科学技術関係予算が、「地域のことは地域が主体となって推進すべし」

との考えからそのほとんどが中止や廃止の憂き目にあいました。国の予算をベースとする産学官連携事業が重大な岐路に陥っていた2011（平成23）年３月11日に東日本大震災が発生し、それまでの科学技術プロジェクト主体の産学官連携活動は、被災地域の直面する課題に向き合う産学官連携へと180度方針転換することになりました。

３　佐藤利雄氏との関わり

　私は岩手県職員10年目を迎えた1988（昭和63）年に岩手県商工労働観光部工業課工業技術係に配属されました。そこでの業務は、県内中小企業の技術振興策の推進に加えて、前年に高炉の休止を発表した新日本製鐵（株）釜石製鉄所の合理化計画への対応、通商産業省（現経済産業省）工業技術院が釜石市等で推進する「海洋バイオ研究開発プロジェクト」、そして通商産業省の「Σ（シグマ）計画」に呼応する情報サービス産業の振興など多様なものでした。特に、情報サービス産業の振興は全く未知の分野であり、手探りで進めるしかありませんでした。

　当時、佐藤さんはアドテックシステムサイエンス（株）で技術営業を担当しており、工業課が所管する「中小企業技術改善費補助金」に申請するため、県庁を訪問されたのでした。補助金申請案件の打ち合せが終わった後に、佐藤さんから「実はマイクロコンピューターの普及活動を推進する『マイクロコンピューター技術教育研究会（マイコン研究会）』の事務局を担当しているんです。今度会合があるのでいらっしゃいませんか」と誘われました。私は情報サービス産業に関係する方々と知り合いになれるかも、と思って会合に参加しました。これが佐藤さんとの長い付き合いの始まりでした。

　一方、その前年に岩手ネットワークシステム（INS）の前身となる産学官の集まり（特に名前がなかったので、私は会合の主催者である清水健司岩手大学助教授（当時）の名前から清水ネットワークと勝手に呼称していました）がスタートしており、私も工業課配属とともに参加していたので佐藤さんにも紹介し、２つの会合で頻繁に交流することとなりました。当時のマイコン研究会は70名以上の会員が参加しており、学は工業高等専門学校の先生方、産は佐藤さんのお付き合いのある企業の若手社員、そして官として私や花巻市、北上市の職員が参加していたように記憶しています。一方、清水ネットワークのほうは会員制度というものはなく、清水先生から連絡をいただいてその都度参加するというスタイルなので会合の参加メンバーも変動し、１回当たりの参加者は20〜30名であったように記憶しています。当時はマイコン研究会の方が規模も大きく活発でした。

　佐藤さんが横浜の本社に移動することになり、これまでのような活発な活動ができない、ということから佐藤さんほか数名で訪れていた札幌の飲み屋で、マイコン研究会の解散と解散記念海外視察をしようということになり、私は海外視察

はシリコンバレーがよいと提案し、アメリカに行くことが決まりました。佐藤さんや高専の先生方の都合により3月末から4月初に実施されたシリコンバレー視察に私は業務の都合で参加できなかったことが今でも残念に思っています。

　マイコン研究会を解散した佐藤さんは、産学官連携活動の軸足を完全にINSに移し、主要なメンバーの1人として活動を始めました。このような活動が評価されて花巻市起業化支援センターのインキュベーションマネージャー（IM）に就任されたのだと伺っています。その一方、私は工業課勤務を経て資源エネルギー課、企画調整課科学技術振興室、情報科学課、環境政策室、情報システム課に異動になりましたが、部署が変わってもINSには参加し続けており、その縁からか2003年4月に人事交流で岩手大学の教員になりました。当時は国を挙げて産学官連携が推進されており、岩手は産学官連携活動の先進地域という位置づけでしたので、前述の「産学官連携功労者表彰」においてINSは経済産業大臣表彰を受賞することになり、私は受賞者ブースの設置を担当することになりました。また、大学教員として最初に担当した文部科学省の「知的財産本部整備事業」にも北海道・東北地区の地方大学として唯一採択になりました。このようなことから私の位置づけも大きく変わり、人事交流時の助教授から翌年12月には教授を拝命することになりました。この結果、大学と県の人事交流からも外れることなってしまい、以来17年も岩手大学にお世話になることになってしまいました。

　佐藤さんは花巻市起業化支援センターの主任IMとして活躍を続けておりましたが、彼の手法はIMとして施設内に留まるのではなく、企業の技術営業時代に身につけたノウハウを活かして積極的に全国を飛び回り、人的ネットワークを構築してそのネットワークの中で成果をあげていく手法でした。その活動の過程では花巻市内の企業だけではなく他地域の企業の相談にも対応し、より強固なネットワークを構築し、その中で花巻市内の企業を支援する手法であったことから、資金を提供している花巻市側からは地元と一見関係ないような活動にも取り組んでいると見えたようです。特にNHKのクローズアップ現代に佐藤さんが指名されて出演したことが組織を重んじる行政関係者の目にどのように映ったかは想像に難くありません。

　一方、岩手大学で産学官連携、地域連携を担当していた私は、大学勤務当初は文部科学省派遣の産学官連携コーディネーター（CD）が大学に常駐する制度から大学が人選したCDを国が財源手当する制度に移行し、岩手大学が包括連携協定を締結した企業から人材を派遣してもらう方法に変わりながらも、国の財政支援を受けて産学官連携CDを雇用して活動していただいておりました。しかし、2009（平成21）年の国の事業仕分けにより、産学官連携活動も大きな転機を迎えました。ときの政権の「地域科学技術は地域が財源も含めて地域で行うべし」との方針では地域科学技術政策は頓挫してしまいます。そこで文部科学省は「大学

等自立化促進プログラム（コーディネーター支援型）」という制度を創り、地域の産学官連携活動の自立化を支援することとなりました。幸いにも岩手大学も本事業に採択されたことから、この事業を推進するCDは佐藤さんをおいて他にはいない、しかし本事業は3年間の時限であり、次の制度が不透明ということから、地域連携推進センター長の鈴木幸一農学部教授（当時）とともに花巻市起業化支援センターを訪問して割愛のお願いをしましたが、中々了承をいただけませんでした。結局、佐藤さんは退職して大学に来ていただくこととなったのでした。

当時の私の思いは、「国の産学官連携政策を踏まえ、地域イノベーションには産学官連携が必要。そしてそれを仕掛けていくCDは何よりも重要であり、佐藤さんを中心に岩手で活動しているCDを組織化してCDの価値を地域社会にも認めていただき、自立化の道を探る」でした。当時、岩手県では9年間続いた科学技術振興機構の地域研究開発促進拠点支援（RSP）事業（ネットワーク構築型（1996〈平成8〉～1999〈平成11〉年度）および研究成果育成型（2000〈平成12〉～2004〈平成16〉年度）の成果の1つとして「コーディネート研究会」が組織されており、佐藤さんも主要メンバーの1人でした。そこでこの研究会を引き継ぐ形で「ものづくりイノベーション推進協議会」を組織するとともに、「いわて未来づくり機構」と連携することにより地域の認知度を高めたい、と構想しました。

文部科学省の事業が終了した後には経済産業省の「産学連携イノベーション促進事業」（2012〈平成24〉～2013〈平成25〉年度）に採択され、佐藤さんには「次世代ものづくり革新を支える基盤技術・人材育成拠点形成事業」のプロジェクトリーダー（特任教授）として産学官連携活動に関わっていただきました。また、2011（平成23）年3月に発災した東日本大震災の復興支援では、岩手大学三陸復興支援機構やいわて未来づくり機構の「産業復興作業部会」でも主要メンバーの1人になっていただきました。このような活動が評価され、科学技術振興機構が震災復興支援を契機に設置した「マッチングプランナー」に就任されたのでした。

4　産学官連携活動の今後

産学官連携活動のゴールは、参加している人によって様々であると思います。知らない人と仲良くなりたい、みんなで面白いことをやりたい、自社のビジネスに有益な情報を得たい、転職口がないか、と考える人もいるでしょう。それが産学官連携の多様性です。INSはまさにいろんな思いを持っている人が参加してくれていますが、組織としては「無目的」であり、それがINSの最大の魅力であると改めて感じています。自分の知らない人、普段であれば全く顔を合わせない人と酒を酌み交わしながら胸襟を開いていろんな話ができる、それがINSの魅力です。そしてそれがいろんなつながりを作り、結果としてプロジェクトが生まれてくる、ということにつながっているのです。もちろん個々の参加者や

グループは成果を狙って取り組んでいる場合もありますが、INSはそのような様々な交流の場を提供しているにすぎず、成果は交流から生まれた個々あるいはグループの行動の結果であると思っています。

　INSが産学官連携功労者表彰を受賞した直後に岩手県経済界の重鎮から「INSは魔法の小槌のように思える。もっと成果を出していくために資金提供をしたいがどうか」という申し出をいただいたことがあります。私はそれに対して「INSはプロジェクトをつくっていく組織体ではありません。INSはアメーバー的に活動していることが最大の魅力なのです」と話をし、産学連携によるプロジェクト創出の組織体を別につくることを提案しました。それが「リエゾン－Ｉ」(いわて産学連携推進協議会)であったり「いわて未来づくり機構」につながったと思っております。しかしながら特定の目的をもった組織は、設立された時点からその目的を実現するのではなく守るために保守化してしまいがちです。INSの真のよさは目的を持っていないために無謬性が生じないのであり、全ての活動が「善」であるということと思います。即ち行動を起こすこと自体が「善」なのです。

　産学官連携活動の成果としてイノベーションが期待されていますが、イノベーションは狙って起こせるものではなく、行動を起こした結果、たまたまイノベーションにつながる取り組みになったものが生まれたものと思っております。佐藤さんは先ずは行動を起こす、その潤滑剤としてアルコールが欠かせない、真の行動は夕方５時から……を実践されてきております。自腹で支払う飲み代は年間100万円をゆうに超える、と話しておられます。自前で毎年100万円以上もつぎ込む産学官連携活動、これは「業務」ではなくもはや「趣味」なのです。そしてその趣味から成果が生まれてくるのです。現在は労働環境改善と称して「ワーク・ライフ・バランス」が叫ばれています。しかし産学官連携活動をワークと考えると成果をどうするかで悩み、会合から足が遠のきます。ワークとライフのバランスをとることではなく、ワークとライフが「リンク」している取り組みが真の産学官連携活動であると私は考えます。佐藤さんはまさにそれを実現している人なのです。

　私どもの会社では大学生などの若い人に企業家精神を持っていただき、ワクワクしながら新しいことに取り組む、そのような活動をいろんな組織からの支援を得て取り組んでいます。第二、第三の佐藤さんを生み出す、これは確率論でしかありません。一人でも多くの若者に岩手の産学官連携活動を知ってもらい、「趣味」として関わっていける人材を発掘していくことです。そのためには私もワクワクしながら取り組みを継続していきたいと思います。

4. 事業化まで5年
―― 企業に寄り添ったIM・CDの取り組みの段取り ――

4-1. 企業に寄り添った取り組み ―― 事業化まで5年 ――

　企業に寄り添ったIM・CDの取り組みを「事業化まで5年」と佐藤が区切るのは、成功しないことを長く続けてもおカネを失うだけだし、起業にはたいへんな気力、労力が必要になるので、本人の人生のためにも期限を区切った方がよいという経験則からである。

　起業では、まずは、経営者がその気になるかが重要だ。伴走支援するIM・CDの役割は、"起業家をその気にさせる"ことが大事になる。（理論編の「BTF理論」「エフェクチュエーション理論」に関連する）。佐藤の経験で、一番考えがまとまらなかったのは、次々とアイデアを提案する"町の発明家的発想"だった。**事業が黒字経営になるビジネスモデル（事業の骨格）を経営者が考えなければ何も始まらない。**（理論編の「オープンイノベーション」に関連する。）

　起業家が本気になったら、「デジアナ的商品」のコンセプトで、商品の差別化ができないか検討する。事業への取り組みが十分か、企業経営資源（KS）シートで確認する。

　産学官連携の取り組みを開始し、**出口（最終的にどんなビジネスにするか）のイメージづくりをする。ここまで、半年程度で到達したい。**

　取り組みの全体をまとめる担当者や研究担当者を経営者の後継者に指名すると、親から子への事業承継の準備や、後継者の育成も兼ねることができる。

　産学官連携に取り組む場合、パートナーの研究者を誰にするかが大事である。情報収集は、大学のリエゾン（liaison, 大学の産学官連携の窓口）、岩手大学であればリエゾンⅠ（いわて産学連携推進協議会）や、全国組織なら、イノベーションジャパン、ジェグテックなどで支援してもらえる。

　産学官連携の取り組み開始、出口（目標達成）のイメージづくりは、岩手県では、岩手県工業技術センターでデザイン思考、KNS（関西ネットワークシステム、INSの仲間）でクリエイターの紹介、八戸工業大学感性デザイン学部の支援を受けて行っている。

　クリエイターは、デザイン、イラスト、アニメーション、ライティング・編集、広告企画、IT、ファッション、写真、映像、音楽、出版、印刷、建築などのクリエイティブ分野で収入を得ている専門家をいう[13]。

中小企業が新事業に挑戦するケースでは、**研究開発費は、事業の５％以内**にとどめて、**従業員に安心感**を持たせることが大事である。"社長と後継者で、どうなるかわからない事業に、会社が倒産するほどのおカネを使っている"と従業員から思われたら、会社を不安感が支配して、本業（主な収入源になっている主要な仕事）がおかしくなってしまう。

　決算書に「研究開発費」の項目をつくる。融資の必要時期などを金融関係に知らせておくためである。

「事業化まで５年」の各年の事業内容が以下のように進むとよい。
◎１年目
　　共同研究開始。研究者を誰にするか。社員の関わりをどのようにするか。助成制度、例えば、JSTマッチングプランナー事業を申請する。
◎２年目
　　補助金獲得に動く。知的財産保護の方針を立てる。産学官連携が必要な場合は、県、市、大学、支援機関と調整する。
◎３年目
　　展示会（特定分野の企業や顧客が集まって商談するイベント）に出展するなど、製品・技術のPRの手法を考える。価格が入ったパンフレットを作成してPRする。
　　企業、産学官連携する大学独自のセミナーを開催する。岩手県内なら、INSを活用して開催する。
◎４年目
　　販売ルートを作り、市場参入する。その企業にとって、これまで売ったことがない分野の市場の場合は新しい挑戦になる。
　　大量生産できる準備をし、品質保証ができるようにする。PL保険（生産物賠償責任保険）の必要性も検討する。PL保険は、製造業者等が製造または販売した製品、あるいは工事業者等が行った仕事の結果が原因で、他人にケガをさせたり、他人の物を壊したりしたために、事業者が法律上の賠償責任を負担することにより被る損害を補償する、事業者向けの保険[14]をいう。
◎５年目
　　マスコミに載せてもらうよう動く。販売を開始する。事業化された時点で、経営者から後継者への継承を意識し始めるようにする。

理論13　死の谷

　起業のたいへんさを「死の谷」と表現する比喩(ひゆ)は、1998年、米国の下院科学委員会副議長だったVernon Ehlers（ヴァーノン　エラーズ）議員が使った。1998年の米国下院議会の科学委員会報告書[15]での「死の谷（the "Valley of Death"）」の意味は、**連邦政府の基礎研究助成と、民間資金による研究開発の"間"の研究開発には、誰からもおカネが提供されない（＝死の谷）**ので、基礎研究が実用化に上手く結びつかないことだった。2003年、米国政権で、先進技術振興政策を縮小、廃止しようとする意見が出てきたときに、再び「死の谷」の問題が指摘され、「本当に技術振興政策を縮小、廃止してよいのか？」と検討された[16]。

　地名としての「死の谷」は、米国ラスベガスの西方にある断層でできた広大な乾燥した谷で、開拓者が遭難したことから命名された。

　現在、死の谷は、起業（スタートアップ）や経営革新（新規事業）を開始してから一定期間、収益が上がらず、資金繰りに苦しみながら生き残る期間をいう[17]。その広い意味の「死の谷」の期間を「魔の川・死の谷・ダーウィンの海」と分けて解説することが多い。

　広い意味の「死の谷」を、「魔の川・死の谷・ダーウィンの海」と分けて解説する場合、それぞれの意味は次のとおりである。

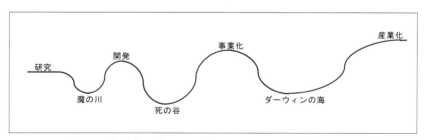

［図5-10］広義の「死の谷」魔の川・死の谷・ダーウィンの海

　魔の川は、**研究ステージと製品化に向けた開発ステージの間**に存在する壁をいう。研究を研究だけで終わらせないようにするためには、技術シーズを市場ニーズに結び付け、具体的なターゲット製品を構想する知恵が必要とされる。

　死の谷は、**開発ステージと事業化ステージの間**に存在する壁をいう。商品を製造・販売して売上げにまでつなげていくためには、ヒト・モノ・カネなどの経営資源を適切に調達することが必要とされる（第5章　2　KSシート参照）。

ダーウィンの海は、**事業化ステージと産業化ステージの間**に存在する壁をいう。事業を成功させるためには、競争力を持ち、多くのライバル企業との生き残り競争に勝つことが必要とされる[18]。

事業化と産業化の違いは、最初の1社が、特定の商品を製造・販売して売上をあげ、収支を黒字にすることを**事業化**という。特定の商品の製造・販売に、他社が参入してきて複数の企業が争うようになった状態になることを**産業化**という。

4-2. 補助金獲得

起業、経営革新に対する国、自治体の補助金は競争的資金が多い。競争的資金の定義は、**資源配分主体**が**広く研究開発課題等を募り**、提案された課題の中から、専門家を含む複数の者による科学的・技術的な観点を中心とした評価に基づいて**実施すべき課題を採択し、研究者等に配分する研究開発資金**[19]である。

例えば、東北産学官ローカルネットワーク「T-MAJSNT」は、東北地域において、**国の資源配分機関**や産学官関係機関が連携してネットワークを構築し、国の研究開発支援制度に係る合同説明会や個別相談会を開催している。

＜ T-MAJSNT に参加[20]している**国の資源配分機関**＞
　・経済産業省 東北経済産業局
　・総務省 東北総合通信局
　・国立研究開発法人 情報通信研究機構（NICT）
　・国立研究開発法人 新エネルギー・産業技術総合開発機構（NEDO）
　・国立研究開発法人 科学技術振興機構（JST）
　・独立行政法人 中小企業基盤整備機構 東北本部（中小機構東北，SMRJ）
　・国立研究開発法人 日本医療研究開発機構（AMED）
　・国立研究開発法人 産業技術総合研究所 東北センター（AIST）
　・独立行政法人　製品評価技術基盤機構（NITE）

T-MAJSNTは、国の資源配分機関や産学官関係機関が連携し、競争的資金の獲得を目指す研究者や企業に、以下のサービスを提供している。

合同説明会は、一度に複数機関の制度について説明を聞くことができ、効率がよい。

個別相談は、
　・研究者や企業がやりたい研究開発に対して、各機関の制度を俯瞰した中から最

適な制度を提案してもらえるため、制度と申請内容のミスマッチが防げる。
・必要に応じて共同研究相手となる研究者や企業とのマッチングを支援してもらえる。
・申請書の作成
・ブラッシュアップから、採択／不採択後のフォローアップ、ポスト制度へのステップアップ、事業化に向けて継続的なサポートが得られる。
・国の制度だけでなく、県や市町村、民間等の研究資金へつなぐことも可能である。

相談する際のポイントは、
1．相談する内容の必要事項をまとめておく
　・研究開発の概要を300字程度に文書化する
　・研究分野
　・研究ステージ　基礎、応用、試作（プロトタイプ）、実証、事業化
　・研究期間　1年、2年、3年、5年、それ以上
　・研究予算　○○○万円／年、主な用途
　・特許の有無、権利化の方針
　・共同研究する大学・企業等はあるか
2．相談する時期
　　7〜9月　　来年度申請案件対応
　　10月　　　T-MAJSNT 活動開始
　　12月　　　T-MAJSNT 合同説明会（概算要求）＆個別相談会
　　12〜1月　大学を対象に個別相談会を実施（主に弘前大学、秋田大学、山形大学、岩手大学、東北大学で実施）
　　1月　　　T-MAJSNT 合同説明会（補正予算、当初予算）＆個別相談会（予定）
　　1〜6月　支援制度ごとに順次公募
　　　　注：公募期間中の個別相談は、各機関で対応が異なるので、確認が必要。

4-3. 大学の CD の取り組み

　大学や大学の研究者に寄り添うことを職業とする CD もいる。その取り組みの段取り・手順もある。大学や大学の研究者の場合は、大学教員として給料をもらっているので「事業化まで5年」と区切る必要はない。
　最初に大学の先生たちの技術成果について、特許を取っているかなど、知的財産の状況を確認する。特許を取っているか、特許性がある研究成果がないと、国の競

争的資金獲得の審査で通らない。

　特許がない場合は、特許になるような技術成果を得るために、科研費（科学研究費助成事業。文部科学省から研究者への競争的研究資金）を申請して、新たに研究して作りあげるようにする。

　特許性がある技術成果があって、特許を取っていない場合は、特許申請する。論文を発表して1年経つと特許が取れなくなるので、そうなる前に弁理士と段取りを打ち合わせる。

　情報収集は、JSTのJ-GLOBALなどを使う。パートナー企業探しは、JSTの新技術説明会に参加する、イノベーションジャパンに出展する、中小機構のジェグテック、岩手大学のリエゾン−Ｉに登録してマッチングしてもらう。

　競争的資金の獲得は、東北産学官ローカルネットワーク「T-MAJSNT」の活用、学内の教員情報収集、競争的資金などの情報を収集する。したがって、URA（University Research Administrator。大学で研究者の研究開発マネジメントを担う人材）や、大学CDなど、大学に所属して産学官連携を担う仕事に従事している人たちは、情報収集、企業探しを、学内外問わず活動する必要がある。

　大学としての取り組み方の手順
　◎初期Ｉ
　　　共同研究開始。初期の研究のほとんどが、研究機関の対応時期
　◎初期Ⅱ
　　　補助金などへの動き。県、市、大学、支援機関T-MAJSNT（経産局、NEDO、JSTなど）
　◎中期　開発ステージと事業化ステージの始まり
　　　新しい技術は、誰も知らない。この技術を一般の方にどう伝えるか。
　　　さらなる研究を進めていくのも重要ではあるが、展示会などへの動きを行う。
　　　PRの手法。できれば価格などが入ったパンフレット作成。
　　　企業、大学独自のセミナー開催　（INSなど活用）
　　　セミナー企画等開催企画力が必要
　　　ここで、商品仕様を決めていければ、性能が100％でなくても市場が動く可能性がある
　◎事業化期Ｉ　事業化ステージと産業化ステージの始まり　ダーウィンの海
　　　販売ルートの確立、市場参入（新規の市場か？）。
　　　量産体制作り（品質、PL保険など）
　◎事業化期Ⅱ

マスコミへ、販売開始　事業化された時点で、経営者は後継者への継承を意識

現在は、カーボンニュートラル、SDGs などを考慮した活動が求められている。

理論14　エフェクチュエーション理論

理論14-1．起業家にとって効果的な行動原則 ── エフェクチュエーション理論 ──

2008年、サラスバシー（Sarasvathy）バージニア大学ビジネススクール教授[21]は、起業家へのインタビュー調査から「起業するときに効果的な行動は、一般的な経営理論に基づく行動とは異なる」というエフェクチュエーション理論を提示した。エフェクチュエーション・Effectuation という英語は、effect（効果）、effectuate（効果的にする）、effectuation（効果的にすること）という意味である。

【推薦図書5】
Saras D. Sarasvathy (2008) Effectuation: Elements of Entrepreneurial Expertise, Edward Elgar Pub（pp.42-48）（サラス・サラスバシー（著），加護野忠男, 高瀬 進, 吉田 満梨（訳）(2015)『エフェクチュエーション』碩学舎）

サラスバシー教授の研究方法は、
① 人は、記憶が事後に美化されたり置き換わったりするので、通常のインタビューでは、"実際に実践したこと" を聴き取れないことがわかっている。"実際に実践したこと" を聴き取る特殊なインタビュー方法（言語データ分析, protocol analysis）[22]で調査をした。
② "成功した起業家"（数年以上の起業の実践を通じて優れた業績を出した）27人にインタビュー調査した[23]。

サラスバシー教授は、この調査から、**起業家にとって効果的な5つの行動原則を示すエフェクチュエーション理論**を提示した。その内容は、以下のとおりである[24]。

①「手中の鳥」の原則（The Bird in Hand Principle）
　手持ちの経営資源、能力、知識、人脈などを明確化し、それらを使って何ができるかを考える。目的を達成するために新しいアイデアを考えたり、新たに能力を開発したりするのではなく、**手持ちの経営資源で何ができるのかを考え**

る。手持ちの手段は、「自分は何者か（Who I am?）」（自身の特徴、選好、能力）「自分は何を知っているか（What I know?）」（自身の教育、専門性、経験）「自分は誰を知っているか（Who I know?）」（自身のネットワーク）の3つに分類することができる。

② 「許容可能な損失」の原則（The Affordable Loss Principle）

　期待される利益を想定して投資する従来型の経営の考え方ではなく、いくらまでなら損失を出せるのかを決めておく。はじめから大きな利益を求めて投資するのではなく、**許容できる損失額を決めておいて、小さく起業する**。失敗から学びながら事業を進めることができる。

③ 「クレイジーキルト」の原則（Crazy-Quilt Principle）

　クレイジーキルトは、形や色などの違うキルト（Quilt, 表布と裏布の間に中綿などを挟んで縫い合わせた布）をパズルのように組み合わせた布をいう。

　「クレイジーキルト」の原則は、ファイブフォース分析のような従来の経営理論で競合分析を行って勝つことを目指すのではなく、競合相手も含めた**多様な関係者（従業員、取引先、顧客、政府など）と連携**し、連携相手が持つ経営資源を活用しながら価値を生み出す。

④ 「レモネード」の原則（Lemonade Principle）

　予期せぬ事態に直面した場合、逃げたり、無理に対応しようとせず、機会ととらえて、**災い転じて福となす**（身にふりかかった災難をうまく利用して、幸せの種になるように工夫する）発想をする。

　「レモン（英語で"粗悪品"という意味もある）を買わされたら、レモネード（レモン果汁に砂糖などで甘みを加え、冷水で割った飲み物）を作れ（when the life gives you lemons, make lemonade）」という英語の"ことわざ"がある。

　例えば、

・スリーエム社「ポスト・イット」

　強力な接着剤を開発していたら「よくくっつくが剥がれやすい」接着剤が、偶然できた。最初の目的とは違ったが、"何度も貼り直しができる付箋"として製品化した。

・浪花屋製菓「柿の種」

　"あられ"を製造する際に使用する金型を誤って変形させてしまった。金型を直さないで変な形で"あられ"を生産して販売したら、客から「柿の種に似ている」と評判になり、定番商品になった。

⑤ 「飛行中のパイロット」の原則（Pilot-in-the-Plane Principle）

　「自分と起業した会社の未来は自ら創り出せる」と考えて、**自分ができることに集中して行動する**。関連する技術の発展、経済動向など、自分ではどうにもできない**外的要因の未来を予測することには力を使わない**。

　サラスバシー教授は、バックキャスティング（将来を予測して逆算で行動を考える）、

STPマーケティングのような、既にある企業が、既にある市場に取り組むときに役立つ経営理論を、一般的な経営学、コーゼーション（causation, 因果関係）理論と呼び、起業で効果をあげる行動論理（Effectuation）とは違うとした。

エフェチュエーション理論は、手持ちの手段でできることからスタートし、将来を予測しないで、その時、その時に新しい目的をつくって進んでいく[25]。「既にある市場に向かって利益を上げていく経営」と、「無から有を生む起業」とでは、有効な行動論理が異なるとした。

実は、サラスパシー教授のこの主張は妥当ではない。エフェクチュエーション理論以外の経営理論の中にも、"将来を予測しないで探りながら進んでいく"経営理論はいくつも存在する。（理論15　将来が読めるとき／読めないときの経営理論参照）

理論14-2. 起業・企業支援をするIM・CDにとって効果的な行動原則

理論14-2-1. 考察の枠組み（フレームワーク）

サラスバシー教授は、起業家にとって効果的な5つの行動原則を示すエフェクチューション理論を、図5-11の左側に縦で示した手順で生み出した。本書は、図5-11の右側の手順で、「サラスバシー教授のインタビュー調査結果」と「佐藤利雄の仕事の流儀──IM・CDのマインドセットと手法──」を照らし合わせて、「起業・企業支援をするIM・CDにとって効果的な行動原則」を考えたい。

理論14-2-2. サラスバシー教授によるインタビュー調査結果

サラスバシー教授によるインタビュー調査結果[26]は、
①起業家は、自身ができることから始めていた。

最初に、目的を立てて、バックキャスティング（Backcasting）するのではなく、手持ちの手段で、できることから始めていた。

手持ちの手段を考えるときには、以下が重要だった。
　1. 起業家の考えや個性
　2. 起業家の知識、経験、職歴、技術、技能など。
　3. 起業家の人脈、仲間

②上場や企業売却の出口（exit）の利益を追うよりも損切り金額を決めていた。

上場して大きな利益を上げることを初めから追いかけたり、投資家にプレゼンすることに注力していなかった。起業家が「この金額までは損をしても仕方がない。これ以上損をするならやめてしまおう」という金額を決めていた。このため、初期の出費は抑え、お金のかかる市場調査もしていなかった。

③最初に売った相手は仲間だった。

製品ができていない段階でも、売ることを考えていた。最初に買ってくれた

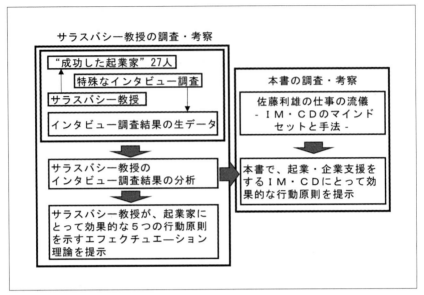

[図5-11] エフェクチュエーション理論の研究法と本書での考察

顧客を仲間にしていた。仲間を作っておいて、最初に買ってもらって、意見をもらっていた。顧客である仲間の意見は、市場調査よりも有用だった。市場調査をしなくても、製品を何人かに売れば、顧客行動、ニーズ、傾向はわかった。

④競争は無視し、仲間を増やすことに専念していた

起業の成功・不成功に競争はあまり関係がなかった。無から有を生み出す起業には競争はあまり関係なかった。起業で大事な行動は、ビジネスを進めるための仲間を増やすことだった。

⑤市場はSTP分析するのではなく、少しずつ作り出すものだった。

起業家の市場への取り組みは、伝統的な経営理論、例えば、STPマーケティング理論（理論12参照）ではなかった。起業で効果的な市場に向けた行動は、最初の商品は想定した市場に売り出すが、その結果を見ながら、少し違う商品を開発したり、別の市場に向けて売り出していた。そうして、製品が売れる市場を自力で少しずつ糸を紡ぎだすようにつくって増やしていた。

⑥事前の予想とは違ったゴールに着いていた。

多くの起業家は、当初の目的ではない商品・市場に行きついていた。あらかじめ将来の目標をつくって逆算で行動して目標に行き着く"バックキャスティング"ではなかった。起業家自身ができることから始め、仲間づくりをしながら、新しい市場をつくり出していったので、事前の予想とは違ったゴールに着

くのは当然だった。

理論14-2-3．「サラスバシー教授のインタビュー調査結果」と「佐藤利雄の仕事の流儀 ── IM・CDのマインドセットと手法 ──」の照らし合わせ

①に関して、佐藤は、IM・CDが貢献できることは、起業家自身ができることを気づかせてあげること、起業家の人脈、仲間づくりを支援することであると言っている。佐藤は、多様なスキルをもった人材とネットワークをつくり、起業家が必要な人材を紹介している。「佐藤飲み」といわれる懇親会で、起業家の相性があう人脈、仲間づくりを支援していると言っている。

②に関して、佐藤は、「起業の努力をするのは5年まで」と起業家を説得してから支援を開始する。5年以上、収入もない状態で起業を追いかけて成功できないと、お金も気力も尽きてしまう。損切りを5年という時間で決めている。

③⑤に関して、佐藤は、富士電機で研究開発者として特許取得、アドテックシステムサイエンスで技術営業の経験から、起業家のアイデア、技術の特許を取ったり、商品ができていなくても技術の商社への売り込みを手伝ったり、できた商品を展示会で売ったり、顧客の購買部門ではなく、研究開発、設計部門に技術営業することを支援している。技術系社長が、開発にこだわって売る機会を逃さないように助言している。

④に関して、佐藤は、ベンチャー企業や中小企業は経営資源が十分ではないことから、KSシートで不足している経営資源を見える化し、足りない経営資源は産学官連携やIM・CDの紹介で補うなど、起業家の人脈、仲間づくりを支援している。

⑥に関して、佐藤は、「否定語は使わない」ということを大事にしている。起業家がどういう考えで、どういう方向に歩いて行こうとしても、否定しないで、最後まで伴走している。

理論14-2-4．起業・企業支援をするIM・CDにとって効果的な行動原則

「サラスバシー教授のインタビュー調査結果」と「佐藤利雄の仕事の流儀──IM・CDのマインドセットと手法──」を照らし合わせて考察した**起業・企業支援をするIM・CDにとって効果的な行動原則**は以下のとおりである。

① **「どんな鳥を持っているのか」経営者に確認させる原則**(The Principle of

Prompting the Confirmation of What Bird They Have)

　IM・CDは、起業・企業支援をするときに、①支援対象の**経営者自身ができることを気づかせてあげる。**②経営者が、どのような経営資源を持っているのか、必要なのに不足している経営資源が何か、**KSシートで見える化し、確認**する。

② **「許容可能な損失・時間」を決めるよう促す原則**(The Principle of Prompting Them to Determine Acceptable Losses and Time)

　IM・CDは、起業・企業支援をするときに、①支援対象の経営者が許容できる損失金額を決めるように促す。②「起業の努力をするのは**5年まで**」と起業家を説得する。

③ **「クレイジーキルト」を織ることを促す原則**(The Principle of Prompting Crazy-Quilt)

　IM・CDの支援の3カ条「まずできることから取り組む」「心はいつでもあたらしく　毎日何かしらを発見する」気持ちで支援する。

　競合相手も含めた**多様な関係者（従業員、取引先、顧客、政府など）と連携**し、連携相手が持つ経営資源を活用しながら価値を生み出す。

④ **「機会を逃さず技術営業支援」する原則**(The Principle of Timely Technical Sales Support)

　IM・CDは、支援対象のベンチャー企業や中小企業が、まだ製品化できていなくても特許を取り、技術を商社に売ることを支援する。製品ができたら、経営者が完璧でないと思っても、展示会や顧客の研究開発、設計部門に技術営業することを支援する。**機会を逃さずタイミングよく技術営業支援**をする。

⑤ **「否定語は使わない。最後まで伴走する」原則**(Principle of Not Dismissing and Climbing Together to the Summit)

　IM・CDは、支援の際に否定語は使わない。否定すると、支援対象者との関係性が壊れ、そこで支援は終わってしまう。起業家がどういう考えで、どういう方向に歩いて行こうとしても、**否定しないで、最後まで伴走支援**する。

　IM・CDのマインドセット「支援している」でなく「支援させていただいている」というマインドセット（心持ち）で支援する。

・・

| 理論15 | 将来が読めるとき／読めないときの経営理論 |

　経営理論（経営学の理論）には、将来が読めるときに使う理論と、読めないときに使う理論がある。

理論15-1. 経営理論の使い分け

　実務では、将来が読めるときに使う経営理論と、読めないときに使う経営理論を使い分ける必要がある。使い分けは、ステーシーマトリクスを使う。ステーシーマトリクスは、経営学・経営実務のプロジェクトマネジメントで使用されてきた[27]。

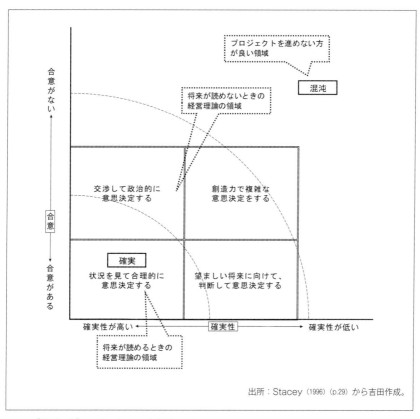

[図5-12] ステーシーマトリクス（将来が読めるとき／読めないときの経営理論の選択）

理論15-2．将来が読めるとき／読めないときに使う経営理論など

将来が読めるとき／読めないときに使う経営理論などは、以下のものがある。

[表5-2] 将来が読めるとき／読めないときに使うことわざ、経営理論

	将来が読めるとき	将来が読めないとき
ことわざ	段取り八分 (仕事は、先読みして準備することで8割終わっているようなものだ)	犬も歩けば棒に当たる (行動を起こせば何らかの経験を得ることができる)
経営理論	バックキャスティング、STPマーケティング、データドリブン経営、データドリブン・マーケティング、エビデンス・ベースド・マネジメント	センスメイキング理論、美意識経営、エフェクチュエーション理論
プロジェクトマネジメント	ウォーターフォール型プロジェクトマネジメント	アジャイル型プロジェクトマネジメント

1．将来が読めるときに使う経営理論の補足

バックキャスティング（Backcasting） の英語の意味は、Back（後ろに）cast（投げる、放る）することで、将来から現在に投射して考えることをいう。反対語はフォアキャスティング（Forecasting, 現状をもとに将来を予測）である。バックキャスティングは、まず理想的な未来像を想定し、そこから現在を振り返って（投射して）、理想と現実のギャップを考え、時間軸の中でこれからなすべきことを考える。日本のことわざの"段取り八分"も、「先を見通して、今するべき仕事を考えよう。"段取り"ができれば"仕事の80%はできているくらい"段取り"は大事だ」という教えである。

[図5-13] バックキャスティング

STPマーケティングは、今ある市場を分析（Segmentation）して、自社が取り組む市場の的を絞って（Targeting）、優位に立つ戦略（Positioning）を考える。（理論12 STPマーケティング理論参照）

ウォーターフォール型プロジェクトマネジメントは、プロジェクトの進行を段階に分けて、前段階が終わったことを確認して次の段階に進むマネジメント方法をいう。湖から滝（waterfall）が流れ出て、一段下の湖に流れ下るイメージである。品質確認、進捗管理、予算管理がしやすい。**最終成果物が明確である場合は使いやすい方法**であるが、市場や技術進歩が見通せない中でプロジェクトを進めていく場合は使えない[29]。

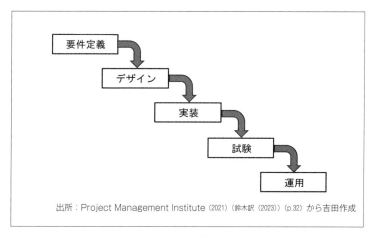

［図5-14］ウォーターフォール型プロジェクトマネジメント

要件定義は、プロジェクトの各段階の計画、必要な経営資源、チームのメンバーを明らかにすることをいう。デザインは、プログラム、システム、建築物などの設計をいう。実装は、プログラム、システム開発や、建物の建築をいう。試験は、品質保証のためのテストをいう。運用は、顧客に納品して使用してもらい、必要に応じて補修することをいう[30]。

2．将来が読めないときに使う経営理論の補足

センスメイキング理論は、将来が見通せないとき、行動しながら情報を得て、感じて状況を解釈し、経営者が、ものがたり・ストーリーを作り、社員の解釈を揃えて行動することを重視する。（理論10 センスメイキング理論参照）

米国の経営学者の**ミンツバーグ**は、効果的な**マネジメントは、アート（ビジョン）、クラフト（経験）、サイエンス（分析）の3要素**のバランスがとれた組み合わせが必要である。MBA 教育はサイエンス（分析）に焦点を当てていてバランスが悪い。経験をないがしろにし、アート（ビジョン）教育が弱い[31]と批判している。

　美意識経営を提唱したポーリーン・ブラウンは、「これからの世界では、論理より直感が、分析より統合が、理性より感性が重要になる。つまり、経営における美意識が重要な時代がやってくる」と述べている[32]。

　エフェクチュエーション理論は、起業家が成功するための行動パターンを調査し、手持ちの経営資源で行動しながら情報を得て、市場を創造していくことが重要だとする。（理論14　エフェクチュエーション理論参照）

　アジャイル型プロジェクトマネジメントは、市場や技術進歩が見通せない中で、**変化に対応しながらプロジェクトを進めていく手法**をいう。英語の agile（アジャイル）は"速く軽く動く"という意味で、アジャイル型プロジェクトマネジメントは、①**途中の成果**を早い段階から継続的に顧客に引き渡す。②開発途中での確認や仕様変更をする。③最初に要件定義を行った場合でも、**顧客や開発チーム内でのコミュニケーションを重視**して柔軟に変更していく[33]。アジャイル型開発は、先が読めないので、全体で費用がいくらかかるのか開始時には見通せない。財務・経理担当からは嫌われる。

理論15-3．特定の経営理論に"こだわる"のはよくない

　データドリブン（Data Driven）は、売上データ、マーケティングデータ、WEB 解析データなど、データに基づいて判断・アクションする行動をいう。エビデンス・ベースド（Evidence-Based）は、医療で、科学的根拠に基づいて治療法を選択するべきという考え方で、エビデンス・ベースド・マネジメント（証拠に基づく経営）として経営にも応用された。Evidence の英語の意味は、証拠、根拠である。「データドリブン経営」「データドリブン　マーケティング」や「エビデンス・ベースド・マネジメント」は、将来が読めるときには重要である。**将来が読めるときに、データを調査しなかったり、バックキャスティングで考えないのはよくない**。単に愚かで無謀である。

　しかし、不確実な状況下では、信頼性の高いデータを収集することは困難である。経済・経営の分野は、工学や医療のように大量のデータが繰り返し得られるわけではなく、判断に必要な統計やデータがもともと存在しないことが多い。常にデータ（統計）やエビデンス（証拠）を求める姿勢は、状況によっては時間がかかりすぎたり、メンバーに負荷をかけすぎたりして、逆効果になる可能性があると指摘されている[34]。

　データ（統計）やエビデンス（証拠）を求める姿勢は、科学の研究や、人の自由や権利を制限するような法律をつくる際には必要である。しかし、企業の経営や、

行政の産業政策、観光政策のように、地域の雇用や収益を稼ぐ政策分野では、判断に必要なデータ（統計）やエビデンス（証拠）がいつも得られる保証はない。**将来が読めないとき、"データや証拠にこだわる" "データが得られるまで動かないで立ち止まる"姿勢は、経営・マネジメントとしてはよくない。**社員を疲れさせ、ビジネスチャンスを逃す。

5．セミナー開催の企画力

　ベンチャー企業や中小企業がイノベーションする（これまでやったことがないことをする）とき、自社の経営資源（ヒト・モノ・カネ・情報）では対応できないことが多いので、足りない部分を外部に求めることになる。（理論編の「オープンイノベーション理論」に関連する。）
　IM・CDが知っている範囲で紹介できればよいが、そうでないときは探すことになる。**外部の経営資源を探す方法の一つがセミナー**である。なぜなら、あるテーマでセミナーを開催したときに参加する人は**そのテーマに強い関心**がある。必要な経営資源を持っている可能性や、持っている人を知っている可能性がある。

1．セミナー開催の案内まで
　日時、場所、内容、講演内容、主催・共催、後援、参加費、定員、参加申し込み先、締切を決める。特に"主催をどこにするか"が大事である。岩手県なら、INSを主催にして研究会を開催するとよい。
　開催案内までの調整内容は、
　・開催会場が、参加者の人数変更への対応ができるか。
　・講演者に、時間や謝金などを交渉できるか。誰からか紹介してもらえるか。
　が大事である。

2．セミナー当日まで
　次第、参加者名簿、講演資料、交流会領収書を作成する。

3．セミナー当日
　受付、交流会の会費のおつり、支払、会場案内、パソコン、プロジェクター、スクリーンなどのプレゼン設備、司会進行を準備する。

やってはいけないことは、
- 定員を気にしてしまうこと。特に行政主催の場合に、行政関係者を集めてしまうこと。動員（ある目的のために、とにかく人を集めること）は、関心のない人を集めることになるので、セミナーの意味がなくなる。
- 交流会の席をつくるとき、主催者（事務局）の席をつくること。事務局員の人脈を広げることもセミナーの重要な役割なので、事務局員に交流に参加してもらう。

佐藤の経験から重要だと思うことは、
- 参加者が少なければ、会場レイアウトを変更するなど臨機応変に対応する。
- 同じ内容のセミナーを、最低でも3回開催するとよい。3回目にはどこかの組織と連携して開催できるとよい。
- 佐藤は、INSのセミナーを企画して"参加者ゼロ"を経験した。1，2名の参加も、ありがたいと感じている。

・・・・・・・・・・・・・・・・・・・・・・・・・・・・・・・・・・・・・・・

理論16　オープンイノベーション理論

シリコンバレーの新しい起業文化ができるまでは、米国でも、IBM、ゼロックスなどの大企業は、優秀な研究者を終身雇用して、基礎研究、応用研究、製品開発を行っていた。

米国の経営学者のチェスブロウ（Chesbrough）は、それを「**クローズドイノベーション（社内だけの経営革新）**」と名付けた。

図5-15は、クローズドイノベーションの調査、研究開発、販売の仕事の仕方を示している。社内だけで、技術の元（種、シーズ）を調査し、その中からよさそうな種を選んで研究開発し、うまく

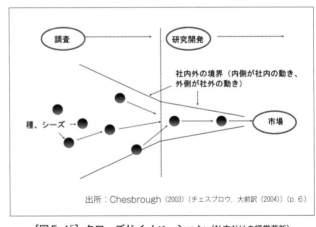

[図5-15] **クローズドイノベーション**（社内だけの経営革新）

製品化できたら販売する。会社の外の経営資源は使わない。

　しかし、**2000年ころから、大企業の社内だけで研究開発しても、うまくいかなくなった**。その原因は、
① 社員が辞めるようになり、せっかく研究開発した内容を、他の企業に持ち出すようになった。原因は、自分の技術の種を会社が選んでくれないと、社員は会社にいても自己実現できない。以前は、それでもがまんしていたが、**シリコンバレーで起業して自己実現する選択肢ができたので、辞めるようになった**。大企業を辞めた技術者が起業すると、以前はたいてい失敗していたが、**シリコンバレーのネットワークがベンチャー企業を支援するので、成功する事例が増えていった**。
② 大学卒、大学院卒の技術者が増え、どの企業も研究者の知識レベルが向上し、大企業が圧倒的に技術的に強いということではなくなった。競争が激しくなって、**大企業は大きな利益をあげることができなくなり、社員に高い給料や福利厚生を支払えなくなった**。優秀な社員はチャンスがあれば辞めて起業や転職をするようになった。
③ そのころ、市場の変化もあった。消費者が次々と新しいものを求めるため、以前よりも製品寿命（製品を売り出してから飽きられて売れなくなるまでの期間）が短くなった。大企業は、シリコンバレーのベンチャー企業に比べて動きが遅かったので、市場の変化についていく競争で負けるようになった。例えば、2000年以降、ゼロックス社を辞めた技術者が起業したベンチャー企業の売上げの総計は、ゼロックス社の売上げの２倍になった[35]。

　このように、おカネと時間をかけて大企業が育てた技術者がどんどん辞めてしまうので、2000年以降、**大企業は、社員教育や技術開発におカネを使えなくなった**。IBM、ゼロックスなどの大企業が、優秀な研究者を終身雇用して基礎研究、応用研究、製品開発まで行って利益をあげるという**従来の仕組み（クローズドイノベーション、社内だけの経営革新）は崩れてしまった**[36]。日本・欧州でも同時期に同じ現象が起こった。

　シリコンバレーが起業家を支援する仕組みが**オープンイノベーション（社外の経営資源も使う経営革新）**である[37]。

　図５-16は、オープンイノベーションの調査、研究開発、販売の仕事の仕方を図示している。2000年以降、オープンイノベーションの仕組みは、シリコンバレー以外の米国、先進国、新興国に広がっていった。

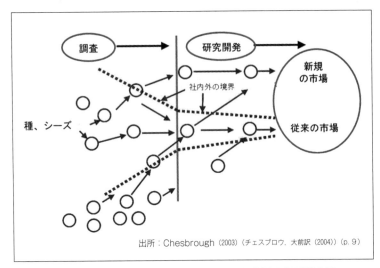

[図5-16] オープンイノベーション（社外の経営資源も使う経営革新）

　社内でできた技術の種は、社内で使われないと社外に出ていく。会社が自社で使わない技術を売ったり、技術者が会社を辞めて起業するからである。一方で、必要な技術は、社外から買ったり、技術者を中途採用して採り入れる[38]。
　オープンイノベーションは、企業が従来から製品を売ってきた経験がある市場だけでなく、未経験の新規の市場に向けても製品を開発する。また、自社の技術や経営資源にこだわらず、社外の技術を買ったり、技術者を雇ったり、起業家と組んだりして、社外の経営資源を使う。
　優れた技術者は、誰かに必要とされると、一緒に組んで製品化して利益をあげたり、技術を高額で大企業に売って利益を手にできるようになった[39]。
　オープンイノベーションは、**自社内の技術の種を調査することからではなくて、まずは売れる製品を考え、収益が黒字になるビジネスモデルを考え、それに必要な技術を社内だけでなく社外からも探すという仕事の進め方**をする。売れる製品を考えて、収益が黒字になるビジネスモデル（ビジネスの骨格）を作れれば利益が出る。結果として、それに使われる技術に価値が出る。チェスブロウは"**ビジネスモデルに価値があるのであって、技術自身には何の価値もない**"と言い切っている[40]。

　佐藤の起業・企業支援や、ＩＮＳの活動は、オープンイノベーションの考え方で、社外の経営資源を活用し、イノベーションを起こしている。

6. 現場主義と佐藤飲み
――情報収集と人的ネットワークの広げ方――

　情報収集に関して、1996年に佐藤がIMになった時から本書執筆の2024年まで、大きく変化したのはIT環境である。スマートフォンによる情報伝達が瞬時に行われるので、「人が情報を持って対面で伝えていく手法」は時代遅れになった。ただし、インターネットの情報はニセ情報も多いので、**正しい情報を手に入れるためには、情報源との人間関係を築かなければならない**ことは変わっていない。情報源との人間関係を築くには、現場に行き、**現場・現物**を見て、直接会って対面で情報交換して**現実**を知る**現場主義**が重要だ。対面での会話が苦手な人は、対面での会話術などの訓練が必要である。IM・CDの3カ条を意識しながら、対面でも活動しよう。

　Covid-19（新型コロナ）で、対面でのコミュニケーションが難しい時期を経験してみて、あらためて現場主義の重要性を感じることができた。新型コロナで会議のほとんどがWebになり、遠くの人とも楽に話せることはよかったが、**製造、開発現場を見ることができず**、一般論的な会話しかできない状況だった。対面なら、相手のペースに合わせても質問をはさんだり、話したい人に近寄って1対1で会話するなどが自由にできるが、**Web会議だと、どうしても一呼吸の遅れが出てしまい、話の内容を展開しきれない場面が多かった**と感じる。また、Web会議は録画・録音機能があるので、支援する側も言葉を選びながら話さざるを得ないし、支援を受ける側も**微妙なことは避けて話すように気を使うので、会話の内容が深くなっていかない**と感じた。やはり、**現場主義、対面でのコミュニケーションが重要**だと、佐藤は考えている[41]。

　「経営コンサルタントはIM・CDの仕事のライバルですか」というインタビュー質問に対して、佐藤は「IM・CDの仕事にライバルは存在しないと思う。もし、誰かをライバルだと意識してしまうと、支援させていただいている企業・大学・機関などに迷惑をかけることになる。なぜかというと、IM・CDが所属している組織では、支援メニューは限られる。支援先の**企業の立場は、あらゆる支援組織の支援メニューから、使いやすさや支援金額などで優先順位を考える**。もし、IM・CDの都合やライバルへの対抗心で、支援先企業にとっての正しい優先順位の判断をじゃましてしまうと、支援先企業からの信頼はなくなってしまう。**支援先企業からの信頼がなくなったら、IM・CDの仕事はそこで終わる**。」と述べている。（理論編の「信頼の理論」に関連する。）

IM・CDは、慌てずに、じっくりと、支援企業本位で仕事に取り組むというマインドセット（心構え）が重要である。他の機関のIM・CDとの人的ネットワークがあれば、必要なとき、必要なことをすぐに教えてもらえる。佐藤は、「IM・CDの経営資源」の節で紹介する様々な人たちとつながっている[42]。岩手県内、東北地方、国などの関係者と意識してネットワークづくりをしている。

　IM・CDを志す人は、産学官ネットワークに積極的に参加して、人脈をつくる必要がある。自分がつくった人脈は、組織を辞めても継続できる。逆に、組織は人ではないので、"人脈"をつくることはできない。佐藤は、65歳という一般的な組織の定年の歳を過ぎてから**「今までお世話になった人たちのお付き合いが、いかに大事だったか」**とひしひしと感じていると言う。

　「飲み会で人脈形成をしていましたので、人生で何回飲み会をしていたのか。飲み代で、家が1軒建っているのでは。全ては妻のおかげですね」と佐藤は笑う[43]。持ち歌はコブクロの「轍（わだち）」である。（理論編の「キャリア形成理論」に関連する。）

　2010年、長野県上田市の岡田基幸（おかだもとゆき）氏は、「**佐藤利雄さんは、日本のCD界の草分け的存在であり、カリスマ**である。今あらためてCDの職務を見つめ直してみると、その**基礎を築かれた佐藤さんの功績が大きなものであることに気づく**。花巻には"**佐藤飲み**"と呼ばれる、佐藤さん秘伝のはしご酒スタイルが存在する。マイコップ片手に、なじみの店を1軒、また1軒と渡り歩いて、お代は1軒目のお勘定のみ。フリードリンク制の系列店を渡り歩くのでできるのだが、よそから花巻を訪れた者は、佐藤さんを中心に、お店のスタッフ総動員で歓待してくれるかのような。このパフォーマンスに**心から酔いしれる**のである」と紹介している[44]。

佐藤は「佐藤飲みは、コロナの影響で現在は行えません。この頃、交流会も再開して、佐藤飲みの話題が出てくることがあり、再度の要望もありますが、私の体力の限界もあり、再開は難しいですね。」と言っている。

提供：佐藤利雄

[写真5-1] 産学官の懇親

コラム[寄稿]17

岡田 基幸
(一般財団法人浅間リサーチエクステンションセンター 専務理事・センター長、
信州大学 特任教授〈地域産学官連携〉工学博士、上田信用金庫 監事)

産学官連携から地方創生へ～今こそ再び、佐藤利雄さんの力が必要に
── 佐藤さんと出会い、今、IM・CD に思うこと

　佐藤さんとの出会いは、2004年に花巻市起業化支援センターで開催された日本新事業支援機関協議会（JANBO）のインキュベーションマネージャー（IM）養成研修に参加したことが始まりでした。それは私が33歳の時のことです。佐藤さんとの多くの交流を通じて、言葉以上に、佐藤さんの行動から産学官連携コーディネーターとしての極意を学ぶことができました。花巻の地では、佐藤さんを慕う多くの人々が老若男女を問わず集まり、情報が行き交う姿を目にすることができました。まるで、佐藤さんを中心に地域活性化のダイナミズムが生まれているかのようでした。地方でコーディネーターを務める上で、地域の人々と深く関わることの大切さを実感しました。この経験があったからこそ、その後20年間、コーディネーター業務を続けられたと感じています。なお、「佐藤飲み」がかつてはGoogle 検索でトップに表示されていたのに対し、今では焼酎の「佐藤」が有名になり、検索結果で下位になってしまったのは少し残念です。

　2014年に安倍晋三内閣が「地方創生」を重要な政策として掲げたことで、「地方創生コーディネーター」という新しい職名が誕生しました。地方創生コーディネーターは、地域の潜在能力を引き出し、都市と地方の交流を促進し、地域経済の活性化や移住・定住を支援するなど、地方創生に関連する様々なプロジェクトを推進しています。この役割は、地域開発や都市計画の専門家、観光やマーケティングの専門家、地元出身者や地域への愛着を持つ人々、地方移住者、元公務員やNPO 活動家などによって担われています。

　振り返ると、佐藤さんは、産学官連携コーディネーターとしてだけでなく、地方創生コーディネーターとしても先駆者でした。例えば、花巻市起業化支援センターには全国から毎日のように視察団が訪れ、視察の際には花巻温泉に宿泊してもらい、地域経済の循環を促しておられました。今では、全国の地方で地方創生や地域活性化に熱心な方々とお会いします。人柄がよく、コミュニケーション能力に優れていても、地方での成功は簡単ではありません。今こそ、佐藤さんの経験や知識を再び学び取る必要があるのです。

|理論17| 信頼の理論

　コールマン（Coleman, 1926-95年）は、米国の社会学者で、合理的選択理論、数理社会学、計量社会学、教育社会学、政策科学などを研究した。1966年、黒人・白人間の教育格差に関する全米調査の調査主任を務め、その結果をまとめたコールマンレポートで有名である。1990年の『社会理論の基礎』は社会・経済活動を考える基礎理論として、社会学者、経済学者に読まれている[45]。1991年、米国社会学会の会長を務めた。

　コールマンは、"信頼"の性質を、合理的選択理論で以下のように考えた。
　信頼は、信頼する人の一方的な行為で、その結果責任は信頼した人が負うことになり、信頼された人は責任を負わない。**信頼は、連鎖（つなげる）させることができる。**
　図5-17で、私（A）は、（B）さんを信頼している。（B）さんの判断を信頼して、Bさんがよいと言う人（C）さんを信頼することがある。この場合、私（A）はCさんの能力を信じることとなる。結果として信頼に値しなかったことが判明して損をする場合、その損失は、Bさんでなく、私（A）が負担することになる[46]。

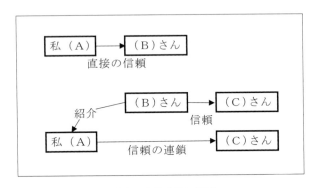

[図5-17] 信頼の連鎖

　このように、**人を信頼することは、以下のようなメリット・リスク**がある。
　①信頼すると、信頼しなければ不可能だったこと、1人では成し得ないことが**実現できる。**
　②信頼に値する人を信頼した場合は**大きな利益**をもたらし、信頼に値しない人を信頼した場合は**状態を悪くする。**

③信頼することは、**信頼する人の側だけの自発的行為**である。
④信頼したことがよかったかどうか、**結果がわかるまでに時間がかかる**。すぐにはわからない。
⑤信頼するかどうか決めるときに考えるべきことは、**賭け事（ギャンブル）**をするかどうかを決めるときに、合理的に考えるべきことと同じである[47]。

コラム[寄稿]18

櫻井　亨
（株式会社ケイエスピー　シニアマネージャー、
元　公益財団法人川崎市産業振興財団、
ナノ医療イノベーションセンター　管理部長）

佐藤利雄さんに学んだ顔の見えるネットワークづくり

1　はじめに

　佐藤利雄さんに初めてお目にかかれたのは、日本立地センターの支援機関向け研修会だったと記憶しています。花巻市の起業化支援センターでのインキュベーションマネージャー（IM）としての活動、中小企業支援の心得について講演されておりました。
　当時、IM という職種は一般的でなく、手本のない中で、企業支援の在り方を切り開いていらっしゃいました。
　試行錯誤を繰り返し、企業の懐に飛び込んで、「デジアナ理論」という独自の発想で、中小企業、ベンチャー企業の新製品開発を支援されておりました。
　また、企業支援、IM として企業支援する者の心得を説き、特に印象に残った言葉は、
①訪ねて来た方には明るく笑顔で対応すること。
②依頼があったら、断らずにできることを考え対応すること。

　確かに、暗い顔をしていては相談する気もなくなるし、また、依頼に対してそれはできないと簡単に断ってしまっては、次の相談は来なくなる。と当たり前のように語っておりました。
　笑顔をつくるところは何とかなりそうですが、頼まれたことを断らないというのは、人として懐の広さ、深さ、そして人間力、ネットワークがなければ、とても真似ができません。さらに、デジアナ理論を通じた商品開発の事例は、眼から鱗が落ちる思いでした。まさに中小企業支援のスーパーマンがいるのだなと思ったことを今でも覚えています。

この佐藤さんの講演を聞き、触発されて、川崎でもできることから始めることとしました。

2　どぶ板営業

まず始めたのは、企業の現場に飛び込むこととし、待っていても誰も来ない。何も起きない日々からの脱却を目指して、電話帳、工場台帳をめくりながら電話をかけて訪問活動を始めました。

しかし、「社長いらっしゃいますか」と尋ねると、ほとんどが「間に合っています」「社長はいません」。あるいは「何の用事ですか」「忙しい」。さらには、「税金取りに来るのか」などなど取り付く島もないとはこのことかと思いました。

役所的な団体に対する不信、そしてまったく期待していないということを肌で感じる日々が続きました。

ここで引き下がってはいられないので、今度は、手紙を書いて届いたころを見計らって電話をかけたところ、ようやく訪問を受け入れていただけるようになりました。

3　おせっかい～川崎モデル

訪問活動を通じて、中小企業への支援制度情報が浸透していないことが明らかになり、単独で訪問するのではなく、行政、支援機関の職員等がチームで企業訪問する活動を開始しました。「出張キャラバン隊」と名付け企業訪問活動を続けました。こうした活動が、藤沢久美さんの目に留まり『なぜ、川崎モデルは成功したのか？』の出版につながり、川崎の活動が全国に知られることとなりました。

出張キャラバン隊とは、川崎市産業振興財団（以下、「財団」という）、神奈川県産業技術総合研究所、関東経済産業局の職員、コーディネーターでチームを組み、「寄って、たかって応援しよう」を合言葉に企業訪問し、制度紹介、様々な課題・相談に乗りました。懐に飛び込むことができると、赤裸々に課題を打ち明けてくれることとなり、何度も頼まれなくてもアドバイス、情報提供、企業、大学紹介、マッチングなどあれこれとお節介をやくようになりました。

そういう活動をしていると、「同じ会社ばかり応援して一部の奉仕者では困る」という批判がありましたが、意に介さず訪問活動を続けておりました。

それは、訪問を断られながらも、企業訪問を受けいれてくれる会社を見つけて訪問しているので、「うちの会社になぜ来ないのか。」という苦情があれば喜んで訪問しますよ。と声の主に伝えたところ、批判の声は耳には入らなくなりました。

さて、川崎の中小製造業の大半が下請け構造の中にあり、訪問して傾聴してみると下請けからの脱却、自社製品を持ちたいと、異口同音に話されておりまし

た。
　こうした意向のある企業（中小製造業）にアプローチするため、郵送でのアンケートを行い、産学連携、知財、ロボット技術等々の関心の有無等を調査しました。
　アンケートに回答してくれた企業に、訪問活動を開始しました。
　アンケート作戦が奏功して、企業訪問、とくに大学との連携について尋ねると、ほとんどの企業は経験もなく、大学で何を研究しているか情報がない、関わり方が分からないという声が多く、一方、研究テーマの提供や、実験装置の開発、試作などモノづくり技術を提供できるという声もありました。
　そこで、大学の研究内容を調査し、紹介記事を作成し、研究内容や研究者の人となりを紹介する「ニュースレター」を発行することとし、慶應義塾大学をはじめ、明治大学など近隣大学の研究室を取材しました。
　大学研究室には、形にならないシーズがあり、これを形にすること、また、理論を実証するための実験装置等を製作するニーズがあることが分かりました。
　大学研究室の中でまだ形になっていない研究成果を形にすることで社会実装につながるのではと、大学にある"ニーズ"に着目し、「産学連携・試作開発プロジェクト」と題して、中小企業のものづくり技術・ノウハウと大学研究室とを結びつける活動を行いました。
　"逆"産学連携と新聞にも取り上げられ、話題となったことから大学からニーズが寄せられ、研究機器、実験装置、教育機器などが生み出されていきました。大学のニーズを形にする過程で、大学の先端的なシーズを活用することにつながり、シーズを取り込んで自社製品として販売する会社も現れました。
　この取り組みの延長線上にある活動が、大手企業の未利用特許を中小企業が事業化・製品化するプロジェクトです。
　地元大手電機メーカーから「市場規模が小さい」「本業と離れた分野」などの理由で事業化を断念している未利用の特許があると、川崎市に相談がありました。そこで、知財の活用について市内企業にアンケート調査し、ヒアリングを重ねた結果、「活用方法の助言等があれば活用したい」という声がありました。
　これを受けて、川崎市・川崎市産業振興財団では、特許等活用方法のアドバイスや、大手企業と中小企業の間を橋渡しするコーディネーターを配置して、知財のライセンス・活用にする仕組み「知財交流事業」を開始しました。1000に3つという成功率からすると100に3つ以上の成約率で、ライセンス事例が毎年創出され、知財の「川崎モデル」と呼ばれ、現在も活動は続けられています。
　川崎モデルの原点は、「おせっかい」です。それが、「出張キャラバン隊」「産学連携・試作開発」「知財交流事業」の行動原理です。

4　かみなりキノコ

　スーパーマンと直接ご一緒できる日が訪れました。第1回JSTイノベーションコーディネーター表彰の授賞式が札幌で開催されました。AREC岡田さん（文部科学大臣賞）、佐藤さん及び筆者（JST理事長賞）が受賞式でご一緒し、懇談する機会をいただきました。

　ここで佐藤さんとお会いできたことで「かみなりキノコ」で知られる岩手大学高木先生をご紹介いただけました。

　高電圧発生装置を開発製造している株式会社グリーンテクノの田中社長から、「カミナリが落ちるところにキノコが増える。という諺があり本当らしいので、キノコを増産するマシンを開発したい」という相談があり、高電圧でキノコが増えるメカニズムに詳しい研究者について佐藤さんに尋ねたところ、二つ返事で「高木先生という素晴らしい先生がいるので紹介します」と引き受けていただき、早速、両者を結びつけていただきました。

　お陰様でキノコ増産マシン「雷増（らいぞう）」が誕生、新聞に大々的に報じられ、その後、テレビなど取材が殺到し、脚光を浴びることとなりました。佐藤さんのコーディネートがなければ実現できませんでした。

5　終わりに

　佐藤さんには到底追いつくことはできませんが、佐藤さんのように「信頼する人」を「信頼できる人」につなげる活動を実践し、顔の見えるネットワーク、信頼の輪を広げ、地域を越えて新たな試みが生まれる潤滑油の役割を引き続き担っていきたいと思っています。

コラム［寄稿］19

鈴木　良隆
㈱セット

不動産業界から起業家支援業界に飛び込み奮闘中。人と人の架け橋となり、人がフューチャーされるきっかけ作りを大切にしている新米IM

自己紹介：1983年生まれ。神奈川県藤沢市出身。22歳から不動業界で約20年従事。売買賃貸問わず不動産に関わる様々な職種を経験。2021年よりIMを開始。藤沢市内でレンタルオフィスを5施設、2023年ものづくり系ベンチャー企業向け湘南藤沢インキュベーションLABOの開所を行う。2022年7月にオープンしたイノベーションスナックみらぼの発起人。(一社)藤沢起業家支援まちづくり協会

の代表理事を兼務。

ミッション
　「コトをおこす人にフューチャーを」
ビジョン
　「夢を持った人が集まり、関わる皆で夢を育てるコミュニティ」
バリュー
　「夢を語る場、その夢を共有する場」
　「輝く人を輝かせる人も輝く」
　「ドアを開けば、もう仲間」

　このようなMVVを掲げているちょっと変わったスナックを運営しております。
　藤沢駅徒歩5分、メイン通りから1本入った小道に怪しい光が放つ場所、それが「イノベーションスナックみらぼ」です。

●イノベーションスナックとは
　メンターや先輩起業家がスナック形式でカウンターの奥に立ち日替わりのママとなり、ご利用者様がそのママに向って、お酒を飲みながら壁打ち（ビジネスで話を誰かに聞いてもらって考えを整理すること。助言を求めるのではない）や事業の相談などができる場となります。ご利用者様は、地域の起業家や企業人、新規事業を担当している方々や、行政関係者、さらに将来を真剣に考えている学生まで多種多様な方々がご利用されています。

イノベーションスナックみらぼのママとは……？
　職種や業界を超えた多種多様な支援者や士業などの専門家、先輩起業家で構成された女性・男性のメンバーが日替わりでカウンターに入ります。ママ同士やお客様、その先のつながりの架け橋になるのがママのつとめです。

　このイノベーションスナックみらぼでは、日替わりのママが毎日コンテンツを用意しております。ときにはビジネス色が強めなママがとことん壁打ちに付き合う壁打ち道場、さらにビジネスモデルキャンバス等のフレームワークを用いたビジネスの整理をお手伝いする日も、マーケティングの基本STP分析を30分で習得するような講座の日もあります。他にも地域の公共交通機関に対してビジネスアイデアを持ち込み、共にブラッシュアップして、企画として、後日に実施したイベントもありました。さらには、WEBマーケティングの専門家が、MEO対策について知って学んで実践してみる日や、TikTokなどのショート動画など現

代にあった認知獲得のツールを学ぶ日もあります。また、福祉の観点でまちづくりをされている地域コーディネーターのママが大学・地域商店街・大学生をつなぎ、関わる大学生に大人の前でプレゼンをしてフィードバックをもらい大学生の自信・経験につながるよう仕掛けている日もあります。

　本当に多種多様な専門家の日替わりママは現在26名います。地域ビジネスを始められる方、マーケティング部門の担当の方、すでに起業されていて次のステップを踏み出そうとされている方など様々な方がご利用頂いております。

◆大人気のコンテンツ 「イノベーターズナイト」
　地域のイノベーターにフォーカスして、夢を語って頂く日も大切にしております。大人になると大人数の前に「夢を語る」ことは少なくなり、また「夢を聞く」ことも減っています。そんな中、地域のイノベーターが夢を語り、その夢を聞いた方々に熱量が伝染して、明日からの活力になっていたりします。さらに夢を聞いた人は、夢を語った人のファンになり、応援する方が増えて、イノベーターのビジネスや仕掛けるコトが加速する要素の一つになります。このイノベーターズナイトが発端となり、仕掛けたイベントがありました。

イノベーターAさん（ハーバート大卒のイケメンDJ）
　この方は、ハーバード大学に通われていました。在学中には工学を学び、現在もSEとして活躍されています。そしてもう一つ在学中に出会ったのが、DJでした。在学中に世界を回っているときにスペインの「イビザ島」で「音」と「食」と日が沈むサンセットの「景色」に世界中のセレブが集まる場所に魅了されたそうです。そこで出会った音楽がBalearic Sound（バレアリックサウンド）でした。
　日本に帰国後、湘南に流れ着き、湘南の江ノ島と富士山の間に沈むサンセットの景色に魅了され、この景色はスペインのイビザ島に負けないポテンシャルと、世界中のセレブを湘南に集めるため「食」のレストランの開業と「音」のBalearic Soundと湘南をかけて誕生した、Shonan Balearic（ショウナンバレアリック）を自らDJとして広める活動をしており、イノベーターズナイトに登壇して、夢を語ってくれました。

イノベーターBさんとCさん（藤沢市の職員2名）
　藤沢市職員の2名が企画しているトライヤル・サウディングを広めるために、イノベーターズナイトに登壇してくれました。このトライヤル・サウディング企画をした背景から、主旨やこの企画に対する熱い気持ちを語って頂きました。

　このイノベーターAさん・Bさん・Cさんの架け橋となり生まれたイベン

トが、"イノベーションスナックみらぼが藤沢市役所とイノベーション?!『藤沢市役所がイビザ島に大変身!?』"と、藤沢市役所の屋上庭園のスペースでShonan Balearic をかけて、チルアウトしながら、お酒とサンセットを楽しむイベントが生まれました。
https://snack-melabo.com/2023/12/09/melabo-balearic/

　そんな多種多様な方々がご利用される、コトをおこそうとする人の支援する場となるイノベーションスナックみらぼを作ったきっかけは……

　私は不動産業界に約20年在籍しており、不動産に関する「売買」、「賃貸」、「管理」、「テナント」、「分譲」など、様々なことを経験させていただいております。この20年の中で、お客様の1生に1度の買い物のお手伝いから、お客様の新しい事業を始める拠点のお手伝いなど、長年にわたりお客様の起点となる様々なサポートをしてまいりました。ありきたりですが、お客様の笑顔や感謝のお言葉を頂き、やりがいを感じて仕事をしておりました。しかし、会社組織の中では、どこか心の中で満たされない想いも抱えていました。

　そんな中、会社方針で「新規事業を推進する部署」を設立し、その新規事業を推進する担当になることを打診されました。私は新しいことに興味を持ち、挑戦することが好きな性格でしたので、心機一転、思い切ってこの内示を受け、新規事業を推進する担当として、1人だけの部署としてスタートしました。この時、私は30歳でした。

　新しい期が始まり、新規事業をする大きな目標を持ったものの、会社から渡された唯一のものは、「新規事業推進」の文字が入った名刺のみでした。何をどうしたらいいかわからなかったのですが、上司というものはいました。しかし、上司からは具体的な指示はなく、社内の同僚も含めて、目の前の仕事に追われていたのか、社内の文化なのかはわかりませんが、とにかく"無関心"で、非常に孤独だったことを覚えています。こんな状況でも、私は気持ちを切り替えて、"無関心なら何をやってもいいかな"とマインドセットをして、私個人が興味のあるもの・やってみたいことを片っ端から箇条書きにして、もっとも実現可能な項目に取り組むことを決意しました。それが、"空きテナントをレンタルオフィスに転用"することでした。

　当時、辻堂駅北口の再開発された湘南 C-X にはいくつかのオフィスビルがありましたが、入居している企業は大手企業ばかりで、地元の企業が入居していな

いことに疑問を感じていました。湘南 C-X のビルは新築かつ再開発されたビルであり、賃貸面積の広さや高い賃料を支払うことが可能なのは大手企業だけでした。この背景から、地元企業が入居する仕組みを作ることができないか考えました。それが、賃料10万円前後で入居可能なレンタル・シェアオフィスでした。藤沢市では初のレンタル・シェアオフィスだったと記憶しています。この企画が当たり、空室だった新築ビルのテナントも順調に入居が決まり、企画としては成功したと確信できることでした。しかし、社内の孤独感は変わらないままでした。

　そんなときに、私に転機が訪れました。会社の代表が変わったのです。私のやってきたことや考えていることに興味と関心を持ってくれたのが、新代表でした。新代表が私を引き上げてくれ、気づけば会社でも中心的な人物になっていました。私の想いや発想、企画や発信に多くの人が興味を持ち始め、そこから私の人生が変わったのです。

　人はきっかけがあれば変われると思います。しかし、そのきっかけは自発的な内部要因だけで変わるのでしょうか？　もちろん内部要因も重要ですが、それだけではないと私は考えます。きっかけは自発的なことだけでなく、外部要因も必要なことです。それが"人"です。

　代表が私を引き上げてくれてからは、私の想いに仲間が集まってきました（このときにみらぼママの数名とお会いして、仲間になりました）。何かをするには1人だけでは限界があります。人の力、仲間の力があると何倍にもなります。そのことを皆に知ってもらいたかったし、それを伝えることや、輝くきっかけ作りをしていくことが使命だと思いました。

　目立たないけれど、コトを起こしたい人。やりたいことが決まっているけれど、どうしたらいいか迷っている人。そんな人の力になれる場所を作りたい想いで、このイノベーションスナックみらぼを作りました。

　そんなイノベーションスナックみらぼを開店したと同時に、私の IM 人生も始まったのです。イノベーションスナックみらぼの開店準備と同時並行でJBIA の IM 研修を受けておりました。2021年6月から数か月後には、研修も終え、はれて IM の資格をとることができました。資格をとれた喜びもありましたが、何より研修を通して IM の世界を学び、IM としての理念や想いに触れたこと。BI実習で訪問した福岡の ibb と出会ったことが何よりも財産となりました。

IMとしては、2年が経とうとしていますが、それはとてもとても濃い時間でした。

　IM1年目は、イノベーションスナックみらぼに奮闘しており、多くの起業家と触れられる場所でたくさんの刺激を受けながら、私自身が社内起業家として新規ビジネスの大変さを知ったことが、今後のIM人生の糧になると確信できる出来事でした。ビジネスの現場で事業を黒字化させる苦しみや悩み、仮説検証の繰り返し、当初想いえがいていた姿とはかけ離れた成果、それでもなんどもなんどもトライ＆エラーを繰り返した経験こそが（現在もですが……）、起業家に伴走支援するときに、気持ちに寄り添える根幹となる気がします。

　また新しいビジネスを始めるときに陥ることかもしれませんが、どんなによいサービスでも人に知られないと広がらない。など当たり前のことを忘れてしまうことの体験を通して、地域ビジネス等テナントを構える方は、テナントの契約や内装工事業者の打合せ、厨房設備等の専門業者との打ち合わせ、保健所等の届出などなどで「開店させること」に頭がいっぱいとなり、開店させてから重要な<u>「集客施策」</u>をおろそかにしてしまうことを、実体験をもとに警鐘をならし、ときにはマーケティングの専門家をおつなぎすることなど、伴走支援できることが地域ビジネスの起業家支援につながることと実感しております。

　そして、IM2年目は、ものづくり系ベンチャー企業様向けのレンタルLABO"湘南藤沢インキュベーションLABO"を開所致しました。
　このレンタルLABOを作った経緯は、一言で

<u>「地域課題に対して、不動産会社として、不動産を使い地域課題をソリューションしたい」</u>

この気持ちが発端で始まったプロジェクトでした。

　藤沢市内には慶應大学藤沢キャンパス（通称:SFC）があります。その周辺には、独立行政法人中小企業基盤整備機構と藤沢市、慶應大学と連携した公的な研究開発向けのインキュベーション施設、慶應藤沢イノベーションビレッジ（通称:SFC-IV）があります。その施設にいるIMや藤沢市の外郭団体である公益財団法人湘南産業振興財団のIMとは、個人的に約10年前からお付き合いをさせて頂いております。というのも、湘南産業振興財団のIMが発起人となり、起業家支援施設連絡協議会となる任意団体があります。その中でSFC-IVのIMも市

内のコワーキングスペース運営者も集まり情報交換をしておりました。当初は各施設の見学や飲み会を繰り返していましたが、いつの間にか各施設の課題や悩みの共有から、地域課題の悩みの話まで発展していきました。その地域課題が藤沢市内に研究開発向けのインキュベーション施設卒業企業の「受け皿」がないことでした。

　公的なインキュベーション施設には、「入居期限」があることを知りました。そして、入居期限が迫り、卒業企業は卒業先の場所を探しますが、藤沢市内では研究開発ができる同等の施設がなく困り果てています。市外に出てしまうと環境が大きく変わり「雇用」の問題に直面します。そして大きな問題は、SFC-IV 入居期間中に藤沢市から助成金が出ており、卒業先の拠点を市外に設けた場合「助成金返還」のペナルティが発生します。藤沢市内に受け皿がないことで、卒業企業も、その企業に勤務されている方も、藤沢市も、全員が本意ではない結果となってしまいます。

　それであれば……受け皿をつくりたい。いやつくろう。と奮起してこのプロジェクトが動き出しました。プロジェクトが始動してから約4年の歳月を経て、湘南藤沢インキュベーション LABO の開所までこぎつけました。

　湘南藤沢インキュベーション LABO の入居企業は、ものづくり系ベンチャー企業です。私が経験しているサービス業とは違った業界で、とても新鮮であったと同時にどのように支援ができるのか今でも暗中模索しております。ただ、私には地域の IM と連携しており、SFC-IV の IM に直接的な支援をうけることができる体制づくりをして、私だけが直接支援するのではなく、地域の IM ネットワークを通じて支援体制を整えてました。

　いずれはこの業界のベンチャー企業も直接支援ができるように、業界構造の把握や大学や国県市等の行政とのパイプづくりに邁進している最中です。

　私は3つの"場"を提供して、ハード支援とソフト支援の両面から起業家を支援しています。
　　1つ目は、レンタルオフィス me-labo（みらぼ）……（1～2人で起業後に使う完全個室のオフィス）
　　2つ目は、イノベーションスナックみらぼ
　　3つ目は、湘南藤沢インキュベーション LABO

　そして、この"場"を通して、自分ができる起業家支援の形が見えつつあります。

私のまわりにいる諸先輩のIMは、金融機関出身者、中小企業診断士の専門家、ものづくり系の企業の勤務経験からものづくり系のベンチャーに寄り添える専門家などなど、数え上げればきりがなく、私には同じ支援はできないことを挫折と暗中模索を繰り返していました。しかし、私がこれまで経験した20年の不動産業界だからできる支援の形があるのではないかとうっすら見えてきている気がします。

　最後に、IM歴2年の若輩者ですが、これからIM・COを志す方にこれだけはお伝えしたいことがあります。起業家支援の人たちは『人生をかけている起業家と接していること』を忘れないでほしいと思います。
　つまり『起業家に負けない熱量がないと、務まらない仕事』ということ。むしろ熱量がないなら起業家に迷惑をかけるので今すぐやめてほしい。とも言えます。

　若輩者が生意気なことを申しましたが、約10年IMと交流をして、私自身もそのIMたちから支援を受けて、私自身がIMとなり起業家の支援を始め、悩み、苦しみ、出した結論です。
　起業家を支援させて頂いているこの気持ちを忘れず、誰よりも熱量があるIMになりたいと思います。

理論18　キャリア形成理論

　キャリアは、人生の仕事の側面であり、家庭や趣味などプライベートと並んで、人生の重要要素である[48]。キャリアの第1の意味は、**職務経歴**であり、経験してきた職業・職務の連続を意味する。第2の意味は、**仕事に対する自己イメージ、アイデンティティ、自分は何者か**といった意味で、キャリアの主観的側面と言われる[49]。

　マサチューセッツ工科大学（MIT）のシャイン（Edgar H. Schein）名誉教授が提唱したキャリアデザイン・キャリアアンカー・キャリアサバイバルという理論がある。シャイン教授から直接教えを受けた神戸大学の金井壽宏名誉教授が提唱したキャリアドリフトという理論がある。それぞれの用語の概要は**表5-3**のとおりである。
　シャイン教授は心理学者として組織や企業人の研究をし、金井教授は心理学を学んでから経営学者になった。キャリア形成理論は、心理学と経営学の融合である。

[表5-3] キャリア形成理論の用語

用　語	定　義
キャリアデザイン (Career Design)	人生の節目で立ち止まって自分のキャリアを決めることをキャリアデザインするという。人にとってのキャリアデザインは組織の経営戦略に当たる。
キャリアドリフト (Career Drift)	ドリフト (drift) は漂流する意味。キャリアデザインした後、流れに流されたり、流れに乗って進むこと。 キャリアデザインの節目と節目の間は偶然の出会いや予期せぬ出来事をチャンスとして柔軟に受け止めるために、あえて状況に流されることも必要だ という前向きな考え方もできる。 一方で、人生の大きな節目であるのに、立ち止まって自分の人生を考え、次の選択肢を自己決定する (キャリアデザイン) ことをしないで、単に漂流していくと人生の目的に近づくことはできず、歳をとってから後悔することになりかねない。
キャリアサバイバル (Career Survival)	サバイバル (Survival) は生き残る意味。キャリアサバイバルは、競争を勝ち抜く、すなわち、個人を取り巻く変化する社会環境、職務などからのプレッシャー (受験勉強や出世競争など) に対して勝ち進んでいくこと。
キャリアアンカー (Career Anchor)	アンカー (Anchor) は船のいかり。いかりに鎖やロープを付けて海底に沈めておけば、船が波や風で漂っても一定範囲に止めておける。 キャリアアンカーは、自分の傾向・価値観のこと。キャリアデザイン、キャリアドリフトがキャリアアンカーに紐づいていれば自分の傾向・価値観と違和感がなく、満足できる人生になる。 お金、出世、見栄、安定など、自分の傾向・価値観と違うものに紐づいたキャリアデザイン、キャリアサバイバルをすると、歳をとってから後悔することがある。

出所：金井 (2003) (pp. 1-39) から吉田作成

キャリアドリフト (Career Drift) のドリフト (drift) は漂流する意味で、キャリアデザインした後、流れに流されたり、流れに乗って進んだりすることである。

キャリアドリフトは、人生の節目にキャリアデザインをして、次にキャリアデザインするまでの間は、流れに流されたり、流れに乗って進んだりすればよい[50]、**節目と節目の間は偶然の出会いや予期せぬ出来事をチャンスとして柔軟に受け止めるために、あえて状況に流されることも必要だ**[51] という考え方で、神戸大学の金井教授が提唱した言葉・概念とされる[52]。

キャリアドリフトは、例えば、出世して高い報酬を得ること自体を目的としつつも、「現状でいいのか？」という視点も常に持っているというものである。偶然の出会いや予期せぬ出来事をチャンスとして柔軟に受け止めて、自分の人生の長期的な満足、すなわち、キャリアアンカーを振り返って、あるとき、既定路線での出世を目指さないで別の価値を求める道に切り替える (途中でキャリアデザインする) こともあるというしなやかなマインドセット (心のあり方) を持ちながらキャリ

第5章 佐藤利雄の仕事の流儀 ⅠM・CDの手法 239

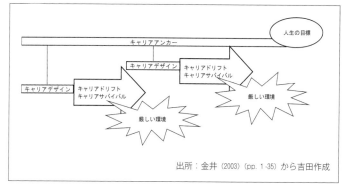

[図5-18] キャリアデザインとキャリアドリフト・キャリアサバイバルのイメージ

アドリフトするのはよいことである。

　個人にとって、キャリアアンカーを考えること、すなわち、**自分は仕事で何をしたら楽しいのか、何にこだわって人生を送りたいのか、死ぬ直前にどのような人生を送れていたら幸せと考えることができるのかなどを深く内省**することは、**就職活動や結婚、転職、転居・移住をはじめ、人生の節目節目の選択の際に欠かすことができない重要な判断の基軸**となる。また組織にとっても、従業員のキャリアアンカーを見極めることで、自社の研修体系の構築や異動・配置を行う際など様々な局面において役立てることが可能になるとされる。

　経営学の人的資源マネジメントのモチベーションに関する研究からも、人は、周りに振り回されるよりも、自分で好きなこと、価値があると思えることに取り組むときにやる気が高まることが明らかにされている。**内発的モチベーション**という言葉は、お金や肩書などの**外発的報酬**に対比される言葉で、自分の内側から生まれる自発的な行動から、困難を成し遂げた**達成感**、全集中する**高揚感**、活動の楽しさやうまくできることの**有能感**、自分で決めることができた**自己決定感**などを意味する。この中でも、有能感などよりも、**自己決定感が、人生・キャリアの満足にとって重要**である。

　このように、お金や肩書などの外発的報酬も大事だが、自分の内側から生まれる**自発的な行動から生じる満足（内発的モチベーション）の方がより重要**で、自分の内側から生まれる満足を得るためには、他人に振り回されるのではなく、**自己決定することが重要**である[53]。

　キャリアの成功の評価については、一回限りの自分だけのキャリアの長い歩みを、**自分なりにこれは良かったと自己肯定できることがキャリア・サクセスの主観的基準**で重要である。加えて、**役職の出世、収入など外面的な成功**である**客観**

的基準も、まったく伴わないとつらくなる[54]とされている。

　キャリアの成功実感は、キャリアの初期に感ずることはまずなく、若い時は焦りがちになるが、キャリアを積んだ後に振り返って実感することが多い[55]とされる。

　日本語の履歴書は、英語では Resume か CV である。
　Resume は、摘要、レジュメ（summary）、就職希望者の履歴書の意味で、フランス語由来の英語である。
　CV, curriculum vitae は、履歴書、大学教員の業績表[56]の意味で、元々のラテン語の意味は、vitae は命の、curriculum は航路で、"その人の人生の航路"という意味である[57]。人生・キャリアを積んだ後に振り返って、自分がたどってきた"航路"を実感するという感じがよく出ている。

　キャリアとは何かについて、神戸大学の金井教授は次のように喩えている。
　馬車が遠い道のりを旅する様を思い浮かべてほしい。行き先がはっきりしていることもあるし、茫漠としていることもある。でも、岐路にさしかかる度に、どちらかの道を選ぶ。今いるところにたどり着くまでに、いくつかの岐路があっただろう。迷わずに進んだところもあれば、成りゆきに任せたところもあるはずだ。それでも馬車はずっと進んできた。振り返れば、轍が残っている。その轍になんらかのパターンが見出される。たとえば、いつも開拓地に向かっていたな、とか。そういえば、迷ったときにはいつも北に向かっていたな、とか。振り返るのは、過去を懐かしがるだけでなく、将来を展望することにもなり、旅全体を意味づけることにもなる。（中略）こんな風にして進んでくる馬車の辿ってきた道程を示す轍がキャリアにたとえられる。その馬車の御者こそ、キャリアを歩むひと[58]である。

提供：写真 AC

［写真5-2］キャリアは自分が進めてきた馬車が残す轍（車輪の跡）

佐藤の持ち歌のコブクロの「轍（わだち）」のタイトル、歌詞は、金井教授のキャリア論と重なっている。
　君さえ知らない君を　見つける旅に出かけようよ　轍さえもない道をただ進め
　この道が　誰でもない　自分で選んだ道だから　しがらみの中をかき分けて進め
　傷だらけの両手が　いつの日か輝いて見えるまで（歌詞の一部）

【推薦図書6】
金井　壽宏（2003）『キャリア・デザイン・ガイド：自分のキャリアをうまく振り返り展望するために』白桃書房
　　シャイン教授に直接学んだ金井教授が、ていねいにキャリアデザインとキャリアドリフトの概念を解説している。

7．逆企業誘致

　10万人くらいの地方都市では、大都市とは違って、毎年多くの起業家が創業するわけではない。地方都市のインキュベーションは、最初は地元のベンチャー企業も多く入居するが、3年、5年で卒業して退所していくと、地元企業は入らなくなっていく。そうすると、他地域の企業を誘致して入ってもらうしかない[59]。2000年、関教授から「誘致企業は、いつかは撤退する。残っている場合はラッキーと思え。撤退してから対策しても遅い。今から考えておけ」と、佐藤は助言を受けていた[60]。その場合、**地元で何ができるのか**が重要になる。
　研究開発型企業の㈱東北デバイスは、このような問題意識をもって、佐藤が他地域の企業を誘致した事例[61]である。エーエムエスは、青森県に6工場を持ち、ピーク時には年商60億円、従業員1000人くらいの会社で、大企業の組立工程を受託していた。先代の社長が引退して古川氏に継がせたいということで、1994年、"新規事業をやるよう"後継者の古川氏に命じていた。
　2001年5月、青森県のエーエムエスの社長の後継者であった古川純也氏と、岩手大学工学部の先生の紹介で盛岡市内で会い、新規事業参入の相談を受けた。古川氏は、岩手大学、山形大学と交流して新規事業を検討していた。佐藤と会って話をしてからの決断は早かった。6月、花巻市起業化支援センター入居審査を行い、7

月、花巻市起業化支援センターの研究室に入居した。9月、佐藤が、半導体関連企業を紹介した。2002年4月、研究室から賃貸工場（150坪）に転居した。9月、賃貸工場内で有機ＥＬの研究開発を始めた。2003年3月、製品をサンプル出荷した。12月、「セミコンジャパン2003」という展示会に製品を出展した。量産工場を作ることになり、花巻市に量産工場を作って欲しかったが、青森県での雇用を守るということもあり、量産工場は青森県に作ることになった。2005年3月、花巻市に、東北デバイス本社を設立してもらい、青森工場は東北デバイスの工場という位置づけにしてもらった。2005年6月、東北デバイスが青森県六ヶ所村と立地調印し、2006年4月、工場が完成した[62]。

　将来、株式公開する意向であったが、負債を抱えて、2010年7月、民事再生となった。カネカは、東北デバイスに当初から関心を持っていた。9月にカネカが事業を買い取った。カネカは、1949年、鐘淵化学工業（かねがふちかがくこうぎょう）として創業した大手化学メーカーで、有機ELを省エネルギー型の次世代光源（こうげん）（光を発する装置）として注目していた。カネカは東北デバイスの事業を引き継ぐことで、有機ELの封止材（デバイスを熱、湿気、光、物理的衝撃などの外的要因から保護する材料）などの材料の研究開発を進めることができるメリットがあった[63]。

本社(花巻市)

量産工場
(青森県六ケ所村)

製品

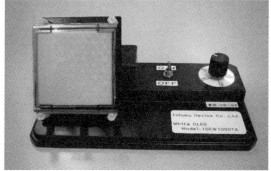

提供:
佐藤利雄

[写真5-3] 東北デバイス

コラム［寄稿］20

古川 純也
（八戸工業大学 社会連携・研究推進部（社会保険労務士））

佐藤利雄さんと関わって

　私と佐藤さんの出会いは、2001年に花巻で研究開発を進めたときに遡る。今までの行政の人とは全然違い、スピード感と「何とかしてくれる」感が凄く伝わってきた。これなら事業を進められると思い、即決で、花巻市起業化支援センターに入居することになる。入居後は佐藤さんから山形大学の有機EL研究で有名な城戸先生を紹介していただいた他、研究員、出資・融資など多方面での紹介・支援もあり、2010年まで白色有機ELの研究開発に邁進した。

　東北デバイスを売却した後、佐藤さんに誘われIM・CDの道へ。経営者としてビジネスに携わっていたこともあり、事業計画、補助金申請書、事業についてのアドバイスについて抵抗なく入れ、その他、企業としての研究開発、大学との連携もしていたため、ささやかながら知識、経験も持ち合わせていたためかスムーズにCD業務へと入っていけたと思う。

　IMとしては2014年からとなり、（公財）21あおもり産業総合支援センターにいた安保さんにIMにならないかと誘われたのが最初のきっかけとなった。その後JBIA（日本ビジネス・インキュベーション協会）でIM研修を受け、2015年、青森市起業創業等相談ルーム（現在のあおもり地域ビジネス交流センター）から委嘱契約を受け、個人事業主としてIMを開始。その後、2018年から2023年4月まで、北上市産業支援センターに移って有期契約（一年更新）でIMとして支援業務に携わる。2023年5月より、八戸工業大学産学官連携コーディネーターとして活動中である。

　現在私が、八戸工大で行っている業務は、地元企業訪問とのマッチングのための情報収集等の他、2022年4月から、佐藤さんが八戸工大の客員教授をしているので、一緒に競争的資金を獲得するための学内での勉強会を企画し、獲得に向けて動いている。今後は青森県のみならず、岩手県内企業とのマッチングの他、外国人特定技能1号人材の教育（短期留学）と企業への送り出しを強化していく予定である。

8. 組織と個人

　佐藤が「組織と個人」ということを考えたのは、企業誘致の達人（極限まで技を洗練させた人）の手法を観察してだった。2000年ころの企業誘致では、資金を持っている自治体は、1億円を超える誘致補助金を企業に出すケースが多く見られた。しかし、島根県斐川町（現在は出雲市）職員の福間 敏 氏（故人）が大手企業を誘致するときは、多額の補助金を用意したわけではなく、福間氏の企業訪問でまとめると聞いた。つまり、資金、人材が豊富な組織では、企業訪問時に優遇制度を説明しながら企業誘致を進めることができるが、おカネがない組織は、担当者**個人の能力が最大の資源**になる。同じパンフレットを持参して説明しても、成果が出ない人と、**なぜか成果を出せる人**に分かれる。パンフレットでの普通の説明は誰でもできるが、"相手を引きつける話題を持っているから福間氏は成果を出せるのではないか"と考えた。また、成果を出す担当者を、組織がプラスに評価すればよいが、組織の幹部や同僚が「なぜ、あいつだけが目立っているのか」とマイナスに評価したり、嫉妬（うらやみ、ねたむこと）してしまうと、担当者は組織の幹部によって関係ない部署に人事異動させられたり、自分から組織を辞めるケースがある。斐川町でも、町長が選挙で交代すると、福間氏は企業誘致担当から人事異動で外され、斐川町役場を辞めて島根県庁に移っていった。**組織は、このような優秀な担当者が活動しやすい環境をつくっていく必要がある**[64]。

　2007年、佐藤は、高村寿一『経営入門』を読んで、ホロン経営という考え方を知った。企業誘致の組織間の競争であれば、おカネがある県・市が勝つ。個人の支援であれば、"佐藤という人間に何ができるか"というおカネではない要素が出てくる。「**組織と個人の手法がうまく融合した支援**が、その地域の特色ある支援になるのではないか。INSも、岩手県内の様々な組織と個人の手法がうまく融合した緩やかな組織だ。」と考えた[65]。

　ホロンは、古代ギリシャ語のHOLOS（全体）とON（個）との合成語である。生命科学でホロンは、個と全体の有機的調和、つまり、生物が環境の変化に柔軟に対応しながら、各細胞が自主的活動を行うことで、全体の調和が図られて生物として生きていけることをいう。この考え方の経営への応用が**ホロン経営（ホロンマネジメント）**で、**組織全体と組織で働く各個人がそれぞれの役割を担い、環境の変化に対応しながら全体・個ともに活かす企業活動を目指す経営**をいう。

　ホロン経営は、

・知識生産に適した組織・仕事に適している。
・環境変化に早急に対応する。
・複雑な環境への適応や異なる事業分野にまたがる仕事に適している。
・企業内企業家を育成する。とされている。

ホロン経営を実施するためには、以下のマネジメントが必要とされる。
・組織内で各個人が自立的・主体的に活動できる。
・各個人の業績管理がなされている。
・異色の人材の容認と多様な能力評価が存在する。
・絶えず変化し続ける組織構造である。
・個人を統合する仕組みがある[66]。

9. 組織・地域活性化を継続する15歳理論

　地元の継続的な発展を願うなら、「組織と個人」で述べたような**優秀な個人のマインドセット（考え方）や手法を、組織の知識として次世代に伝えていくことが必要**である。この伝承方法について、佐藤は"**15歳理論**"を考えた。

　佐藤は、伝承相手を15歳下のメンバーと決めている。なぜかというと、自分から10歳下まではどうしても仲間意識が強く、伝承相手ではない。20歳離れていると、習慣・文化などのギャップが大きすぎて、考えをうまく伝えられないと経験した。中間の15歳下を伝承のターゲットとしている。もちろん、10歳以内、20歳離れていても「佐藤の考えを聴きたい」という人には喜んで伝える。

　現在、花巻市内には、佐藤の15歳下くらいの企業経営者や、CDがいる。彼らから、彼らの15歳以下のメンバーに伝承してくれたらよいと願っている。

　佐藤自身も、1996年にIMになって2，3年経った1998〜99年ころ、15歳上の経営者から「佐藤君の考えで活動してください」と評価されたときは、たいへん励みになった。やはり、人間は褒められると嬉しい。

　自分たちの活動、例えば、地元でのIM・CD活動を継続しようとするなら、15歳上と15歳下のメンバーで、マインドセット（ものの考え方）と手法を伝承できれば、その活動は継続できると考える。

	2020年	2030年	2040年	2050年
70歳		Aさん	Bさん	Cさん
60歳 50歳	Aさん	Bさん	Cさん	Dさん
40歳	Bさん	Cさん	Dさん	Eさん
30歳 20歳	Cさん	Dさん	Eさん	Fさん

[図5-19] 15歳下に伝えることができれば継続できる

10. IM・CDは経験からしか動けない

　1996年の花巻市起業化支援センター開所のとき、花巻市商工労政課の担当だった佐々木俊幸氏は、関教授から「インキュベーション施設のIMは、市役所職員では務まらない。企業で技術、営業などを経験した人を採用するように」と助言を受けたので、佐藤を採用した[67]。

　行政のインキュベーション施設のIMは、民間企業出身という経歴だけでは、仕事に向いていない人もいる。大企業出身で、小さな企業の状況や気持ちがわからない人もいる。民間出身で、利益相反、ルール違反など、"行政関係組織としては、してはいけないこと"をする人もいる。

　佐藤が、1996年から花巻市のIMをしていた時は、IMを仕事にした人が相談に来ていた。2015年から、JSTマッチングプランナーになり、北東北3県のいろいろな大学、行政を訪問して行政や大学の人たちから「どうしたらよいのか」という相談を受ける立場になった。行政や大学の事務の人で「CDをやりたい」という人がいたが、「営業・販売はしたことがない、管理の経験しかない」ということでは、できることは限定された。

　産学官の関係者には、次のような経験を持つ人たちがいる。
　・学の経験
　　　高校、短大、専門学校、大学（修士、博士）、先生、教授。
　・企業の経験
　　　企画、総務、開発（知財、専門分野）、製造、営業、品質管理。

代表取締役、役員など。
・官の経験

法令遵守は必要だが、平等主義は足かせになる。前例主義や、仕事を増やしたくない、自分では動かないマインドセットでは、IM・CD の仕事はできない。省庁や自治体の組織文化の違いもある。しかし、官は、予算をもっていて CD を雇っていることも多いので、味方になってくれる人がいないと困ってしまう。

IM・CD になった場合、それまでに、どのような経験を持っているかで、支援手法は違ってくる。誰かと同じような支援ができるようになるためには、同じような経験が必要になる。したがって、「その人でなければできない支援手法」があれば、どこからか声はかかってくる可能性が高くなる。（理論編の「バウンダリースパナー」に関連する。）

11. 佐藤利雄の IM・CD の経営資源

2005年114回、2006年129回、2007年102回、2008年120回、2009年103回、2010年123回、2011年115回、2012年119回、2013年99回、2014年105回。・・・2021年25回。何の数字でしょうか？　答えは注釈で[a]。

佐藤は自分の経営資源は以下であると言う。
1. **人的ネットワーク**
   ・情報源に直接会えること。25年で名刺交換1万人以上の人的ネットワーク。
   ・インキュベーションマネージャー（IM）の全国ネットワーク。600名ほど。
   ・岩手ネットワーク（INS）、東京、関西（KNS）、札幌（HOPE）、仙台などの産学官連携組織のメンバー。
   ・一橋大学名誉教授 関満博先生の門下生と、主宰の後継者育成塾のメンバー。
2. **マインドセット**
   ・中学からの教えである高村光太郎の「心はいつも新しく、毎日何かしらを発見する」

最近、強く感じる IM・CD コーディネートの考えは、

---

a）飲み会の日数。2021年は、コロナ禍で激減！！

・剣道の教えで「守・破・離」、つまり、最初は、師匠の教えを守り、次に、自分独自の手法を編み出し、最後は、師匠から離れていく。
・米作りをした体験から、工業、農業の支援手法、スピード感の違い。
　　工業系・ものづくりでは、「製作して評価する」を繰り返せる。情報産業はもっと早い。
　　コメ作りは1年で1回の経験しかできない。6次産業は、良い豆腐を作るという食品加工製造業だけでなく、大豆の品種改良は数年かかるといった農業の要素も関わる。「工業と農業」、「加工業者と農家」の時間感覚が違うことに注意が必要だと感じた。お互いの業界のスピード感の違いを、互いに理解してコントロールしないと、産学官連携、6次産業化連携は、トラブルになる。

コラム[寄稿]21

髙島 利尚

1971年から創業に関わって

Ⅰ．創業支援の留意点

　創業希望者は多様である。現在の職場・会社が面白くないからやめて起業したい、なんとなく創業は儲かりそうだ、家で何かして少し稼ぎたいというような方たちから、具体的にやりたいことがあって何とかして事業化したい、お金を払ってでも支援を受けたいというようなタイプまで、いろいろである。
　ここでは、具体的にやりたいことを考えていて、できれば創業したいと考えている方の支援について考えたい。

1．創業に向けての支援
①創業に向けての支援手順
　相談にあたって、やりたいと考える内容についての検討の熟度の確認である。
　単にアイデア・やりたいという思いから、特定のターゲットとする事業領域を想定し、各種情報収集および分析を通して、具体的なビジネスプランまで考えられているか、下図のような手順にて確認していく。
　やってみたいと考える「アイデア」を尊重し、ときにはより発散させて、事業のイメージを確認する。その際に、アイデアをつぶすことがないように留意する。そのアイデアを具現化していくうえで、当事者の過去の実績、持ち味・強み

を活かせる事業になっているか、類似する商品・サービスと比較しての優位性などが明らかになっているか確かめる。そのうえで、当事者の持てる経営資源を踏まえ、実現可能性を考慮したビジネスプランになっているかを確認していく。そして、スタート時の経営資源を踏まえての実行計画をときには一緒に考え作成、日々のPDCAを回しながら着実に起業の一歩を踏み出せるよう支援を進める。

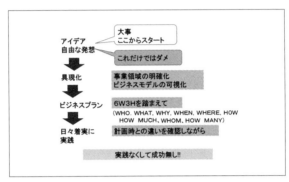

[図5-20] 創業に向けての流れ

②創業の思いの整理

創業してどのようなビジネスをしていきたいのか、「やってみたいと思ったこと」「思いついたこと」などのアイデア・思いをコメントせずに（批判的なことを言わずに）、創業者の思いを聴き出す。最初から「事業のありたい姿」「事業のイメージ」を明確に示せるケースは少ない。

したがって、以下のような問いを発しながら、事業に関わる諸事項を考えてもらう。

誰に、どのような喜びを感じてほしいのか。誰が対価を払ってくれるのか。事業の基本となる問いを発しながら事業としての基本事項の列挙。

次いで、創業したいと思った「きっかけ」の確認。今まで培ってきた技術力・ノウハウが活かせる商品・サービスづくりになっているか。事業を継続していく上での基本事項となる「自分が汗を流してがんばったとき、楽しいと思える仕事か」「自分が好きなこと、自分がやってみたかったことか」「自分だからできる仕事（自分しかできない仕事）か」について思いつくことを列挙してもらう。「自分らしさ」が大切であることの認識である。同時に、「自分の強み」の再認識である。また、事業を持続的に展開していくためには、今まで培ってきたビジネス経験、人脈などがベースとなる。また家族を含めて応援してくれる方の存在も大事である。

さらに、事業の規模を考えるうえで、生活していく上で、いくら稼がなければ

ならないのかの確認も求められる。
　これらのことを特に順番にこだわらず列挙してもらい、ある程度、出つくしたと思える時点で、下図のように整理してみると創業者が描く事業のありたい姿が見えるようになる。

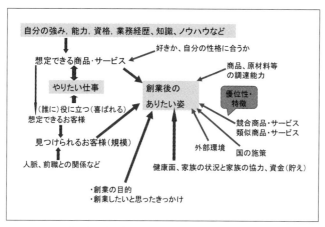

［図5-21］「創業後のありたい姿」の整理

　支援者として、どれだけ本音の思いを引き出すことの手伝いをできるかがポイントになる。
　改めて、下図のような手順で思いの整理をしてみる。

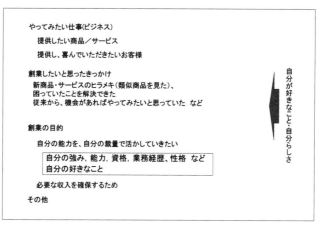

［図5-22］創業に向けての思いの整理

③ビジネスプラン策定時支援の留意点

　提供していきたい（作りたい）商品・サービスは、具体的に示してもらえるが、お客様を特定できないケースが多い。

　自分が提供したい商品・サービスを誰に喜んでもらいたいのか。誰が欲しいと言っているのか。一番初めに購入してくれる第1号のお客様は誰か。

　試作的なもので、第1号に相当するお客様がいた場合、そのお客様はどのような評価をされたか。価格的なこと含め、自分が描いていたイメージとのギャップがなかったか？

　第1号のお客様から、2号、3号のお客様を紹介してもらえそうか。

　自分が長年考え、準備してきた商品・サービスだから「きっと売れる」と思いこんでいる場合が多い。

　顧客のイメージ、顧客の利用シーン、顧客の（利用シーンを踏まえての）期待価値（品質、価格、利便性など）、（期待する価値を踏まえて）競合・類似品と比較して優位性、購入のしやすさなどを明らかにした「商品コンセプト」を一つ一つ確認していく。

　ECの進展に伴い、販路の検討も重要である。さらに、商圏の特定、商圏における市場の大きさなどについても、しっかり意見交換しながら進めることが求められる。

　創業者が腹落ちし、具体的に実行できるような支援が大切になる。

　また、事業開始後他社が類似品を出してきたときの対処のために考えておく「知財」もある。比較的容易にとれる商標権の獲得、また生成AIの普及に伴い、画像やデザインが真似されやすくなる「意匠権」も取得しておかれることを勧めるとよい。技術的な部分においては、特許権の検討も必要になる。

　自社の強みを活かしてのバージョンアップできる能力（協力してもらえる企業・機関含め）、商品供給能力に懸念するところはないかなどの検討も求められる。

　3年先ぐらいを1つのターゲットとし、明日からの具体的に実行できるビジネスプラン作成支援をすることである。

2．開業後の支援

　持続的に経営できる基盤ができるまでには、3年程度かかると考える。初年度は、日々新たに発生する諸事象に対処するだけで精一杯。2年目は、初年度の経験を活かして、単年度レベルでの計画的な活動の実践。3年目に、ビジネスプランで想定した内容と経営環境の変化への対応における内容との乖離を再確認して、中長期を意識しての変化に適応できる体制づくりを行う。

　初年度においては、計画内容と異なる新たな事象への対処の連続になることが多い。したがって、日々発生する事象への対処において困ったときには、気兼ね

なく相談してもらえる体制作りが必要となる。対応方法としては、Eメール、電話、WEB会議などが考えられる。

そして、毎週1回は、計画内容との差異の確認を行う。ある程度落ち着いてきたらば（通常3カ月～6カ月後）、月に1度程度の差異チェックでもよいかと思う。なお、実行計画は、ガントチャートに展開してもらい、1項目（タスク）ごとに設定したKPIとの差異分析を行っていく。

2年目以降は、原則月1回程度の計画と実績との差異分析でよいと考える。ただ、異常時における対応を、随時気兼ねなく相談してもらえるようにしておくことは初年度と同様である。

創業支援は、伴走支援が原則である。

また、創業時は、一般的に人などの経営資源が少ない、同時に経営にかかるノウハウ等も乏しい。したがって、創業者同士が気軽に交流できるコミュニティづくりも有効である。そこでの新たな気づき、ノウハウの共有などを通して自社の経営のあり方を自律的に考えられるようになる。ときには、連携も生まれるなどのメリットが生まれる。

軌道に乗りかけてきた後の販売、生産、資金、人材、パートナー探しなどに関する支援は、通常の中小企業支援と同様に行う。

3．結び —— 支援者の適切な支援に向けて

支援において、もっとも留意すべきことは、「決して『ダメ論議』はしない」ことである。相談・支援依頼者は、明日の活動に向けてのヒントを欲しくて来ているものと思う。創業間もなくかつ経営資源も少ない創業者の経営活動については、一般的な経営理論に当てはめれば問題点だらけかもしれない。創業支援者は、評論家ではない。1歩でも前に進める助言をし、創業者が具体的に活動し、創業者の思いの実現に結びつけられるようにすることである。

創業希望者の創業の思いの中には、その思いを否定して、創業を踏みとどめるような助言になることはある。しかし、そのときも次のステップに向かおうとする思いにつながるような助言が大事である。

そのためにも、「創業者の思い（本音）の傾聴」「（聴いた）思い・考え方を体系的に整理」「何が一番重要か、何から行動していけばよいのかの明確化」が大切となる。つまり、行動してほしいことについては、創業者が実際に行動できると思えるところまで具体的に理解してもらうことである。創業者は、自分がやろうと思ったことしか実践しない。

また、支援者として、相談・支援依頼者の多様な要請に応えられるようにするために、豊富な生きた人脈を確保しておくことにも心がける。支援者本人の知識不足故に、的確な対応をできないことも起こる。その際に、単に「分からない」

「別の人に聞いてほしい」というようなことでなく、「調べていつまでに連絡する」「○○さんを紹介する」のように解決につながる回答を行うことが求められる。

　創業者に寄り添い、創業者から何時も頼られる存在になることが大切と考える。そのためにも創業者との信頼関係を維持していくことも大切になる。

Ⅱ．私の創業関連にかかる略歴

１．創業支援についての略歴

　創業塾（セミナー）を始めたのは、1999年秋からである。中小企業大学校にて、創業支援ならびに創業セミナーのあり方を研究し、それぞれの検討メンバーが各地に分かれて創業セミナーを開始した。筆者は、多摩地区で開始、その後、青梅市、八王子市、立川市等で創業塾を創設した。八王子市の「本気の創業塾」は、今年度で20周年を迎える。

　このころから、創業相談対応も本格的に始めた。

　また、2013年から国の創業補助金、第２創業補助金の申請支援、審査等。2015年から東京都の創業補助金の立上げ並びに審査などにも関わってきた。

　特定創業支援等事業については、2015年にビジネスト（中小企業基盤整備機構）にて多摩地区自治体を対象としての相談対応、2016年寒川町にて特定創業支援等事業の再申請支援並びに創業支援。創業支援は現在も継続中である。

　書籍は、独立・開業のすべてがわかる本（経林書房・編著）、創業・新事業展開とビジネスプラン作成支援（中小企業診断協会編・共著）がある。

２．創業にかかる略歴

　最初に創業の機会を得たのは、ニクソンショック（1971年）直後である。当時勤務先（振動試験機、騒音計などの中小製造業）の社長から、「時代が変わる。今までと異なる事業にチャレンジする必要がある。１つは、これからはアメリカの情報をいち早く掴むことが求められるということから『雑誌社（sound end vibration）』をつくる。もう１つは、測定データの分析が『アナログからデジタルになる』デジタル分析できる会社をつくれ」という指示でした。２社とも１年以内に立上げた。雑誌社は、１年程度で本屋の店頭に置けるところまで行い、バトンタッチ。デジタル分析の会社は、優秀な技術者２名をスカウト、経営はまかせた。

　２つ目は準創業で、横浜ゴムが立ちあげた４年目の情報系子会社の経営である。親会社以外の一般顧客から仕事を取れる独立？した情報系会社にしていくことが命題であった。1974年にスカウトされ、約20年間ナンバー２or３の立場で

実践した。

3つ目は、文字通り創業である。1994年1月に、今までの経験等を活かし、中小企業を主対象とする経営コンサルタントである。現在も継続している（中小企業診断士の資格取得は1980年）。

事業内容の詳述は避けるが、事業推進において心がけてきたことは、「常にお客様に喜んでいただける」を第一義として実践してきた。お客様に「仕事が欲しい」というような営業活動は一度もしたことがない。ただお客様から依頼された仕事をお客様の要請に応えられるよう全力で取り組んできた。それが、リピートや他のお客様の紹介につながり、あるいはその活動内容を知った法人等からの仕事の依頼につながってきたと思う。

また、仕事の依頼に対しては原則断らず、自分自身ができる範囲で精一杯取り組んできた。その仕事をこなすうえでは、多くの人の助けも受けている。仕事を依頼されてくる方は、依頼内容に関して何らかのプラスの答を期待してくるのである。したがって、自分の力で無理があると思えるときは、その求める内容に相応しいと思える人の助けを得て、依頼内容に応えてきた。

TMI（Total Management Institute）を1996年に立ち上げたのもそのためである。

中小企業診断士の資格を持つものでかつ、税理士、技術士、社労士、販売士、情報処理技術者などの資格保持者、海外展開などの高い専門性を持つ者で、互いに切磋琢磨していきたいと思うメンバーにて構成し、毎月種々の勉強を行ってきた（5年ほど前からは、若手で勉強したいと思うメンバーの構成になっている）。

多様な要請に応えていくためには、生きた人脈を持つことは必須と考える。

人脈の形成においては、下記のような仕事、役職などを受けてきたことも役立っていると思う。

経済産業省（関東経済局含む）、中小企業庁、中小企業事業団（現中小企業基盤整備機構）、情報処理推進機構（IPA）、東京都、商工3団体等での委員など。中小企業診断協会（三多摩支会長、東京支部長、本部副会長）、ITコーディネータ協会（副会長、理事）、電通大のOB会（目黒会）の副会長などのボランティア的な活動など。また、中小企業大学校、学習院大、電通大、産能大、立正大（院）、日本経済大学（院）、日本工業大学（院）などでの講師業。

さらに、「国等での初めての仕事」に関わってきたことも人脈形成ならびに知名度向上に寄与してきたと思う。

1983年に中小企業大学校で専門指導員向けに情報化推進にかかる講座の立上げ、全国中小企業地域情報センター連絡協議会（1981年）、中小企業OAシステムセンター（1982年）、全国中小企業情報化促進センター（1989年）、ITコーディネータ制度（2000年）などの立上げ支援、ITスキル標準（2002年）立上げ時の委員その後の普及活動。中小企業のIT化促進にかかる表彰制度（IT経営百選）

(2006年)、中小企業 IT 経営力大賞 (2008年)、攻めの IT 経営中小企業百選 (2014年) の立上げおよび推進などの中小企業の情報化 (IT 化・デジタル化) 関連、1998年 (一社) 首都圏産業活性化協会 (愛称：TAMA 協会) の立上げ支援、「地域資源活用促進法」(2007年)、「農商工連携促進法」(2008年) に基づく地域活性化にかかる支援、2016年から現在に至る寒川町での産業振興支援など。

　また全国各地での講演、書籍の出版も知名度向上につながっているかと思う。

　なお主な著書として、「地域に根差す中小企業の成長記録」(コンテン堂・共著)、「中小企業支援の視点と手法」(コンテン堂)、「中小企業の IT 経営論」(同友館・共著)、「中小企業の経営革新ノウハウ」(同友館・編著)、「IT ソリューション」(同友館・編著)、「未来型オフィス構想」(同友館・編著) などがある。

　新規創業にかかわった法人には、1999年株式会社キャンパスクリエイト (監査役、現在退任)、2003年 IT マネージメント協同組合 (副理事長、理事長後退任)、2013年クラウドサービス推進機構 (副理事長、現在理事) などの実績もある。

　「生涯現役の秘訣を教えてください」と聴かれることがあるが、「特段考えてはいない」と応えている。上述のように、「仕事の依頼に対しては原則断らず」ということだけである。依頼してくれる方があれば、正常な心身を条件に継続はしていく。仕事の依頼がなくなれば、後は人生を振り返り、ゆっくり地方の風景を見て歩くことかな……。

　現在の主な役職は、下記のとおりである。

　寒川町地域経済コンシェルジュ、日本工業大学大学院技術経営研究科客員教授、(内閣府) 地域活性化伝道師、(一社) クラウドサービス推進機構理事、NPO IT コーディネータ協会理事、東京都城東職業能力開発連絡協議会会長、(一社) 首都圏産業活性化協会 TAMA コーディネータ、(一社) 東京都中小企業診断士協会三多摩支部顧問、など

　資格：中小企業診断士、IT コーディネータ

[注]
1) 佐藤 (2024)
2) 佐藤 (2005), 関, 関 (2005) (p.206)
3) 佐藤 (2007b) (p.7)
4) 佐藤 (2000) 加藤ほか (2000) (pp.313-315)
5) DBM 用語辞典
6) 三谷 (2019) (pp.52-53)
7) マーケティング論の第一人者とされる Philip Kotler。ノースウエスタン大学ケロッグ

経営大学院教授。主な著書に「マーケティング原理」「マーケティング・マネジメント」がある。出所：株式会社トライベック・ブランド戦略研究所ブランド用語集
8) マーケティング用語集、ブリタニカ国際大百科事典 小項目事典。
9) 三谷（2019）（p.48）
10) 佐藤（2021a）（p.25）
11) 佐藤（2021a）（p.26）
12) 佐藤（2021b）（pp.16-17）
13) MEBIC　https://www.mebic.com/cluster/　（2024/01/12取得）
14) https://www.sonpo.or.jp/　（2024/2/18取得）
15) COMMITTEE ON SCIENCE（1998）(pp.39-40)
16) 能美（2003）p.457
17) https://onlystory.co.jp/service/column/death-valley/　（2024/4/2取得）
18) 日本能率協会コンサルティング　https://www.jmac.co.jp/glossary/ma/devilriver.html
（2022/10/26取得）
19) 第3期科学技術基本計画
20) 2024年3月現在
21) https://www.hakuhodo.co.jp/magazine/55039/　（2023/1/6取得）
22) 一般的なインタビュー調査方法は、インタビューを受ける人が語る内容は、事後報告（解決後にどのように解いたかを聞くこと）であり、回顧的バイアス（retrospective bias）が必然的に伴っていて信頼性がない。事後に記憶が美化されたり、置き換わった記憶に基づいて話すことが多いので、実際に実践したこととは違うストーリーを話しがちであることが知られている。
　　心理学やマーケティングで用いられる"発話思考法（think-aloud method)・発話プロトコル法"は、問題解決中に被験者に考えていることを発話させることによって言語データ（protocol）を得る。言語データ（プロトコル）分析（protocol analysis）で、問題解決のプロセスを詳細に分析する。（出所：最新 心理学事典）
　　サイモン（Herbert Alexander Simon）カーネギーメロン大学教授は、行動科学的な組織論研究の第一人者で、1978年、経済組織内部の決定過程についての先駆的研究でノーベル経済学賞を受賞した。（出所：ブリタニカ国際大百科事典 小項目事典）
　　サラスバシー教授は、サイモン教授の最晩年の弟子であり、チェスの名人になるには、情報の蓄積、問題認識、答えの導き出し方が重要であって、知能が高度化はあまり関係がないという共同研究を行った。（出所：Sarasvathy（2008）（サラスバシー（著），加護野，高瀬，吉田（訳）（2015）（p.16））
23) Sarasvathy（2008）（サラスバシー（著），加護野，高瀬，吉田（訳）（2015）（p.15, p.29）
24) GLOBIS https://mba.globis.ac.jp/about_mba/glossary/detail-20914.html　（2024/1/26）
25) Sarasvathy（2008）（サラスバシー（著），加護野，高瀬，吉田（訳）（2015）（pp.20-21）
26) Sarasvathy（2008）（サラスバシー（著），加護野，高瀬，吉田（訳）（2015）（pp.42-48）
27) Project Management Institute（2021）（鈴木訳（2023））（p.63）
28) https://www.rd.ntt/se/media/article/0022.html　（2024/10/31取得）
29) Project Management Institute（2021）（鈴木訳（2023））（pp.32-34）
30) https://asana.com/ja/resources/waterfall-project-management-methodology
（2024/3/14取得）

31) Mintzberg（2005）(pp.93-95)
32) Brown（2019）(ブラウン（著），山口（訳）(2021)）(p.1)
33) ASCII.jp デジタル用語辞典
34) https://dhbr.diamond.jp/articles/-/7820　(2024/1/25取得)
35) Chesbrough（2003）(チェスブロウ，大前訳（2004)）(p.28)
36) Chesbrough（2003）(チェスブロウ，大前訳（2004)）(p.7)
37) Chesbrough（2003）(チェスブロウ，大前訳（2004)）(p.8)
38) Chesbrough（2003）(チェスブロウ，大前訳（2004)）(p.9)
39) Chesbrough（2008）(長尾訳［2008］)(pp.25-29)
40) Chesbrough（2003）(チェスブロウ，大前訳（2004)）(p.14)
41) 佐藤（2021b）(pp.15-16)
42) 佐藤（2007b）(p.15)
43) 佐藤（2021b）(p.17)
44) 岡田（2010）(p.24)
45) 小学館　日本大百科全書（ニッポニカ）
46) Coleman（1990）(久慈訳（2004)）(p.281)
47) Coleman（1990）(久慈訳（2004)）
48) 大久保（2016）(p.20)。
49) 大久保（2016）(p.14)
50) 金井（2003）(p.35)
51) 人事労務用語辞典
52) 人事労務用語辞典
53) 金井（2003）(pp.1-33)
54) 金井（2003）(pp.48-52)
55) 大久保（2016）(pp.4-5)
56) 新英和（第7版）・和英（第5版）中辞典
57) 新英和（第7版）・和英（第5版）中辞典
58) 金井（2002）(pp.26-27)
59) 佐藤（2021b）(p.16)
60) 佐藤（2024）
61) 佐藤（2021b）(pp.16-18)
62) 佐藤（2024）、佐藤（2021b）(pp.16-18)
63) 日本経済新聞（2010年9月17日）https://www.nikkei.com/article/DGXNASFB1606H_W0A 910C1L11000/　(2024/1/8取得)
64) 佐藤（2021b）(p.16)
65) 佐藤（2007b）(p.14)
66) アクティブ アンド カンパニー人材マネジメント用語集
67) 佐藤（2021a）(p.24)

第6章
IM・CDの成果事例

乳牛排泄物清掃装置「ダングクリーナー」

佐藤がIM・CDとして活動してきて、うまくいったと考える、成果を出した事例を紹介する。

○この章の研究課題
　・IM・CDの成果事例は？

○キーワード
　・産学官連携
　・ブランド確立
　・企業、農家の困りごと

○理論
　・企業支援成立条件の理論

1. 黒川食品と岩手大学の共同研究

　黒川食品は、花巻の食品会社で、「豆腐業界も価格競争の"たたき合い"になって利益が出ない」という悩みを抱えていた[1]。

　黒川食品は、**イソフラボンの含有量が他社よりも30％多い豆腐**の製法を産学官連携で開発した。パッケージに「岩手大学農学部との共同研究」と明記して他社と差別化を図った。イソフラボンは、癌、骨粗しょう症、動脈硬化の抑制効果があるとされている。

　開発の経緯は、以下のとおりである。

　1997年３月、岩手大学で西澤直行先生の情報を、佐藤は入手した。４月、花巻市内で西澤先生のセミナーを行い、会場で黒川食品を紹介した。

　1998年、組合集中指導事業、産学官共同研究促進事業を開始した。大豆生産者との連携の開始である。中小企業マーケティング強化支援委員会に黒川食品を推薦した。岩手県中小企業団体中央会の助成を受けて関東地域でのPR活動を開始した。東京の「MT＆カンパニー、マイルストーン」社に委託して、市場調査をした。

　1999年、平成11年度中小企業創造技術開発事業補助金の採択を受けた。11月、12月、黒川食品の製品発表会を行った。

　2001年、岩手県花巻地方振興局地域活性化事業調査費を受けた。黒川社長が、花巻地区の米・雑穀・大豆加工研究会会長になった。1997年に比べて、売上げが２倍になった。

　2004年、企業家塾に参加した。マーマ食品の伊藤社長が塾の会長に、黒川社長が副会長になった。

　2008年、地域産業資源活用事業計画の認定を受けた。計画名は、「高栄養機能性豆乳」による新食感スィーツ系および応用商品の開発とブランド確立とした[2]。

提供：佐藤利雄

［写真６-１］黒川食品と岩手大学の共同研究の成果品

2. 伊藤工作所

　伊藤工作所の二代目、伊藤達也氏（1971年生まれ）は、父に鍛えられて身につけた技術を生かして、新製品を開発した。「諦めかけたこともありましたが、何とか完成にこぎ着けました」。達也氏はしみじみとした口調で語る[3]。

　同社は、達也氏と両親のほか、社員が1人という家族経営の小企業である。社長を務めていた父の金昭氏（1940年生まれ）が、金属加工会社を経て、1967年に創業した。

　加工技術を生かしながら、岩手県内にある食品などの工場で機械の保全・整備などを手掛けている。

　達也氏は地元の高校を卒業後、東京の専門学校を経て、大手機械メーカーの営業職として埼玉県で働いた。1996年、メインの取引先から伊藤工作所に「相当量の仕事を出したい」という話があり、達也氏は社長（父）の要請で実家の伊藤工作所に帰る決心をした。1997年、達也氏は5年間の営業経験を経て、25歳で地元に戻り、父の会社に入った。

　戻ってからの達也氏の仕事は顧客の工場での機械の保全・整備だった。前職の営業とは全くの畑違いだった。しかも、機械の保全・整備は取引先の工場ごとに仕事の中身が大きく違う。毎日が新しい作業の連続であり、達也氏はそのたびに戸惑った。

　達也氏が戻ってきてから会社は忙しくなった。取引先がハサップ（HACCP，食品加工企業の国際衛生管理基準）を取ろうとしていて、機械メンテナンスだけでなく、工場内側のステンレス化、防虫対策、汚染対策などの仕事の伊藤工作所への発注量が増えた。

　父は達也氏と一緒に工場を回り、一緒に汗を流し続けた。父は早い段階から、重要な作業を担当させて達也氏を鍛えた。達也氏は仕事を一通りこなせるようになるまで6年かかった。「大変でしたが、その分、さまざまな経験ができました」と言う。

　達也氏が1人前に育ったころ、同社は転機を迎えた。メインの取引先だった工場が閉鎖されたのだ。社長（父）に「給料を出せない。自分で仕事を取ってきてくれ」と言われた。

　ほかの取引先の手助けなどで、当面の仕事は何とか確保できた。しかし、会社の将来像は見えにくかった。達也氏は父と会社のあり方について話しあった。

　達也氏は「取引先に振り回される状況を変えたい」と訴えた。父も同じで、「そのために独自製品の開発が必要」と考えていた。だが、父は本格的な開発に踏み出

すきっかけがなかった。

　そんなとき、達也氏の妻の実家が酪農家で、義父から、「牛糞掃除の労力を軽減する機械は作れないだろうか」と相談された[4]。牛舎内の牛糞は側溝に落として処埋する。乳牛を繋ぎ飼いする酪農家が多く、牛のお尻の方向が揃う。大半の牛の糞が側溝に落ちる。側溝には人や牛が落ちないように、金属製の格子蓋（グレーチング）がかぶせてある。グレーチングは糞が付着しやすい。グレーチングが糞で汚れ、詰まる。最初はやわらかいが、放置すると糞が固くなり蓄積する。蓄積した場合の従来の掃除の仕方は、竹ぼうき、デッキブラシでグレーチングの上の糞を崩しながら側溝に落としていく。グレーチングの下にコンベアが設置されており定期的に屋外へ排出される。グレーチングの隙間が開いてくると、尿で自然にきれいになる。絶えず、グレーチングの隙間を空けておくことが大事で、小まめな掃除が必要で手間がかかった。

　いったん糞が固くなってしまうと、力の弱い人では道具で突いても崩せなくなる。竹ぼうきに糞が絡んで重くなり、女性ではできないほどの重労働だった。

　何とか機械で掃除できないものか。開発は義父の要望に応える形でスタートした[5]。

　達也氏は「これまで手掛けたことのない分野だが、培った機械の知識と技術を使えば解決できるかもしれない」と思った。父に対して、「新しい製品を作りたい。そして会社を変えるきっかけにしたい」と打ち明けた。父、金昭氏の助言を受け、達也氏は花巻市起業化支援センターに相談し、そこから県工業技術センターを紹介された。父は口出しをすることなく、静かに見守り続けた。

　遠也氏は自ら動き始めた。格子蓋を掃除するために、モーターでブラシを効率よく回転させる装置づくりに知恵を絞った。2003年から岩手県工業技術センター、2005年からは拓殖大学工学部などの協力を得ながら、開発を進めた。試作品ができると、達也氏は近隣の牛舎に運んで、テストを繰り返した。しかし、なかなかうまくいかなかった。テストのたびに、体中が牛糞まみれになり、何度もくじけそうになった。それでも達也氏は、「自分で言い出して始めたのだから、頑張ろう」と粘り続けた[6]。

　開発開始から4年後の2007年、独自製品である「ダングクリーナー」が完成した。達也氏は「一番大変だったのは、牛糞の硬さと粘りに負けず、さらに格子蓋の金属にも勝てるブラシの開発と、その負荷に耐えられるモーターの選定でした」と振り返る。

　ブラシは、牛糞が付着しにくい材質を見つけ出し、回転ブラシの後方に補助ブラシを付けた。ブラシの高さを作業者が調整できるようにした。モーターは、ガソリンエンジンの高出力のものを使えば手っとり早いが、牛舎では使えなかった。「牛

はとてもデリケートです。エンジンの騒音や排気ガスの臭いは、牛を驚かせたり、余計なストレスを与えて乳質を落としてしまう」からだ。最終的に選定したのは、充電式バッテリーで動く強力な直流モーターだった。「家庭の電源から簡単に充電でき、静かでコードレスでハイパワーという、求めていたものを見つけることができました」。

さらに、広い車輪幅と大経口のノーパンクタイヤを採用し、軽くて安定した走行性を実現した。一輪車のようなスムーズな旋回ができるように構造も工夫した[7]。

装置

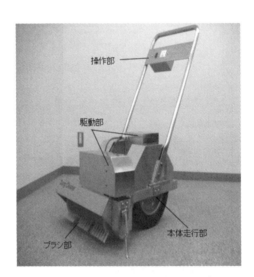

作業状況

提供：佐藤利雄

［写真6-2］乳牛排泄物清掃装置「ダングクリーナー」

「ダングクリーナー」を使った掃除の仕方は、デッキブラシでひどく固まった糞を砕く（回転ブラシでも砕けないほど固くなっているものを処理する下準備）。砕けばよいので女性でもできる軽作業になった（下記図右の「粗掃除」）。「ダングクリーナー」を押していくと、ポリプロピレンでできた回転ブラシが、グレーチングの隙間に入り込んで、グレーチングの穴部分の側面まできれいに磨いて掃除していく（下記図右の「掃除機」）。

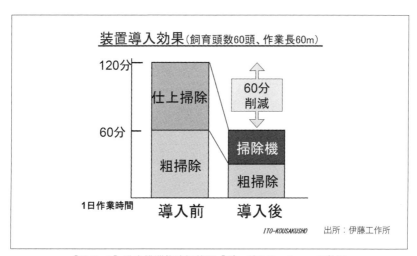

［図6-1］乳牛排泄物清掃装置「ダングクリーナー」の効果

　この新事業で、地元の「いわてビジネスプラングランプリ」を受賞した。応募の準備で市場調査を行い、全国に2万5000軒の酪農家があり、その約70パーセント、1万8000軒くらいの市場が、製品にあることがわかった。
　グランプリ受賞後は、地元新聞やテレビでの紹介のほか「日経ベンチャー」誌や「日刊工業新聞」「農機新聞」などにも取り上げられ、「第3回モノづくり連携大賞・特別賞」（日刊工業新聞主催）も受賞した。達也氏は「マスコミに大きく取り上げられたのもグランプリ受賞のおかげだ。私たちが投資できない部分でのメリットがすごく多かった」と話す。ダングクリーナーは2008年に11台を販売できた。2009年1月、同社はそれまでの個人事業主から株式会社化した。ダングクリーナーの販売も、国内最大手の酪農機械メーカーの販売支援をとりつけた。達也氏は「父がこれまで築き上げてきたニーズ直結の伊藤工作所のモノづくりの姿勢を守りながら、一歩一歩着実に前に進んでいきたい」と抱負を語った。
　2014年、達也氏が社長となり、事業承継した。

[表6-1] 乳牛排泄物清掃装置「ダングクリーナー」の開発経緯ほか

年	月	内容
2002（平成14）年	9月	伊藤工作所が葛巻町サンシャイン牧場より、排泄物清掃の省力化について提案を受ける。
2003（平成15）年	2月	伊藤工作所伊藤達也氏花巻市起業化支援センター来訪　花巻市技術振興協会職員が装置開発概要を伺い、岩手県工業技術センターの紹介。
	8月	伊藤工作所と岩手県工業技術センターとのあいだで、テクノブリッジ事業開始　共同発明者葛巻町サンシャイン牧場現場試験開始
2004（平成16）年	4月	伊藤工作所と岩手県工業技術センターとのあいだでアドバンストORT事業開始
		花巻信用金庫　起業家塾参加
	7月	拓殖大学工学部工業デザイン学科（装置デザイン）共同研究開始
2006（平成18）年	3月	伊藤工作所、岩手県工業技術センター共願　特願2006-8 4996 名称畜舎用排泄物清掃装置
2007（平成19）年	2月	リエゾン-I　いわて産学連携推進協議会「研究開発事業化育成資金」採択
	10月	花巻市起業化支援センターの支援で、㈱新興製作所にてダングクリーナーのプレゼンを行う
2008（平成20）年	3月	特許流通アドバイザーの支援を受け、伊藤工作所と㈱新興製作所にてオプション契約の締結、装置10台納入。㈱新興製作所にて全国販売開始
	6月	一橋大学関満博先生　日経ベンチャー取材
	6月	東北オリオン機械㈱と販売開始
	9月	畜舎用排泄物清掃装置　特許共同取得　特許第4183139号
	11月	日刊工業新聞主催「第3回モノづくり連携大賞」特別賞受賞
2009（平成21）年	1月	法人化　株式会社伊藤工作所　代表取締役専務　伊藤達也　就任
	4月	経済産業省中小企業庁「2009年元気なモノづくり中小企業300社」「キラリと光るモノ作り小規模企業」選定
	4月	オリオン機械㈱と販売締結　関東、九州地区での販売
2010（平成22）年		口蹄疫により畜舎内でのダングクリーナーのデモ機運転中止
	10月	東北地方発明表彰発明奨励賞受賞　乳牛排泄物清掃装置
2014（平成26）年	1月	株式会社伊藤工作所代表取締役社長　伊藤達也　就任

その他

年	月	内容
2013（平成25）年	3月	JST復興プログラム採択　代表企業　大船渡市鎌田水産㈱と連携「さんまの仕分け・箱詰め工程における先進的自動化装置の開発」
2016（平成28）年	2月	2016希望郷いわて国体炬火トーチ共同製作
2023（令和5）年	9月	調理釜装置　岩手県工業技術センター、アイ・エス・エスと特許共同取得　特許第7352892号

コラム［寄稿］22

伊藤　達也
（株式会社伊藤工作所代表取締役社長）

事業承継、ダンククリーナー開発と「15歳理論」

　1997（平成9）年に5年務めた金属加工機械メーカーを退職し、実家にUターンしました。当時新聞等で、岩手大学と共同開発した自社商品を関東へ売り込みに成功していた黒川食品（黒川賢太朗社長）の支援を、花巻市起業化支援センターCD佐藤利雄さんが行っていることを知り、自社製品を持ちたいと平成15年に酪農家向け掃除機の開発について利雄さんに相談いたしました。すると「装置の開発であれば県工業技術センターに相談したほうがよい。装置が完成したときには、連絡して」と指摘を受け、岩手県工業技術センターを訪問します。同センターには研究員として私の高校時代の同級生、園田哲也氏がおり、共同研究の話が進み、企業支援事業テクノブリッジ研究テーマに採用され共同開発に着手しました。試作機が完成間近となりデザインを検討した際に、これもまた私の高校時代の同級生菊池司氏が拓殖大学助教としてデザイン学科にいたことから、学生との共同研究から機械デザインを作り込み、武蔵野美術大学皆川全弘先生にプロダクトデザインを依頼しました。初期モデルが3年をかけ完成した後、リエゾン-I研究事業育成資金を獲得し量産初号機を製造することができました。

　量産機完成後、改めて利雄さんに相談すると、「ここからの営業支援は俺の仕事だ」と事業展開支援が始まります。花巻市内の新興製作所に装置販売の提案をしてもらい売買契約を締結。10台一括購入してもらい新興製作所から県内、東北地区への販売を開始することができました。いわてビジネスプラングランプリにてグランプリを獲得し量産が開始します。販路を全国に拡大するべく酪農機械メーカー大手のオリオン機械との販売協力を獲得し全国展開が開始。口蹄疫まん延までの期間、訪問販売を中心に延べ40台の製造販売を行うことができました。

　受託型から装置メーカーになったことで、利益率が高くなり、会社の評価もあがりました。岩手県工業技術センターからの依頼で装置の共同開発も業務に加わり、取引先も増加しました。

　改めて当時を思い出すと、剣道の先輩方でもある利雄さんが黒川賢太朗社長、黒川食品の支援を見て、花巻市起業化支援センターに相談しようと思ったことがスタートです。父は背中を見て覚えろタイプで技術を言葉ではなかなか教えてもらえず、後継として時間がなく、いろいろしなくてはと焦ってもいました。父と私は30歳年齢が離れており感覚が違いすぎます。利雄さんが父との間に入り開発、事業の経過や各賞へのエントリー支援、報告などしてくれたおかげで、父は

開発のことを次第に理解してくれるようになりました。私は100％、利雄さんを信頼しています。海外視察や大学等へのプレゼン、営業展開などやった方がいいのではということは可能な限り全てやってきたつもりです。10年前に父が他界し、その後の困難な状況をも乗り越え、弊社の現状があるのは利雄さんのお陰です、感謝しかありません。

　清掃装置開発、全国展開の後、花巻夢企業家塾での発表などで、利雄さんが弊社や企業支援をしてきたことを地域の経営者、後継者たちが知り「自分たちにもできる」、と私よりひと回り以上下の後輩たちが後に続いてきています。これが利雄さんの「15歳理論」かと身をもって実感しています。まさに自分自身が「15歳理論」の恩恵を受けた身であると。

　「15歳理論」父→利雄さん／先輩方→伊藤→後輩たち

ダンククリーナー

　従来の掃除の仕方：竹ぼうき、デッキブラシでグレーチング（鉄製格子蓋）の上の糞（時間がたって固くなっている）を崩しながら取り除く（荒掃除）。竹ぼうきに糞が絡んで重くなり、女性ではできないほどの重労働になる。ある程度きれいになったら、グレーチングの下に砕いた糞を落とす（仕上掃除）。側溝内にはコンベアが設置してあり。定期的に動いていて糞尿を牛舎外へ排出する。グレーチングの穴部分が空いてくると、尿で自然にきれいになる。絶えず、グレーチングの穴部分を空けておくことが大事で頻繁に掃除が必要となる（糞が詰まると固まって、砕くのに手間がかかるため）。

　「ダンククリーナー」を使った掃除の仕方：デッキブラシなどでひどく固まった糞を砕く（回転ブラシでも砕けないほど固くなっているものを無くす下準備）。砕けば良いので女性でもできる軽作業になった。「ダンククリーナー」を押して掃除をする。ポリプロピレンでできた回転ブラシが、グレーチングの穴部分の側面に入り込んできれいに磨いていく。

試作機

プロダクトデザイン

第6章 IM・CDの成果事例　269

左から伊藤、園田氏、菊池氏、皆川氏

佐藤利雄氏、新興製作所様、遠藤氏

新興製作所様向け実演風景

いわてビジネスグランプリ

量産機

オリオン機械様と

オリオン機械様向け実機説明

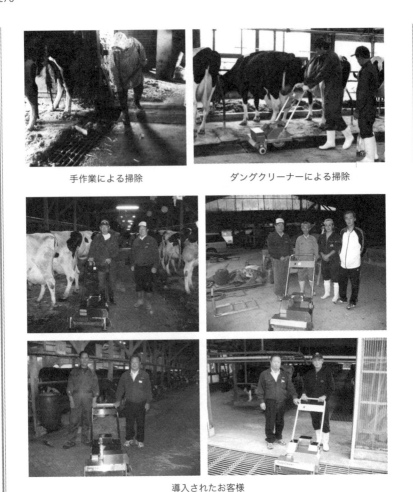

手作業による掃除　　　　　ダングクリーナーによる掃除

導入されたお客様

[写真6-3] ダングクリーナー開発

理論19　企業支援成立条件の理論

理論19-1．IM・CD の役割、支援組織、人的ネットワークの事例調査結果

　共著者の吉田は、2000年以降の IM・CD の役割、支援組織、人的ネットワークを事例調査し、IM・CD の役割、支援組織が役割を果たすために必要な条件を、

2019年にとりまとめた[8]。

　ベンチャー企業は起業家がイノベーションを起こす。すでにある企業も、現状の仕事はだんだんなくなっていくので、何かの新規事業を開拓（経営革新，イノベーション）し続ける必要がある。起業家、経営者は絶えずイノベーションを起こしている。

　企業の総数に比較して、IM・CDや支援組織が支援した企業数は少ない。したがって、ほとんどの企業は、起業家や経営者が独力でイノベーションしていると推定される。IM・CDや支援組織が役割を果たした6つの事例を聴き取り調査した結果、以下がわかった。

① IM・CDや支援組織が役割を果たすには、経営者とIM・CDの信頼関係が前提となる。
② IM・CDや支援組織の主な支援内容は、起業家や経営者がやりたいことが決まっているときに、その実現を支援する内容であった。
③ 信頼できるIM・CDや大学教員から、必要な人を紹介してもらい、その人を信頼して事業を進めたケース（信頼の連鎖）もあった。
④ 少ないケースだが、起業家や経営者が"やりたいこと"を考えつくことに貢献したケースもあった。例えば、信頼関係がある大学教員の話から新事業を発想したり、新事業の骨格を決めかねている段階で、大学教員に、企業秘密も少し話しながら対話することで、起業家や経営者にヒントを与えられたり、思考をまとめる助けになったケースがあった。

　事例調査の結果を整理すると、IM・CDの起業・企業支援が成立する条件は、以下に示される[9]。

[表6-2] IM・CDの起業・企業支援が成立する条件

項　目	IM・CDの起業・企業支援が成立する条件
経営者がIM・CDを信頼できる	・長期に支援にコミットし、周囲の評判も良いなど、経営者がIM・CDを信頼できると判断しやすい。 ・経営者がIM・CDを使おうというマインドセット（心持ち）も重要である。
経営者がIM・CDに支援を依頼するメリットがある	・研究者情報、技術情報などに詳しく、必要な技術、研究者、パートナー企業候補などを見つけ出し、提案してくれる。 ・助成金情報、助成金獲得ノウハウなどに詳しく、適切なものをいろいろな引き出しからすぐに取り出して教えてくれる。 ・経営者と、経営者がまだ持っていない情報を持っている人とを信頼の連鎖でつなぐ。 ・経営者が新事業の構想を作ろうとしているときに、ディスカッションの相手役になったり、視野を広げたり、ヒントを与えたり、勇気づけたりする。

	・IM・CD は経営者に貢献するため、以下の修行をする。 　・技術を探す力をつける。 　・外の人的ネットワークを積極的に作り、外の情報に接する。 　・長期間、起業・企業支援に責任をもって取り組む。 　・産学官の人的ネットワークに参加して、経営者や大学教員と、形式知だけでなく暗黙知も交換し、知を高め、相互信頼関係をつくる。
経営者がIM・CDに支援を依頼する「取引コスト」が小さい	・言われたらやる、いばるといった行政の仕事の仕方はしない。経営者の要望を受け止め、対応する。 ・経営知識、技術知識があって、経営者との会話がスムーズで飲み込みが早く、一度言ったことは覚えている。 ・仕事が速く、報告・連絡・相談を十分にする。 ・コンサルタント料が高額でない。
支援組織のマネジメントが良い	・経営者にメリットを提供でき、取引コストが小さい（めんどうな人間でない）IM・CD を人選して採用する。 ・支援組織のトップが、IM・CD の知見・能力の向上を支援し、阻害しない。 ・IM・CD が、言われたらやる、いばる、報告・連絡・相談を十分にしないなど、経営者に役に立たない場合は、業務担当から外す。 ・人事異動や任期で IM・CD を数年で替えない。長期支援に責任をもたせる。 ・IM・CD に「出張などをあまりせず、オフィスに居るように」規則、予算、小言で抑制しない。
どのような場合に優れたIM・CD、支援組織であると言えるのか	・IM・CD の役割を果たすことができる人がいて、長期に起業・企業支援に責任をもって取り組んでいる。 ・経営者が構想しているときに、構想をまとめるような支援をした実績がある。 ・販売支援で実績がある。 ・①経営者が構想しているとき、②構想を実現するために技術などの外部資源を探すとき、③研究開発、④販売というオープンイノベーションの４つの段階を一貫して支援した実績がある。

理論19-2．企業支援成立条件の理論

　IM・CD が起業家や経営者に貢献するための条件は、以上の調査結果から、①信頼の理論、②メリットの期待値、③依頼することに関わる取引コストという経営理論、経済学の理論で説明できることがわかった。
①信頼
　　経営者が IM・CD を信頼できないと、支援組織を利用しない。
②メリットの期待値
　　技術調査、研究開発の進め方、助成金、ファンドの情報、獲得のノウハウ情報など、経営者にとってどのようなメリットが、金額や時間換算でどれくらい

得られるのか。その期待値が小さければ、経営者は支援組織を利用しない。
③依頼することに関わる取引コスト

取引コストとは、何らかの経済活動をしようとするときに発生するおカネ、時間などの費用をいう（詳細は「理論20　取引コスト理論」参照）。経営者が支援組織に支払う金銭対価が高いと利用しない。

経営者がIM・CDに自らが取り組もうとしているイノベーションについて説明するコスト（時間，理解させる手間など）、IM・CDからの返事を待つ時間などの取引コストが大きく、独力でやった方がコストが小さければ、支援組織を利用しない。

佐藤は素早く返事することで、経営者が使う時間コストを減らしている。経営者にとって時間は貴重な経営資源なので、時間コストを浪費する"お役所仕事"は利用しない。

②の「メリットの期待値」が③の「依頼することに関わる取引コスト」を上回るとき、起業家、経営者は、IM・CDに依頼することが合理的な判断となる。

上記で理論的に解説した"**経営者がIM・CDに支援を依頼する条件**"をわかりやすい言葉で解説すると以下になる。**IM・CDが起業家・企業に役立つ条件**も同じである。
①信頼できる

IM・CDが、責任をもって長期に支援に取り組んでいて、周囲の評判も良いなど、経営者が"信頼できる"と判断しやすい。
②メリットの期待値が高い

IM・CDが、研究者情報、技術情報などに詳しく、必要な技術、研究者、連携企業候補などを見つけ出し、提案してくれる。研究開発の進め方、助成金情報，助成金獲得ノウハウなどに詳しく、適切なものをいろいろな"引き出し"からすぐに取り出して教えてくれる。経営者にとって"メリットの期待値が高い"。

佐藤の「IM・CDは最低5年の経験が必要」は、経営者に大きなメリットを提供することは、未熟・経験不足ではできないことを指摘している。
③経営者に時間、カネ、手間をかけさせない

コンサルタント料が、ベンチャーや中小企業でも支出できる金額である。経営知識、技術知識があって、経営者との会話がスムーズで飲み込みが早く、一度言ったことは覚えているなど、コミュニケーションを取りやすい。仕事がスピーディで、報告・連絡・相談がまめである。"経営者に時間、カネ、手間をかけさせない"。

理論19-3．行政が起業・企業支援組織を作る理由 ── 市場の失敗 ──

企業は、行政の支援組織のIM・CDの支援を受けることもできるが、民間の経

営コンサルタントと契約することもできる。なぜ、**民間・市場に任せないで行政が起業・企業支援組織を作るのか**。2000年以降の経過を振り返ると、

① シリコンバレーを真似する政策（Cloning Silicon Valley）が、日米欧の各地で行われた。シリコンバレーでは、ベンチャー・キャピタル（VC）などの支援組織が、投資して利益を上げることで継続できたが、日米欧の他の都市では利益が上がらず、行政の支援やボランティアも必要であった。

② 地域産業支援策・中小企業支援策は、従来から日米欧、新興国の各国で行政の支援やボランティアが存在していた。その延長・改善として、行政の支援組織、支援事業が作られ、IM・CDが雇用された。

③ 起業の伴走支援を民間の経営コンサルタントに依頼すると、料金が高くて、起業家は支払えない。つまり、民間・市場原理に任せると、起業の伴走支援がビジネスとして成り立たない。経済学で解釈すると、リスクが大きすぎて、起業が成功して利益が出るかもしれないベンチャーも支援されないという市場の失敗（民間・市場原理に任せるとベストな状態にならないこと）が起きていた。

・・・・・・・・・・・・・・・・・・・・・・・・・・・・・・・・・・・・・・

理論20　取引コスト理論

　取引コスト（transaction cost）理論は、経済学の理論で、市場取引において、取引契約の締結・履行や対価徴収のための費用など、取引を遂行するために必要な費用をいう。取引内容が複雑な場合や、将来の見通しが不確実な場合は、取り引きから得られるメリットと比較して取引コストがかかりすぎるので、取引自体が行われなくなる可能性がある[10]。

　伝統的なミクロ経済学では取引コストはかからない（費用がゼロ）と仮定して諸理論が議論されていた。2009年、米国の経済学者のウィリアムソン（Oliver E. Williamson）は、取引コスト理論でノーベル経済学賞を受けた。

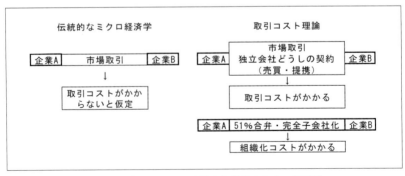

[図6-2] 取引コスト理論と伝統的なミクロ経済学

企業取引はすべて市場取引で行われるわけではなく、大企業での内部化や系列取引など市場取引以外の多様な形態がある。ウィリアムソンは、「現実の企業は、市場取引（取引コストが発生する）と、企業内取引（企業統治。組織化コストが発生する）のどちらかを選択する。その要因を"取引コストがかかるから"である」と分析した[11]。取引コストは、限定合理性、機会主義、資産特殊性の3要素で分析できるとした[12]。

　限定合理性（bounded rationality）は、情報が得られる範囲で次善の最適化（セカンドベスト）を行うことをいう[13]。例えば、企業Aが、世界中の企業の中から良い提携先を探すのは取引コスト（探索コスト）がかかりすぎるので、調べられる範囲の中から企業Bを選択するなどである。伝統的なミクロ経済学では探索コストはかからないと仮定しているので、すべての情報を完全に把握して最適な決定をすると仮定（完全情報の過程）して諸理論が議論されている。
　機会主義（Opportunism）は、モラルなく、機会があれば約束を平気で裏切って得する行動をする考え方である。例えば、企業Aと提携の契約をしている企業Bがいるとして、企業Bは、企業Aに経営的に支配されているわけではないので、独立して意思決定できる。企業Bが、もっと高く技術を買ってくれる企業Cが現れたら、企業Aとの契約をやめて、企業Cとの契約に乗り換えることが平気であるという考え方の場合、企業Bは、機会主義的だとか、企業Bは機会主義的行動をとったという。機会主義による損失を避けるには、企業Aは、企業Bに裏切り行為の予兆がないか注意深く監視したり、提携契約（独立した企業どうしの市場取引）ではなく、企業Aが企業Bの株式を51％以上取得して、企業Bの意思決定を直接コントロールしたりするなどの代替措置が必要となる。市場取引を使わず組織的に管理する場合も費用がかかり、それを組織化コストという。
　資産特殊性（Asset specificity）は、例えば、企業Aと企業Bの取り引きにだけ効率的、有効となる特殊な機械設備や知識や技術資産などがあって、取引相手を変えると資産が非効率あるいは無効となるので、相互の依存度が高くなることをいう[14]。

　企業Aが企業Bと提携する際の課題を、取引コスト理論で考えることができる。主な取引コストとして、探索コスト（Search cost）と監視コスト（Monitoring cost）がかかる。探索コストは、企業Aが必要とする経営資源を持っている多くの企業の中から探し出して、企業Bが適役か、信用できる企業かなどを調査するコストである。監視コストは、提携の契約をして目的を達成するまでの何年もの間に、企業Bが共同開発した技術を漏らしたり、企業Aのライバル企業Cと提携して成果を持ち逃げしたりしないかなどを監視するコストである[15]。
　企業Aが企業Bと提携するための取引コスト（探索コスト、監視コストなど）が大きすぎる場合は、①企業Bに出資して資本金比率51％以上の合弁企業とするか、②

企業Bを吸収合併して、自社に取り込んでしまうか。③企業Bと提携をやめて、自社で資本金比率100％子会社（C社）を設立するか、考えることになる。①②③ともに、他社との市場取引ではなく、企業Aが組織的に支配する選択（組織化コストが発生する）となる。

　②の企業Bを吸収合併するケースで、企業Aが企業Bのヒト・モノ・カネを上手く活用できず、組織化コストが大きいわりにメリットが出せないことがある。その場合、旧企業Bを再度分けて完全子会社にしたり、完全子会社にしても活用できなければ、売却してしまうケースもある。

コラム［寄稿］23

福田　稔
（（一社）日本イノベーションマネージャー協会　代表理事）

私のIM・CD人生

　佐藤利雄さんのIM・CDのスタートは1996年花巻市起業化支援センターからと聞いています。私はそれより5年遅れの2001年から中国電力のインキュベーション施設「SOHO国泰寺倶楽部」のインキュベーションマネージャーになったところからのスタートです。

　佐藤利雄さんのこれまで歩んできた道のりを伺うと、その時々のご縁のままに多彩な経験をなさってこられたと感心します。そのときには見えなかった道筋も、俯瞰すると佐藤利雄さんが日本一と言えるIM・CDになって行くためのプログラムであったように思えます。（第2章）
　IMやCDに携わってきた私の"これまで"を振り返って見ると、やはり似たようなことが言えるかなと思えてきます。少しだけ私事の振り返りにお付き合いください。

　少年期は広島県呉市で育ちました。呉市は1945年の終戦まで海軍都市として栄え、戦後は造船・重工業、そして自衛隊の基地を擁する地方中核の都市として歩んできました。この本で佐藤さんをサポートしている共著者の吉田雅彦君とは、この街の小学校の同級生です。私は小さな小売業を営む家に生まれたので、小さい頃からお客さんとのやりとりを楽しむような少年でした。やがて大学生になって上京し、ふと目にしたNHK教育テレビ（当時）「商店経営」という番組にくぎ付けになりました。メモを取り画面の写真を撮って、故郷の親にレポートやセン

スのいいチラシ、街を彩るお店のファサード（外観）の写真を送っておりました。
　商売を好転させて私学に行く金食い虫の息子への仕送りが途絶えないようにという思いがありました。しばらくして本当に商況は改善し、学生時代の私はレポートのおかげだと思っていましたが、のちに商売繁盛の秘訣の伝授ではなく、息子が一生懸命心配して送ってくること自体の刺激にあったと今はわかります。つまり"コンサルタント"の助言ではなく、息子からのお節介ではあるが心理的な突き動かしによるものだったと思われるのです。

　大学を卒業して地元の電力会社に入りました。親の仕事は創造的で楽しそうだとは思っていましたが家業を継ぐことは一切考えていませんでした。大型船が通るたびに大波に翻弄される小舟のようなイメージを持っていました。なので大型船（大企業）の方を選びました。大型船は決まった日に必ず給料をくれるし、あらゆる点で社員にやさしい仕組みがありました。
　私の大型船での仕事は燃料を焚いてスクリューを回すような本筋より、広報や企画といった賑やかそうなことをさせてもらいました。社命で青年会議所や商工会議所青年部にも加入し、地域経済を支えている若手経営者の皆さんとのご縁をいただきました。これが後のIMの仕事に生きてきます。
　1996年ひろしま国体の仕事の後、労務部で給与・健保業務などの本店集中化プロジェクトを経験します。ここで社内規程ではなく国の法律で動いている人事労務システムを体験し、起業家への助言の幅につながります。時期は前後しますが、さらに会社として病院事業を持っており、PETがん検診センターの立上げも経験しました。巨額の資金調達以外の新規事業、新しいことを立ち上げる（0→1）壮絶さを知ります。

　転機は2001年に訪れます。広島市役所隣の好立地ながら使われなくなった6畳一間の独身寮を改装して一般向け創業支援施設事業「SOHO国泰寺倶楽部」に電力会社自ら乗り出すことになりました。不動産管理はノウハウがありますが、創業支援は前例がありません。社員の誰が適性を持っているかわからなかったのでしょう。このときだけ社内公募がありました。私は社内外の知己の幅広さを強みにプレゼンテーションして選任されることになりました。電力会社のマネジメント方法は起業や中小企業の経営支援には役立ちません。会社も経営知識の勉強などいろいろ応援してくれましたが、役に立ったのは、少年期以来経験してきた商売の匂いと社内外に広がった仲間でした。

　SOHO国泰寺倶楽部での創業支援活動は、今思うと佐藤さんのいうIM・CD活動だったと思います。きっちりした大型船の恩恵を受けながらも、起業家（施

設利用者）の事業成功のためにと、かなり自由に職場の外に出て全人格フル活用でアイデアを出し、仲間の経営者のところに起業家を連れていき、当たって砕けろということで公（おおやけ）の経済産業局、県庁、市役所の門をたたき、支援機関や日本公庫、民間の専門家や信用金庫などを駆け巡っておりました。

初めは"電力"が何しに来たという感じもありましたが、趣旨が伝わるとやがて肝胆相照らす仲間にしてもらえるようになりました。

最大の転機は、PETがん検診プロジェクトリーダーを間に挟んで2度目のIMに取り組んでいたとき、「転進支援」という名の早期退職制度に手を挙げたことです。当時社員の97％以上が退職まで勤め上げる社風の中で検討する雰囲気もわずかでしたが、私の心は起業家とむき身の真剣勝負で付き合ううちに、じわじわとアントレプレナーシップに"侵されて"いきました。

全身全霊での応援ではありますが、電力の社員である以上、安全地帯からの対応です。今でこそ、組織人は定型の歯車ではなく、自分で考えろ、アントレプレナーシップを発揮しろと言われますが、平成までの大組織で長生きするなら、お行儀というか"サラリーマンシップ"が必要だったと思います。

2008年、私は24年間務めた電力会社を退職して、再び上京する道を選びます。

大学卒業以来の東京。歩く速さのギアアップに始まり、ご縁を得て東京農工大学の大学発ベンチャー向けインキュベーションの仕事をいただきました。このとき佐藤利雄さんをお招きして講演いただいています。大学院進学、区の産業振興の仕事を経て、新宿区立高田馬場創業支援センターの立上げと創業支援に5年ほど携わりました。ここでも地元の経営者、官公庁や支援機関、金融機関、専門家の皆様にずいぶん助けていただきました。高田馬場に本店がある東京三協信用金庫、東京富士大学、区の産業振興課などの参画を得てBaba-Lore（ババロア）という、地域を愛し地元で活動する人の勉強会を立ち上げたのも思い出深いことです。

2016年「起業家は社会の宝」という信念のもとに産業社会にイノベーション環境を整備することを目的に（一社）日本イノベーションマネージャー協会を設立し代表理事に就任します。同じ時期に広島県よろず支援拠点のコーディネーターを拝命し、文字どおりIM・CDとして、起業家、中小企業経営者の経営的・心理的下支えに力を尽くしました。難易度の高い中小企業支援に従事する者として、自己研鑽の時期を過ごさせていただきました。

2020年4月、ありがたいお声がけをいただいて、新潟市に開学する開志（かいし）専門職大学の実務家教員となります。縁もゆかりもなかった新潟で新たなチャレンジが始まりました。

専門職大学は職業のプロフェショナルを養成する高等教育機関で、教授陣の半分ぐらいは実務家、産業社会でのプロが教鞭を執ります。
　私は長期インターンシップと新規事業計画づくりの実習、イノベーションに関する授業を担当しています。学生にはアントレプレナーシップを心に燈して卒業してほしいと思っています。
　人生は節目節目の判断とその蓄積結果で形成されます。つまり人生は経営そのものです。だから学生にはいろんな場面での判断や行動を常に経営者的に、自分ごととして捉えることを伝え続けています。

　小さな商家に生まれ、大人たちを見上げながらの少年期を経て大きな会社に入り、わがままが高じて故郷から飛び出し、東京、そしていま新潟の地で人情の温かみに触れています。
　あとどのくらい生きるかわかりませんが、若いときに修行の機会を得て、及ばずながらIM・CDの能力発揮のチャンスに巡り合い、その本質であるアントレプレナーシップを若い人たちにリレーしています。幾多の失敗に彩られながら、筋書きはないようであった私のIM・CD修行旅。埋め込まれた行程表に感謝しています。
　大学の先生と（一社）日本イノベーションマネージャー協会の活動はIM・CD道と軌を一にした活動です。これからも佐藤利雄さんの5年うしろを追いかけながら、初々しい起業家のごとく徒手空拳、奮闘努力してまいります。

　佐藤さん、吉田さん、みなさん、これからも明るく豊かに幸せにまいりましょう。

［注］
1) 佐藤（2005），関，関（2005）（p.206）
2) 技術移転例（西澤直行教授）、岩手大学地域連携推進センター
3) 関（2008）（pp.68-69）
4) 産業情報いわて　2009.2月号 https://www.joho-iwate.or.jp/sangyo/back/0902/pdf/p02-03.pdf　（2024/3/29取得）
5) https://www.joho-iwate.or.jp/sangyo/back/0902/pdf/p02-03.pdf　（2024/3/29取得）
6) 関（2008）（pp.68-69）
7) https://www.joho-iwate.or.jp/sangyo/back/0902/pdf/p02-03.pdf　（2024/3/29取得）

8) 吉田（2019）
9) 吉田（2019）（pp.191-192）
10) 有斐閣 経済辞典 第5版
11) 小学館　日本大百科全書（ニッポニカ）
12) Jones（2005）（ジョーンズ，安室，海野 訳（2007））（p.13）
13) 有斐閣 経済辞典 第5版
14) GLOBIS
15) 吉田（2019a）（p.47）

佐藤利雄の文献

堀場 雅夫, 秋山 咲恵, 佐藤 利雄 他 (2000)「ビジネス・インキュベーションのあり方 (特集 新事業支援)」『産業立地 = Industrial location』39 (8) (通号 462) 2000.8 p.16 〜27

加藤茂夫 監修, 東京コンサルティンググループ 編 (2000)『核心経営：企業の存続と発展へのガイドブック』白桃書房

中小企業庁 (2002)「5.個別企業を対象とした重点的な事業支援を基本とする」『市町村の産業振興策が成功するための10項目のポイント』中小企業庁

佐藤 利雄 (2003)「花巻市起業化支援センターの取り組み (特集 成長するビジネス・インキュベーション；インキュベーション施設とIMの役割)」『JANBO review』1 (2) (通号 2) 2003.02 p.4 〜 6

首相官邸 (2003)「佐藤利雄さん」『地域産業おこしに燃える人』首相官邸

佐藤 利雄 (2003)「地方における産学官連携 (特集 地域産業おこしの戦略 -- 産学官連携と起業家育成 (INS研究交流会 in 東京より))」『地域開発』469 2003.10 p.42 〜 45

佐藤 利雄 (2004)「こだわり主義がヒットを生んだ 〜開発する中小企業の挑戦〜」『クローズアップ現代』No.1867 2004年2月18日（水），NHK

佐藤 利雄 (2005)「企業・起業支援のありかた (特集 ネットワークで育てる地域産業)」『産業立地 = Industrial location』44 (3) (通号 512) 2005.5 p.26 〜 29

関満博, 関幸子 編 (2005)『インキュベータとSOHO：地域と市民の新しい事業創造』新評論

佐藤 利雄 (2007a)「「地域、産業をコーディネートする」とは -- 花巻市起業化支援センターの活動を中心に (特集 地域企業とコーディネータ)」『中小企業と組合』62 (3) (通号 745) 2007.3 p.4 〜 8

佐藤 利雄 (2007b)「地域を支える産業〜内発型産業育成による地域づくり〜」『(財) えひめ地域政策研究センター政策研究セミナー記録集 No.23』(財) えひめ地域政策研究センター

佐藤 利雄 (2008)「花巻市における産学官連携と企業育成」『日本経営工学学会発表』日本経営工学学会

佐藤 利雄 (2008)「色材サロン 大学・研究所めぐり 花巻市の内発型振興施策 -- 花巻市起業化支援センター設立と産学官連携」『色材協会誌 = Journal of the Japan Society of Colour Material』81 (10) 2008.10 p.410 〜 412

佐藤 利雄 (2009)「花巻市起業化支援センターの設立と産学官連携 (あおもり県民政策ネ

ットワーク 平成20年度あおもり県民政策研究事業調査研究報告書 自動車工場誘致を通じた産業基盤の形成と地域経済の活性化に関する高次政策的考察 -- 誘致から撤退までロングスパンで考える青森県にとっての総合メリットと戦略的構想 特集 自動車工場誘致に関する政策研究)」News letter (28増刊) 2009 p.1 〜 4, 青森雇用・社会問題研究所

岡田 基幸（2010）「奥義は秘伝のはしご酒にあり　名コーディネーター佐藤利雄さんの背中に学んだ」『産学官連携ジャーナル（月刊）』2010年8月号 , 独立行政法人科学技術振興機構（JST）イノベーション推進本部 産学連携展開部産学連携担当

佐藤 利雄（2021）「キャリア昔いま：コーディネーター職の経験から」『News letter = ニューズレター / 雇用構築学研究所 監修』(61), 24-27, 2021-04, 雇用構築学研究所

佐藤 利雄（2021）「キャリア昔いま：コーディネーター職の経験から」『News letter = ニューズレター / 雇用構築学研究所 監修』(62) :2021.9 p.15-17 雇用構築学研究所

佐藤利雄の文献のうち、国会図書館に所蔵されていない以下のものを掲載する。

中小企業庁（2002）「5. 個別企業を対象とした重点的な事業支援を基本とする」『市町村の産業振興策が成功するための10項目のポイント』中小企業庁

首相官邸（2003）「佐藤利雄さん」『地域産業おこしに燃える人』首相官邸

佐藤 利雄（2008）「花巻市における産学官連携と企業育成」『日本経営工学学会発表』日本経営工学学会

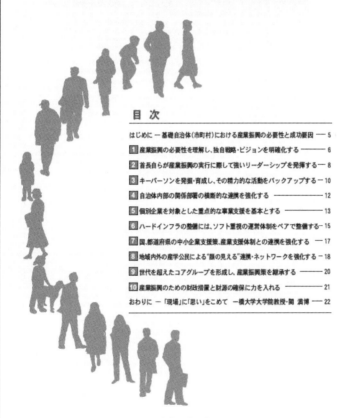

市町村の産業振興策が成功するための10のポイント
北上市・花巻市・柏市・三鷹市・相模原市・浜松市のケーススタディからの提言

目次

はじめに —基礎自治体(市町村)における産業振興の必要性と成功要因 —— 5
1 産業振興の必要性を理解し、独自戦略・ビジョンを明確化する ———— 6
2 首長自らが産業振興の実行に際して強いリーダーシップを発揮する — 8
3 キーパーソンを発掘・育成し、その精力的な活動をバックアップする - 10
4 自治体内部の関係部署の横断的な連携を強化する ———————— 12
5 個別企業を対象とした重点的な事業支援を基本とする ———— 13
6 ハードインフラの整備には、ソフト重視の運営体制をペアで整備する- 15
7 国、都道府県の中小企業支援策、産業支援体制との連携を強化する — 17
8 地域内外の産学公民による"顔の見える"連携・ネットワークを強化する - 18
9 世代を超えたコアグループを形成し、産業振興策を継承する ———— 20
10 産業振興のための財政措置と財源の確保に力を入れる ———————— 21
おわりに —「現場」に「思い」をこめて —一橋大学大学院教授・関 満博 —— 22

平成14年3月
経済産業省　中小企業庁

5 個別企業を対象とした重点的な事業支援を基本とする。

① 地域企業全般への支援ではなく、個別企業への重点的支援、個々の創業者・起業家への重点的支援を実行することが成功へのカギである。
② 事業展開に効果的な補助金・ファンドの紹介から、企業間および産学官連携のコーディネート、販路開拓の支援など、企業支援のノウハウと人脈を強化して、個別企業・事業者対策を徹底的にやる。
③ 個別企業の多様な課題に的確に対応できるよう、地域内外の意欲ある企業経営者や専門的な民間支援人材、大学研究者等との人的ネットワークを強化し活用する。

キーパーソン自らが常日頃から個別の中小企業および起業者への「ご用聞き」等による具体的な課題・ニーズの把握に努め、個々の技術課題や製品開発ニーズ、資金調達等の経営的課題を抽出し明確化することにより、適切な相談アドバイス等ができるようにする。

個々の企業に関する既往の相談・アドバイス等の履歴、その時の対応内容、成功失敗事例など個別現場情報の蓄積を図り、その他のキーパーソンや支援組織等で共有化できるようにする。

キーパーソンだけでは対応が困難な問題解決課題にも即応できるようにするため、外部の専門的な支援人材や事業者、大学研究者等とのヒューマン・ネットワークを強化し、最大限に活用する。特に、意欲の高い企業経営者との人脈をもとに、地域内外にわたる産学公民の支援者をネットワーク化し、不足する経営資源の調達・投入等を容易にすることにより、民間ビジネスセンスを遺憾なく発揮して、個々の具体的な問題解決案件・プロジェクトへの継続的な支援を強化していくことが重要である。

事例

民間出身キーパーソンの重点的起業支援とコーディネート機能の強化（花巻市）

「内発型」の産業振興策を重視する花巻市において、国の補助により整備された「起業化支援センター」（平成8年完成）の効果的な運営・活用のために強力に推進されているソフト事業が「コーディネート事業」であり、これが花巻市が、全国から注目される所以ともなっている。

市の直営になる起業化支援センターの運営の基本方針は、「地域企業の研究開発型企業への転換、ベンチャー企業の創業を推進して特色のある地域企業の創出と地域産業の発展に資する」というものであり、そのために企業育成のためのソフト支援に重点を置いたインキュベーターとしての機能を備えている。

具体的には、同市の外郭機関である花巻市技術振興協会に委託され、民間出身のキーパーソンである佐藤利雄主任研究員のほか、研究員、技術相談員（各1名）といった専任のプロパー職員が中心となって、入居企業および入居企業以外の地域企業の相談対応や県関連機関、岩手大学等と連携した個別企業の課題解決など、以下のようなきめ細かな重点的支援活動が行われている。

●花巻市起業化支援センター（センターハウス）

出典：花巻市起業化支援センター パンフレット

- 入居企業及び地域企業の技術開発等の目的に応じたシーズ・ニーズ及びビジネスパートナーとのマッチング
- 関係機関との調整、アドバイザー派遣等に関する助言
- 商品デザイン・販路開拓に係る支援
- 各種補助金・公的支援制度の効果的な活用に係る情報提供・アドバイス
- 産学共同研究の促進・技術移転の推進に関する事業　等

　中でも、こうした起業化支援施設と一体化したコーディネート活動で特筆されるのは、佐藤主任研究員の存在である。同氏はわが国のインキュベーションマネージャー(IM)の草分けとして、入居企業に付き添っての販路開拓支援など個別企業への徹底した密着支援の活動スタイルでも知られている。当初の立ち上げ段階で、地元花巻市主体の運営体制を市長以下の決断により確立するに当たり、同氏を専任の支援スタッフとして発掘・配置できたことが、以後の成功の大きなカギとなったといわれている。
　また、花巻市起業化支援センターは、県の地域プラットフォーム事業の中で「サブプラットフォーム」として位置づけられており、県から派遣された地域資源発掘調査員、入居企業支援補助員の2名が当センターの職員等と連携して周辺エリアに密着した活動を展開していることも、個別企業への重点的支援の効果を高める活動体制を作り上げている。
［花巻市起業化支援センターのヒアリングによる］

● 花巻市起業化支援センターの組織体制

出典：花巻市「花巻市の工業概要」(平成13年度版)

首相官邸

トップ > 主な報告書・答申等　　　　　　　　　印刷用

さとう　　としお

佐藤　利雄　さん

花巻市起業化支援センター

（岩手県花巻市）

花巻市のインキュベーション・マネージャー

○ Uターン人材を活かした**内発型発展**で、全国で200ある**インキュベーター**の中でも著名。
○ 独立創業件数も多い。
○ (1)いつも明るく元気で笑顔、(2)相手が動かなければ自分から動く、(3)否定語は使わない、が企業支援の3箇条。

1

日本経営工学学会

「花巻市における産学官連携と企業育成」

日時：平成20年6月28日(土)
場所：岩手大学工学部機械工学科会議室

花巻市技術振興協会　事務局長　佐藤利雄
(花巻市起業化支援センター 統括コーディネーター)

住所　〒025-0312　花巻市二枚橋6-6-3
電話　0198-26-5430
FAX　0198-26-1033
携帯　090-2270-1919
メール　sato_toshio@incubate.city.hanamaki.iwate.jp
ホームページ　http://www.incubate.city.hanamaki.iwate.jp/

2

目次

○自己紹介
○花巻市の取り組み
○岩手大学・岩手ネットワークシステム(INS)・
　花巻地域の産学官連携
○起業・企業支援の取り組
○最後に

3

○自己紹介
・昭和31年1月　花巻市生まれ
・昭和49年3月　岩手県立黒沢尻工業高等学校電気科卒業
・昭和49年4月～昭和58年3月　(株)富士電機総合研究所(横須賀市)勤務
・昭和58年9月～平成8年3月　(株)アドテックシステムサイエンス花巻工場勤務
・平成8年3月　産能短大通信教育部(中小企業診断士コース)卒業
・平成8年4月　花巻市地域振興公社勤務、花巻市起業化支援センター派遣
・平成11年9月　産能大学通信教育部経営情報学部経営情報学科卒業
・平成14年4月～平成12年3月　岩手大学地域共同研究センター客員助教授
・平成15年9月　　内閣府「地域産業おこしに燃える人の会」
・平成16年4月～　岩手大学地域連携推進センター客員教授
・平成17年4月～　産耕連事業化センター産学官マッチングI委員会委員
・平成18年4月～　JSTサテライト岩手　科学技術コーディネータ
・平成19年3月　　地域活性化応援隊
・平成19年8月～　経済産業省　地域中小企業サポーター

趣味／特技　米作り1.8h、剣道5段

4

地域おこしに燃える人
クローズアップ現代
JANBOAwards2005

5

マイクロコンピュータ技術教育研究会
成果品　ACT－80ZⅡ

6

○花巻市の取り組み
　内発型振興策の経緯

　平成4年、地域内の主だった企業100社を対象に機械産業受発注調査を行い、結果は、地域内で仕事が流れている割合が、工業出荷額ベースで2割にも満たない状況が判明。よその地域に仕事が流れている、という結果になったのです。
　理由は、地元企業の保守的な経営体質が問題だということが言われました。
　この調査結果を受けて、平成2年に設立されていた「花巻工業クラブ」から市に対して提言がなされ、「谷村新興の時代からあった企業家的風土を引き出す努力が必要である」と。このため、産学官による連携の大切さや、開発型企業の誘致による地元企業へのベンチャーマインドの醸成ということが言われだした。（花巻市起業化支援センター10周年記念式典にて）

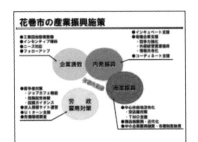

13

企業誘致実績

国内景況	年代	誘致企業数
経済成長期	〜40年代	26社（9社）
経済安定期バ	50年代 60	24社（14社）
ブル経済期景	〜平3年 4	36社（24社）
気後退期内発	〜10年 11	5社（3社）
型振興期	年〜	33社（31社）

誘致実企業数＝114社（うち県内も操業＝2社）

14
活動結果 （平成20年3月末現在）

- 40社の卒業企業排出
- 卒業企業の存続率は約75％以上
- 地元(市内50％、県内93％)の定着率
- 廃業は8社
  （ただし、6社は開設3年間の間に入居）
- ここ数年は、県外からの入居希望も増加

15
起業化支援センター概要

(1) 施設管理・・・花巻市産業部商工労政課
(2) 事業運営・・・花巻市技術振興協会(任意団体)
○事業内容
　・インキュベート事業
　　入居企業支援、新規創業支援
　・地域企業支援事業
　　コーディネート支援、新事業創出事業、販路拡大支援、
　　経営資源の充実支援、関係機関・地域連携、情報収集・情報発信
　・受託事業
　　花巻市などからの事業受託
　・地域関連団体などへの事業参画
　　花巻商工会議所、花巻工業クラブ
○協会職員体制
　職員 10名（民間出身10名）

16
起業化支援センター卒業企業

(株)王共電北花巻工場　　(株)HMT

(有)サワ製品部
ネジ保持装置
電話 090-3320-0395
http://www.sawasho.com/

17

BI卒業企業 (株)想兵衛
連絡先 http://sobe.jp/ http://www.bcac.jp/
(旧 Beeクリエイティブ エー・シー)

代表 鹿山さゆり 氏　　(株)想兵衛
IT関連事務所　　　　レストラン部門

18
地域企業支援施策

目的
● 地域企業の「自立的な取組み」を容易とする環境の提供
　- 企業競争力向上
　→ ネットワーク強化と共同化推進　→ 地域優位性の確保
　- 地域全体の産業ポテンシャル向上

競争力向上
① ISO認証取得支援
● 国際規格認証取得支援事業補助金
　- 最終登録経費の1/2を50万円を限度に補助
　1 回交付額：32,862 千円（15年度末）
● ISOセミナーの開催
　- 階層毎ステップアップ方式（入門編→文書化編→内部監査員養成）
● 取得経費の低減支援
　- グループコンサルティング（共同取得）支援
　- 産業支援アドバイザー活用によるコンサル経費削減

9000シリーズ取得企業：54社（14000シリーズ取得企業：1:2社）
県内取得：22社 計88社 製造業では県内企業の35%が取得済

19

20

21

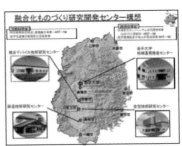

22

23

佐藤利雄の文献　291

組織での取り組み事例1
（地域間連携）

・花巻地域と各地との連携
　花巻に無い経営資源を持っている地域との連携。
・泉駐地域（約1500名来訪）、励間地域との連携。
・花巻地域と平塚市（神奈川県）
　　平成16年1月　花巻市から平塚市へ
　　平成16年7月　平塚市から花巻市へ
・花巻地域とひたちなか市との連携
　（JANBOインキュベーションマネージャーつなぎ）
　　平成16年3月　ひたちなか市から花巻市へ
　　平成16年11月　ひたちなか市から花巻市へ
　　平成17年10月　ひたちなか市で行う工業展出展
　　　　　　　　　花巻市でひたちなか市よりものづくり関連家出展
　　平成18年1月　大田区にてひたちなか中小企業テクノフェアに出展
　　平成18年3月　江別市で開催されたINSin北海道で連携紹介
　　平成18年7月　盛岡県に開催されたINSinで連携紹介
　　平成18年12月　大田区にてひたちなか中小企業テクノフェアに出展
　　平成19年6月　北関東地域との連携検討
　　平成19年11月　大田区にてひたちなか中小企業テクノフェアに出展

31

組織での取り組み事例2
（研究開発型企業の誘致）「逆企業誘致」

青森工場（外観例）

32

組織としての取り組み3
（研究開発型企業へのアプローチ）

33

個人の取り組み事例1
誰でも出来る企業・起業化支援の3カ条
いかに相談、会話がし易い環境を作るか

・常に明るく、元気に、笑顔で、そして早い対応。
・否定語は使用しない。
　1度断るとそこで支援活動は終わり
・まず出来ることから取り組む。
　相手（企業、大学、行政）が動かなければ自分
　から動く。

34

個人の取り組み事例2
（産学官共同研究のポイント　デジアナ的商品）

35

技術移転例（西澤直行教授）
岩手大学地域連携推進センター資料より

・黒川食品維　連絡先　0198-22-2220
・ガン抑制の豆腐
・大豆に含まれ、ガン、骨粗鬆症や動脈硬化などの抑制効果があると
　言われているイソフラボン含有量を普通の豆腐と比べて30%約後多
　くする製法を開発し、製品化

36

産学官連携事例

○開始時期　平成9年7月～平成10年3月
○事業名　いわて北東部バイオセンター 　　　　　　　　　　　　　　事業
○メンバー　・岩手大学工学部知能システム学 名森 久 先生（デジタル的対応）
　　　　　　・岩手大学教育学部芸術文化課程
　　　　　　　インダストリアルデザイン研究室 田中隆夫 先生（アナログ的対応）
　　　　　　・株式会社大和興成金工業 代表取締役 森 博文
　　　　　　・花巻技術振興協会事業事業業 佐藤利雄
○開発目的
　　プラスチック変形加工において、レンズ機能を有した眼状レンズ探持する最終的一体化を図ること、　　　　　　　　　　　　　　　　、従来レンズ部分を使用する従来器で行っていた先の設計を解くした成形品を研究、開発、製造・販売を行う

連絡先：049-227-4441
http://www.dbiwakosei.co.jp/

37

個人の取り組み事例3
（コーディネーター機能）

1. マッチング機能
　適切な研究者やビジネスパートナーを紹介
2. 信頼補完機能
　連携に参加する主体間の信頼を確保
3. 翻訳機能
　連携においてニーズやシーズの理解を促す
　→特に大学と企業とのギャップを埋める
　　　専門用語を一般用語まで翻訳、
　　　逆に一般用語から専門用語へ翻訳
　　ここをうまくしないと、企業と大学の間で「溝」が出来てしまう
4. 事業化機能
　新製品を事業として立ち上げる

38

個人の取り組み事例4
経営資源が、社内社外にどのように存在するか確認する方法（KSシート）
（専修大学加藤茂夫先生指導）

従来手法　　　　KSシート（空白部分の対応）

39

売れない理由は何か
経営者が市場を理解しているか

・開発した製品の市場があるか。
　「これは他に無い製品」が一番あぶない。
・だれも使用したことが無いため、比較する商品が無い。
　だれも知らない商品は購入しない。
・開発した先生・企業が、市場を開拓又は作っていかないといけない。
・この市場形成には、私の経験から開発の3倍から4倍の労力は必要。
・既に出来上がっている市場に、参入できるかがポイント。但し、競争は激しい。
　インターネットが一番いい事例。
・支援を控える業種
　水、肥料、電力
　福祉介護（「この市場が拡大することがいいのか？」と経営者からの一言）

40

多くの人との交流からいろいろな事業展開
最後の情報源は直接伺うこと

- IMの全国ネットワーク（JANBO）
  ひたちなか市、北関東地域
- 岩手ネットワーク（INS）
  東京、関西、札幌、仙台地域
- 一橋大学関満博先生主宰の塾
  富山、東京より入居企業
  今年は、八王子市、ひたちなか市の経営者来訪

JANBO研修

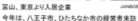

41

最後に（個人的な考え）

（1）成果と問われたら
　○支援評価は企業様から。
　○支援企業様は黒字経営に。
（2）今後の課題
　○卒業企業への優遇性
　○地域格差の拡大
　　何もしない、出来ない地域が取り残される可能性あり
　○地域経営資源の見直しと連携の加速。

もっと詳しく知りたい方は、花巻に1度お越しください。

42

図・表・写真・推薦図書目次

[図]

[図1-1]	企業戦略と事業戦略の例	13
[図1-2]	データ、情報、知識、理論	14
[図1-3]	将来のIM・CDの仕事も、将来の経営理論で理解しやすいはず	14
[図1-4]	経営学の構成	15
[図1-5]	ビジネス、経営学、経済学などの関係	16
[図1-6]	IM・CDは寄り添って歩む／経営コンサルタントは契約した質問に答える	20
[図1-7]	カウンセリング・コーチング・コンサルティング・コミュニケーション	21
[図2-1]	縄文海進（地球温暖化）と関東平野	33
[図2-2]	江戸時代の岩手県	36
[図2-3]	BTF理論の概念図 ― 高い志で好業績を続けるケース ―	39
[図2-4]	BTF理論の概念図 ― 低い志の経営者が会社を倒産させるケース ―	40
[図2-5]	東京・盛岡の時間距離の推移と、主要都市への飛行時間（2024年）	45
[図2-6]	花巻市役所の産業振興政策	49
[図2-7]	1996年の花巻市起業化支援センター	53
[図2-8]	構造的空隙	54
[図2-9]	岩手大学及び盛岡市における産学官連携の在り方（私見）	65
[図3-1]	とよなかインキュベーションセンター	81
[図3-2]	NHKのクローズアップ現代に出演	90
[図3-3]	アメリカのインキュベータの70％以上の機関が提供しているサービス	96
[図3-4]	IMの機能	96
[図3-5]	目標達成に向けた国への提言	97
[図3-6]	第1回IM養成研修の募集案内	99
[図3-7]	2000年代のIM研修体系	99
[図3-8]	卒業企業の経過年数別存続率の推移	100
[図3-9]	企業の売上高推移	101
[図3-10]	卒業企業の地域内定着率	102
[図3-11]	パススルーの仕組み	106
[図3-12]	地域産業政策の3層構造	108
[図3-13]	なぜ部門化が必要か	120
[図3-14]	I型人材、T型人材、π型人材	121
[図4-1]	形式知と暗黙知	167
[図4-2]	知識創造は暗黙知と形式知の相互変換運動である	167
[図4-3]	知識創造とSECIモデルの関係	168
[図4-4]	SECIモデル	169

［図4-5］	センスメイキング理論	171
［図5-1］	工程表（従来の手法）	184
［図5-2］	企業経営資源（KS）シート	185
［図5-3］	製造業（ものづくり）のバリューチェーンの例	188
［図5-4］	産学官の翻訳機能	191
［図5-5］	産学官連携の歴史	193
［図5-6］	産学官連携の効果（2006年　文部科学省研究開発局研究環境・産学連携課上田課長補佐資料から）	194
［図5-7］	INSのイメージ	195
［図5-8］	INSの研究会活動を中心とする成果	196
［図5-9］	岩手大学の地域・産学官連携（2004年〜2010年）	198
［図5-10］	広義の「死の谷」魔の川・死の谷・ダーウィンの海	205
［図5-11］	エフェクチュエーション理論の研究法と本書での考察	212
［図5-12］	ステーシーマトリクス（将来が読めるとき／読めないときの経営理論の選択）	215
［図5-13］	バックキャスティング	216
［図5-14］	ウォーターフォール型プロジェクトマネジメント	217
［図5-15］	クローズドイノベーション（社内だけの経営革新）	220
［図5-16］	オープンイノベーション（社外の経営資源も使う経営革新）	222
［図5-17］	信頼の連鎖	226
［図5-18］	キャリアデザインとキャリアドリフト・キャリアサバイバルのイメージ	239
［図5-19］	15歳下に伝えることができれば継続できる	247
［図5-20］	創業に向けての流れ	250
［図5-21］	「創業後のありたい姿」の整理	251
［図5-22］	創業に向けての思いの整理	251
［図6-1］	乳牛排泄物清掃装置「ダングクリーナー」の効果	265
［図6-2］	取引コスト理論と伝統的なミクロ経済学	274

［表］

［表3-1］	株式会社SAWA　沿革	84
［表3-2］	2004年以降の佐藤利雄の主要経歴・業績	91
［表3-3］	日本政府が行ったシリコンバレーを真似する政策	104
［表3-4］	吉田雅彦の略歴―IM・CD、岩手県、産学官連携との関わり―	107
［表5-1］	STPマーケティング	190
［表5-2］	将来が読めるとき／読めないときに使うことわざ、経営理論	216
［表5-3］	キャリア形成理論の用語	238
［表6-1］	乳牛排泄物清掃装置「ダングクリーナー」の開発経緯ほか	266
［表6-2］	IM・CDの起業・企業支援が成立する条件	271

[写真]

[写真2-1]	悪路王（阿弖流為）首像	34
[写真2-2]	中尊寺金色堂	35
[写真2-3]	「やませ」で発生した霧	36
[写真2-4]	高村光太郎作　花巻市立西南中学校の生活信条	38
[写真2-5]	2003年、INSの経済産業大臣賞	47
[写真2-6]	1994年の花巻市のインキュベーション施設（第1期 花巻市起業化支援センター）	50
[写真2-7]	花巻市起業化支援センター　センターハウス	51
[写真2-8]	MIUカフェの様子	61
[写真3-1]	マイクロコンピュータ技術教育研究会の成果	75
[写真3-2]	2000年パネルディスカッション『ビジネス・インキュベーションのあり方』	87
[写真3-3]	花巻起業後継塾（2007年　夢企業家塾）	88
[写真3-4]	首相官邸で小泉総理と談笑する佐藤利雄・岩渕明 岩手大学教授	89
[写真3-5]	地域産業おこしに燃える人（2次会集合写真）	89
[写真3-6]	佐藤利雄（後列 左から2人目）と堀場雅夫氏（前列左）	90
[写真3-7]	エベレスト・ベースキャンプからの眺め	94
[写真3-8]	2000年版中小企業白書の表紙	105
[写真4-1]	2009年にオープンした「SO@Rビジネスポート」には、1,500㎡に約100人が入居	150
[写真4-2]	2001年に、わずか20万円の初期投資で始めた共同オフィス「広島SOHO'オフィス」	151
[写真4-3]	"人肌感覚の交流"をコンセプトに立ち上げた起業家のための交流会「広島SOHO'クラブ」（2000～2010年）	153
[写真4-4]	広島で活躍するプロに直接、仕事を依頼できるWebサイト「SOHOプロダクション広島」※現「THEプロフェッショナル広島」	154
[写真4-5]	2006年に制作したパース「創発的集積地SO@R」　※制作：対馬肇	156
[写真4-6]	2009年6月にオープンした「SO@Rビジネスポート」	157
[写真4-7]	「黒もみじ」〈有限会社ROCKETS×株式会社やまだ屋〉「朱もみじ」〈対馬デザイン事務所×株式会社やまだ屋〉	158
[写真4-8]	「広島菜キムチ」〈有限会社ペンギングラフィックス×株式会社山豊〉	158
[写真4-9]	「瀬戸内ちりめんアンチョビ」〈対馬デザイン事務所×有限会社作田水産〉	159
[写真4-10]	宮島最古の寺院「大聖院」で祈禱した御砂をお守りにした「守り砂」〈対馬デザイン事務所×大聖院×広島工業大学〉	159
[写真4-11]	世界へ届ける広島発Peaceブランド「EARTH Hiroshima」〈広島のクリエイター×樹脂、ガラス、金属、紙など非食品の製造業　※ソアラサービスの自社ブランド〉	160
[写真4-12]	わずか5万人の三次市で6年間に90人の女性起業家を輩出した	

［写真4-12］「アシスタ lab.」……………………………………………………………… 161
［写真4-13］ビジネスに必要なセレンディピティを生む「Class Biz.」………………… 162
［写真4-14］３ヶ月集中！SO@R 創業支援プログラム「Boost Up」概要 …………… 163
［写真4-15］「折り鶴チャーム」〈有限会社馬場プラスチック × 金具智子〉…………… 164
［写真4-16］「金箔の折り鶴栞」〈株式会社歴清社×株式会社河内×対馬デザイン
　　　　　　事務所〉………………………………………………………………………… 165
［写真4-17］「折り鶴再生紙アロマディフューザー PEACE/LOVE」〈株式会社
　　　　　　KAORILOGO ×株式会社河内× HEREDIA KOMIYAMA〉…………… 165
［写真4-18］G７広島サミット2023で、採用されたキービジュアル
　　　　　　〈デザイン：対馬肇〉…………………………………………………………… 166
［写真5-1］産学官の懇親 …………………………………………………………………… 224
［写真5-2］キャリアは自分が進めてきた馬車が残す轍（車輪の跡）…………………… 240
［写真5-3］東北デバイス ……………………………………………………………………… 243
［写真6-1］黒川食品と岩手大学の共同研究の成果品 ……………………………………… 261
［写真6-2］乳牛排泄物清掃装置「ダングクリーナー」…………………………………… 264
［写真6-3］ダングクリーナー開発 …………………………………………………………… 270

推 薦 図 書 目 次

【推薦図書1】加藤茂夫 監修，東京コンサルティンググループ編（2000）
　　　　　　『核心経営：企業の存続と発展へのガイドブック』白桃書房 …………… 52
【推薦図書2】Chris Ernst, Donna Chrobot-Mason（2011）, BOUNDARY SPANNING
　　　　　　LEADERSHIP, SIX PRACTICES FOR SOLVING PROBLEMS, DRIVING
　　　　　　INNOVATION, AND TRANSFORMING ORGANIZATIONS, The McGraw-
　　　　　　Hill Companies, Inc.（クリス・アーンスト，ドナ・クロボット＝メイソン（著），
　　　　　　加藤雅則，三木俊哉（訳）（2018）『組織の壁を越える—「バウンダリー・スパニング」
　　　　　　6つの実践』英治出版）…………………………………………………………… 116
【推薦図書3】入山章栄（2019）『世界標準の経営理論』ダイヤモンド社 ………………… 173
【推薦図書4】吉田雅彦（2024）『新しい業界研究』鉱脈社 ………………………………… 191
【推薦図書5】Saras D. Sarasvathy（2008）Effectuation: Elements of Entrepreneurial
　　　　　　Expertise, Edward Elgar Pub（pp.42-48）（サラス・サラスバシー（著），
　　　　　　加護野忠男，高瀬 進，吉田満梨（訳）（2015）『エフェクチュエーション』碩学舎）…… 209
【推薦図書6】金井 壽宏（2003）『キャリア・デザイン・ガイド：自分のキャリアを
　　　　　　うまく振り返り展望するために』白桃書房………………………………… 241

参考文献

Pauline Brown (2019) Aesthetic Intelligence: How to Boost It and Use It in Business and Beyond, Harper Business (ポーリーン・ブラウン (著), 山口周 (訳) (2021)『ハーバードの美意識を磨く授業：AIにはつくりえない「価値」を生み出すには』三笠書房)

Burt, R.S. (1992) Structural Holes: The Social of Competition: How Social Capital Makes Organizations Work, Harvard University Press. (ロナルド・S・バート著, 安田雪訳 (2006)『競争の社会的構造―構造的空隙の理論』新曜社)

Chesbrough, Henry William (2003) Open Innovation: The New Imperative for Creating and Profiting fromTechnology , Harvard Business Press. (ヘンリー・チェスブロウ著, 大前恵一朗訳 (2004)『OPEN INNOVATION―ハーバード流イノベーション戦略のすべて』産能大出版部)

Chesbrough, Henry William, Wim Vanhaverbeke, Joel West (2008), Open Innovation: Researching a New Paradigm, Oxford Univ Pr (ヘンリー チェスブロウ (編) [長尾高弘訳] [2008]『オープンイノベーション 組織を越えたネットワークが成長を加速する』英治出版㈱)

James Coleman (1998) Foundations of Social Theory, Belknap Press (コールマン久慈 利武 (翻訳) (2004)『社会理論の基礎〈上・下〉』青木書店)

COMMITTEE ON SCIENCE (1998) UNLOCKING OUR FUTURE: TOWARD A NEW NATIONAL SCIENCE POLICY, COMMITTEE PRINT 105-B, U.S. HOUSE OF REPRESENTATIVES, ONE HUNDRED FIFTH CONGRESS8

Nelson Cowan (2000) The magical number 4 in short-term memory: A reconsideration of mental storage capacity, BEHAVIORAL AND BRAIN SCIENCES,2000, 24, 87–185

Chris Ernst, Donna Chrobot-Mason (2011), BOUNDARY SPANNING LEADERSHIP, SIX PRACTICES FOR SOLVING PROBLEMS, DRIVING INNOVATION, AND TRANSFORMING ORGANIZATIONS, The McGraw-Hill Companies, Inc. (クリス・アーンスト, ドナ・クロボット＝メイソン (著), 加藤雅則, 三木俊哉 (訳) (2018)『組織の壁を越える―「バウンダリー・スパニング」6つの実践』英治出版)

David V. Gibson, Rogers, M. Everett (1994), R & D Collaboration on Trial: The Microelectronics and Computer Technology Corporation, Harvard Business School Press.

Anthony Giddens (2006) Sociology , Polity Pr (アンソニー・ギデンズ, 松尾 精文 ほか (翻訳) (2009)『社会学 第五版』而立書房)

Mark Granovetter (1985) Economic Action and Social Structure: The Problem of Embeddedness, American Journal of Sociology, Vol. 91, No. 3., pp. 481–510 (マーク・グラノヴェター (渡辺深訳) [1998]「付論D・経済行為と社会構造――埋め込みの問題」『転職

── ネットワークとキャリアの研究』ミネルヴァ書房）

Geoffrey Jones（2005）Multinationals And Global Capitalism: From The Nineteenth To The Twenty First Century, Oxford Univ Pr（ジェフリー・ジョーンズ，安室憲一，海野巨利 訳（2007）『国際経営講義』有斐閣）

Kenny, M. and U. von Burg(2000)*Institution and Economies: Creating Silicon Valley*, in Kenny, M.(2000)Understanding Silicon Valley: The Anatomy of an Entrepreneurial Region, Stanford University Press

R Leifer, A Delbecq（1978）*Organizational/environmental interchange: A model of boundary spanning activity*, Academy of Management Review Vol.3, journals.aom.org

Henry Mintzberg（2005），Managers Not MBAs: A Hard Look at the Soft Practice of Managing and Management Development, Berrett-Koehler Publishers

Project Management Institute（2021）*The Project Management and A Guide to the Project Management Body of Knowledge* (PMBOK Guide), Project Management Inst（鈴木 安而訳（2023）『PMBOK 第7版の活用』秀和システム）

Stephen P. Robbins, David A. De Cenzo（2012）Fundamentals of Management，8th Edition, Prentice Hall;（スティーブン P. ロビンス他，高木 晴夫 訳（2014）『マネジメント入門 ---グローバル経営のための理論と実践』ダイヤモンド社）

Saras D. Sarasvathy（2008）Effectuation: Elements of Entrepreneurial Expertise, Edward Elgar Pub（pp.42-48）（サラス・サラスバシー（著），加護野 忠男，高瀬 進，吉田 満梨（訳）（2015）『エフェクチュエーション』碩学舎）

James G. March and Herbert A. Simon（1958）*Organizations*, John Wiley & Sons Inc

Ralph Stacey（1996）Strategic management & organisational dynamics, Pitman

石倉洋子，藤田昌久，前田昇，金井一頼，山崎朗（2003）『日本の産業クラスター戦略 ── 地域における競争優位の確立』有斐閣

石山 喜章（2015）『世界が一瞬で変わる 潜在意識の使い方』あさ出版

入山章栄（2019）『世界標準の経営理論』ダイヤモンド社

大久保 幸夫（2016）『キャリアデザイン入門［Ⅰ、Ⅱ］専門力編』日経 BP

岡田 基幸（2010）「奥義は秘伝のはしご酒にあり 名コーディネーター佐藤利雄さんの背中に学んだ」『産学官連携ジャーナル（月刊）』2010年8月号，独立行政法人 科学技術振興機構（JST）イノベーション推進本部 産学連携展開部産学連携担当

奥田 三枝子（2011）「地域産業・市民と関わるインキュベーション施設」『現場発！産学官民連携の地域力』学芸出版社（pp.150-159）

小山 康文（2005）「権田先生の夢を岩手で実現」『研究技術計画，20巻3号』研究・技術計画学会

加護野 忠男、吉村 典久（2021）『１からの経営学 第3版』碩学舎

鹿住 倫世（2007）「日本におけるビジネス・インキュベーターの変遷と今後の展望 ── 先進的取り組みに学ぶ日本型インキュベーターのあり方 ──」『国民生活金融公庫 調査季報 第80号』国民生活金融公庫

加藤厚海、福嶋路、宇田忠司（2023）『中小企業・スタートアップを読み解く ── 伝統と革新，地域と世界』有斐閣

加藤茂夫 監修, 東京コンサルティンググループ編（2000）『核心経：企業の存続と発展へのガイドブック』白桃書房

金井壽宏（1994）『企業者ネットワーキングの世界 ── MIT とボストン近辺の企業者コミュニティの探求 ── 』白桃書房

金井 壽宏（2002）『働くひとのためのキャリア・デザイン』PHP 新書

金井 寿宏（2003）『キャリア・デザイン・ガイド：自分のキャリアをうまく振り返り展望するために』白桃書房

佐藤 利雄（2000）「企業インキュベータの役割 ── HIC の事例を中心に ── 」加藤茂夫 監修, 東京コンサルティンググループ 編（2000）『核心経営：企業の存続と発展へのガイドブック』白桃書房

佐藤 利雄（2005）「第9章 インキュベータの運営ノウハウ ── 花巻市起業家支援センターの取り組み」, 関 満博，関 幸子 編（2005）『インキュベータと SOHO：地域と市民の新しい事業創造』新評論

佐藤 利雄（2007a）「「地域、産業をコーディネートする」とは ── 花巻市起業化支援センターの活動を中心に（特集 地域企業とコーディネータ）」『中小企業と組合』62(3)（通号 745）2007.3 p.4〜8

佐藤 利雄（2007b）「地域を支える産業〜内発型産業育成による地域づくり〜」『(財) えひめ地域政策研究センター政策研究セミナー記録集 No.23』(財) えひめ地域政策研究センター

佐藤 利雄（2008a）「花巻市における産学官連携と企業育成」『日本経営工学学会発表』日本経営工学学会

佐藤 利雄（2008b）「色材サロン 大学・研究所めぐり 花巻市の内発型振興施策 -- 花巻市起業化支援センター設立と産学官連携」『色材協会誌 = Journal of the Japan Society of Colour Material』81(10) 2008.10 p.410〜412

佐藤 利雄（2021a）「キャリア昔いま：コーディネーター職の経験から」『News letter = ニューズレター / 雇用構築学研究所 監修』(61), 24-27, 2021-04, 雇用構築学研究所

佐藤 利雄（2021b）「キャリア昔いま：コーディネーター職の経験から」『News letter = ニューズレター / 雇用構築学研究所 監修』(62):2021.9 p.15-17 雇用構築学研究所

佐藤 利雄（2024）『令和5年度第4回 INS 起業化研究会 in 岩手大学』INS

関 満博，吉田 雅彦ほか（2003）『市町村のための産業振興のポイント』ぎょうせい

関満博（2008）「関満博が行くイマドキの事業承継第17回」『日経ベンチャー 2008.9』日経マグロウヒル社（pp.68-69）

中山友裕（2001）「経済再編期における地域産業集積と地域社会の関係についての調査研究 平成13年2月第3章北上・花巻地域における連携コーディネーターの機能分析 組織間学習からのアプローチ」『東北大学大学院経済学研究科 博士課程前期』東北大学

西口敏宏（2003）『中小企業ネットワーク ── レント分析と国際比較』有斐閣

西澤昭夫，福嶋路（2005）『大学発ベンチャー企業とクラスター戦略 ── 日本はオースティンを作れるか』学文社

西澤昭夫 , 忽那憲治 , 樋原伸彦 , 佐分利応貴 , 若林直樹 , 金井一頼（2012）『ハイテク産業を創る地域エコシステム』有斐閣

能美利彦（2003）「「死の谷」に架ける「三段階の架け橋」」『年次術大会講演要旨集』, 18: 457-460』北陸先端科学技術大学院大学

野中郁次郎（2007）「イノベーションの本質 ── 知識創造のリーダーシップ ──」『学術の動向』日本学術会議

福嶋路（1999）「地域中小企業による産学連携の活用」『月刊中小企業』vol.51, no.10, pp.24-31

福嶋路（2013）『ハイテク・クラスターの形成とローカル・イニシアティブ ── テキサス州オースティンの奇跡はなぜ起こったのか』東北大学出版会

藤本昌代 , 宮本光晴（2023）「「公害・工場の街」から「研究開発拠点の街」に進化するサイエンスパークとイノベーション・クラスター：川崎市産業集積地の事例」『評論・社会科学』同志社大学社会学会

藤吉雅春（2015）「大阪の中小企業革命「おせっかい4.0」とは何か」『Forbes Japan』2015.9

堀場雅夫 , 秋山咲恵 , 佐藤利雄 他（2000）「ビジネス・インキュベーションのあり方（特集 新事業支援）」『産業立地 = Industrial location』39(8)（通号 462）2000.8 p.16 〜 27

三谷宏治（2019）『新しい経営学』ディスカヴァー・トゥエンティワン

山本尚史（2011）『地方経済を救うエコノミックガーデニング：地域主体のビジネス環境整備手法地域自治のしくみづくり　実践ハンドブック』新建新聞社 アース工房

吉田雅代（2015）「産学官民コミュニティによる地域産業支援の考察」『専修大学経済学研究科修士論文』専修大学

吉田雅彦（2019）『日本における中堅・中小企業のオープンイノベーションとその支援組織の考察』専修大学出版局

吉田雅彦（2024）『新しい業界研究』鉱脈社

索　引 [アルファベット]

B

BI（ビジネス・インキュベーション）　11、
　79、80、91、95、96、97、98、99、
　100、101、102、124、149、234、
　244、311
BTF 理論（企業行動理論）　32、37、38、
　39、42、82、83、203

C

CD（コーディネーター）　1、9、10、11、
　13、14、15、17、18、19、20、21、
　22、23、31、32、38、41、55、59、
　60、62、63、64、65、67、71、73、
　74、77、78、81、82、83、84、85、
　87、88、91、92、107、118、119、
　120、124、141、142、143、148、
　149、150、166、170、171、181、
　182、185、186、188、189、190、
　192、200、201、203、207、208、
　211、213、214、219、223、224、
　225、244、246、247、248、259、
　260、267、270、271、272、273、
　274、276、277、278、279、310
Cloning Silicon Valley　104、274

H

H型人材　72、115、116、121、122

I

IM（インキュベーションマネージャー）　1、
　9、10、11、13、14、15、17、18、
　19、20、21、22、23、25、27、28、
　29、31、32、38、41、55、58、59、
　60、62、63、64、65、67、71、72、
　73、74、76、77、78、79、80、81、

　82、83、86、87、88、91、92、95、
　96、97、98、99、100、101、102、
　103、107、112、118、119、120、
　124、125、127、141、142、143、
　148、149、150、155、166、170、
　171、174、175、176、177、178、
　181、182、184、185、186、188、
　189、190、191、192、200、203、
　211、213、214、219、223、224、
　225、227、230、234、235、236、
　237、244、246、247、248、259、
　260、270、271、272、273、274、
　276、277、278、279、281、310、311
INS（岩手ネットワークシステム）　32、
　46、47、48、57、58、59、60、62、
　63、69、77、88、91、118、119、
　123、124、148、183、195、196、
　199、200、201、202、203、204、
　208、219、220、222、245、248、310
I 型人材　121、122

J

JBIA（日本ビジネス・インキュベーション協会）
　95、98、99、124、234、244、311
JST（科学技術振興機構）　91、92、93、
　94、119、123、124、144、145、146、
　147、204、206、208、230、247、
　266、282、311

K

KS シート　185、188

S

SECI モデル　20、47、142、143、170、
　171、182
SWT 理論（弱い紐帯理論）　53

STPマーケティング　182、184、189、190、212

T
T型人材　121、122

π
π型人材　116、121、122

索　引 [五十音]

あ
暗黙知　141、166、167、168、169、170、171、272

い
石川洋一　42、46、312
いわて起業家大学　47、77
岩手大学地域連携推進センター　48、91、196
岩手ネットワークシステム（INS）　32、47、57、77、88、91、92、107、118、119、123、148、195、199、311

う
ウォーターフォール型プロジェクトマネジメント　216、217

え
営業支援　23、41、72、77、82、83、105、184、186、189、214、267、310、311
笑顔　22、57、74、82、143、227、233
エコノミックガーデニング　108
エフェクチュエーション理論　22、143、182、203、209、211

お
大谷翔平　43
オープンイノベーション理論　1、21、47、182、191、219、220

か
カウンセリング　20、21、133
かながわサイエンスパーク　82、95、104、142、149

き
起業　1、10、11、14、17、18、19、21、22、23、26、41、43、45、52、56、57、59、67、78、80、82、83、85、89、91、94、103、104、116、120、124、126、127、129、130、133、142、143、144、145、149、161、162、174、175、176、177、178、179、184、185、186、187、203、205、206、209、210、211、212、213、214、221、222、232、244、249、250、271、272、274、310、311、312
起業家　1、10、11、13、17、18、19、22、41、47、50、57、58、66、77、79、80、82、83、85、86、91、96、103、124、125、126、127、128、

129、133、135、142、144、150、
151、152、153、154、155、156、
157、160、161、162、163、166、
174、176、177、178、179、185、
186、189、203、209、211、212、
213、214、218、221、222、231、
235、236、237、241、266、271、
272、273、274、277、278、279
企業経営資源（KS）シート　22、89、
　　181、182、184、185
企業戦略　11、13、14、15
起業文化　32、43、45、87、103、220
企業誘致　42、44、46、49、66、76、
　　109、111、112、129、245
企業理念　11、12、13、20、29
技術営業　23、41、72、73、74、91、
　　92、119、123、186、189、199、200、
　　213、214
逆企業誘致　22、92、182、241
キャリア形成理論　182、224、237、238
キャリアの早回し　122

く
黒沢尻工業高校　41、42、73、119、123
黒字経営　144、203

け
経営革新　10、11、13、41、105、120、
　　136、142、172、205、206、220、
　　221、222、256、271
経営計画　11、12
経営コンサルタント　10、17、18、19、
　　20、23、105、124、170、171、223、
　　255、273、274
経営理論の使い分け　214
形式知　141、166、167、168、169、
　　170、171、272
研究開発　1、21、46、52、60、64、
66、73、83、87、91、104、191、
193、194、196、197、199、201、
204、205、206、207、208、213、
214、220、221、235、236、241、
242、244、266、272、273
現場主義と佐藤飲み　22、92、182、223

こ
効果的な行動原則　23、209、211、213
工業技術センター　48、147、183、
　　184、197、203、263、266、267
構造的空隙理論　32、53、54、74、77、
　　186
公平　41、72、83、87
コーディネーター　1、10、11、17、
　　18、27、57、91、92、93、112、161、
　　200、201、225、228、229、230、
　　232、244、278
コーチング　20、21、98、133、134、
　　135、315
国立研究開発法人 科学技術振興機構
　　91、92、145、206
5年間の経験が必要　148
コミュニケーション　16、20、21、28、
　　57、58、74、86、89、115、120、
　　121、122、127、133、189、218、
　　223、225、273、315
コンサルティング　17、19、20、21、
　　23、52、133、136、170、175、281

さ
産学官の翻訳機能　22、92、118、119、
　　123、182、190、191
産業クラスター政策　72、87、105、107

し
支援手法　88、89、248、249
支援の3カ条　22、142、143、214
事業化まで5年　22、41、92、182、

203、204、207
事業戦略　　13、14
死の谷　　205
首都圏産業活性化協会　　87、104、105、256
シリコンバレー　　1、11、18、21、22、72、87、103、104、105、106、107、142、149、172、200、220、221、274
シリコンバレーを真似する政策　　104、274
新興製作所　　32、42、43、45、48、266、267、269
人的資源マネジメント理論　　116、120、121
信頼の理論　　53、143、182、183、223、226、272

す
スタートアップ　　11、14、19、94、95、129、130、142、149、155、184、205
ステーシーマトリクス　　215、216

せ
セミナー等開催企画力　　22、92、182
センスメイキング理論　　38、142、143、169、171、172、173、182、216、217
仙台藩・一関藩　　34

そ
組織・地域活性化における15歳理論　　22、92
組織と個人　　22、92、182、245、246

た
高村光太郎　　37、38、248
谷村貞治　　43
TAMA協会　　87、107、256

ち
知識創造理論　　142、166、168
中小企業診断士　　15、18、19、20、24、25、27、78、105、132、133、135、137、170、237、255、256

て
出口　　163、203、211
デジアナ的商品　　22、92、119、123、182、183、203

と
投資銀行　　103、179、197

な
内発型産業振興政策　　32、49、59、72

は
パーパス　　11、12、13、17、20
バウンダリースパナー　　47、48、72、73、74、76、77、92、115、116、119、122、143、183、190、191、192、248
バックキャスティング　　210、211、212、216、218
花巻起業後継塾　　88、89
花巻工業クラブ　　48、52、73
花巻市　　32、33、35、37、38、41、42、43、44、45、46、48、49、50、52、53、56、59、66、72、73、76、77、82、83、84、85、88、89、91、92、93、94、119、123、124、146、148、183、184、189、191、194、197、198、199、200、201、225、227、241、242、243、244、246、247、261、263、266、267、276、310、311
花巻市起業化支援センター　　32、50、52、53、57、59、72、76、77、82、

83、84、85、91、93、94、146、148、184、189、191、200、201、225、241、242、244、247、263、266、267、276、310、311
バリューチェーン理論　73、77、182、185、188
伴走支援　10、11、18、19、20、41、60、83、87、133、135、142、170、174、188、203、214、235、253、274

ひ

ビジネス・インキュベーション　11、19、71、72、82、87、91、95、96、97、142、244、281、301
ビジネスモデル　126、127、149、203、222、231
平泉文化　34

ふ

文脈　168

へ

ベンチャーキャピタル　103、105、125、149

ほ

補助金　18、49、64、105、111、112、120、160、161、174、176、184、187、192、199、204、206、208、244、245、254、261

ま

マインドセット　22、23、114、118、120、141、142、143、182、211、213、214、224、233、238、246、248、271
マネジメント　13、15、17、19、58、87、89、116、120、121、128、197、208、215、216、217、218、219、239、246、258、272、277、315

み

宮沢賢治　35、37、66、148
民主党政権　144、145、198

も

盛岡藩・八戸藩　34、37

よ

弱い紐帯理論　32、54

謝　辞

　２年ほど前、ＩＮＳ（岩手ネットワークシステム）総会の時、吉田雅彦先生との会話から今回の著作が始まりました。最初は、ＩＭ，ＣＤを30年近く行って来て、組織からも離れ、個人事業での活動を始めたときでもあり、私自身も何かまとめなくてはという気持ちもありましたので、今回吉田雅彦先生からのご指導をいただき、著書にまとめていただいたことに、大変感謝をもうしあげます。

　本書にも多くの方よりコラムをいただきました。大変ありがたく思っております。私の指導を受けてとの表現もありますが、当時は見本もなく、ただただ手探りでの活動だったと思っております。本当に、どれだけお役にたてたか、ただ宴会だけこなしていた自分が恥ずかしくなりました。

　研究手法については、富士電機総合研究所勤務時にテーマの立案から、研究計画、特許申請などご指導いただきました、芳賀敬二様のご指導のおかげです。その後、芳賀様が財団法人横浜産業振興公社時にもお会いする機会があり、花巻市起業化支援センター時には、技術指導として花巻市に来訪もいただきました。

　産学官連携の体験は、株式会社アドテックシステム花巻工場勤務に行いました、マイクロコンピュータ技術教育研究会の運営経験のおかげです。鎌田勇社長、鎌田博工場長（故人）には、私のわがままな提案を快諾いただき、４年ほど対応させていただいた経験は、今の産学官連携の基礎となっております。

　花巻市役所佐々木俊幸様からは花巻市起業化支援センターへのお声がけいただきました。地方でのインキュベーション運営に対して「市役所もわからないところがある。２年間は佐藤さんのやりたいように」とのお話から、営業支援を行うことができました。この営業支援が評価され、国も動きだしたことは、私の中では一番大きな成果ではないかと思っております。

　花巻市起業化支援センター初代所長木村功様（市役所ＯＢ　故人）には、何もわからないときにも「利雄さんのやりやすいように」とお話をいただき、市役所との調整を行っていただいたことには感謝しています。佐藤亮様には、平成11年11月より一緒に仕事を行っていただき、約10年後には入居企業、卒業企業の税収調査を行っていただき、花巻市起業化支援センター投資分（人件費、建設費など）を税収がオーバー

した表の作成により、花巻市起業化支援センター活動の優位性を示していただいたことは、その後の活動にたいへん役立ちました。

花巻信用金庫理事長漆沢俊明様には、花巻市内企業の連携を支援していただきました。どのようにして地方の企業が継続していけばいいか、その活動を花巻信用金庫と経験させていただきました。

産業能率大学通信教育時の卒業論文対応をいただいた、専修大学経営学部教授加藤茂夫先生（故人）には、花巻市起業化支援センター勤務に経営支援シートの考えを導いていただきました。

一橋大学教授関満博先生には、花巻市起業化支援センターの活動における営業支援などに理解をいただき、先生の講演や著書などに取りあげていただきました。関先生の塾生による各地との交流も行うことができ、花巻市起業化支援センターが全国各地とのつながりを作っていただきました。

JBIA会長星野敏様には、星野様がKSP勤務時代に訪問させていただき、初めてIMの仕事をしている方としてお話させていただきました。何かと活動方法がわからない頃でしたので、星野様からの助言などは、大変ありがたく思っております。

岩手大学では、お誘いのお声がけいただいた地域連携センター長鈴木幸一先生（故人）と小野寺純治様には、大学内の仕組みなどご指導いただきました。岩手大学の先生方には、岩手ネットワークシステム活動で大変お世話になりました。産学官連携におけるネットワーク形成について、大変貴重な経験をさせていただきました。

齋藤仁志様（前科学技術振興機構JST）には、JSTへのお誘いをいただき、北東北3県の産学官連携の経験をさせていただきました。現在の活動においても、JSTでのネットワークを活用させていただいております。

現在、地域の役職を拝命しておりますが、地域には小中高の同級生が多数おりますので、今までの経験を今後の活動に生かしていければと思っております。

最後に、妻文子に感謝を述べます。企業、花巻市起業化支援センター、岩手大学、科学技術振興機構、そして個人事業SBIMの中で、年間100日以上の交流会参加、出張など家を留守にして、家、地域などの活動も任せきりだったと反省しております。

現在は、交流会、出張も半分程度にはなりましたが、まだまだ迷惑をかけるかと思いますが、今後ともよろしくお願いいたします。

佐藤　利雄

佐藤利雄さんが考えて、実践してきたことを必要な人に伝えたいと思い、この本を企画しました。途中から、同じ道を進んでいる方々にコラムを寄稿していただくことで、起業・企業支援の実践の、それほど長くはない歴史と奥行きが見えてきたと思います。

　寄稿をいただいた、秋本英一さま、伊藤達也さま、丑田俊輔さま、岡田基幸さま、奥田三枝子さま、小野寺純治さま、梶川義実さま、金澤健介さま、古川純也さま、牛来千鶴さま、齊藤仁志さま、櫻井亨さま、重巣敦子（清澤敦子）さま、鈴木良隆さま、鈴木徹さま、髙島利尚さま、堂野智史さま、中川普巳重さま、福井瞳さま、福田稔さま、増田たくみさま、箭野謙さま、領家誠さまに感謝申し上げます。

　同じ道を進みながら、先立たれた 故 石川洋一さま、故 福間敏さまに、私たちの気持ちを捧げます。

　いつもながら、吉田の著書にコメントをいただいている宮本光晴専修大学名誉教授、この本の編集、理論の補強にご尽力いただきました秋保裕子さまに感謝申し上げます。

　佐藤さんと私を長年にわたってご指導いただき、東日本大震災の当日も釜石で被災するなど、私たちの"ふるさと岩手"を気にかけていただいている関 満博 一橋大学名誉教授に感謝申し上げます。

　父祖の地である岩手に関わる本を書き著すことができたのも、私の喜びでした。

吉田　雅彦

著者紹介

佐藤 利雄（さとう　としお）

　1956年岩手県花巻市生まれ。1974年岩手県立黒沢尻工業高等学校電気科卒後、富士電機製造（株）中央研究所入社。1983年9月㈱アドテックシステムサイエンス花巻工場入社。1996年4月花巻市技術振興協会職員。花巻市起業化支援センター勤務。2010年4月大学法人岩手大学地域連携推進センター特任教授産学官連携コーディネーター。2015年4月国立研究開発法人科学技術振興機構イノベーション拠点推進部仙台オフィスマッチングプランナー。2022年4月SBIM代表。自宅では1.8hの稲作。

吉田雅彦（よしだ　まさひこ）　博士（経済学）

　本籍、岩手県遠野市。1961年長崎県佐世保市生まれ。東京大学でミクロ経済学（根岸 隆ゼミ）を学んだ後、1984年、通商産業省（現 経済産業省）に入省し、1992～1994年、岩手県商工労働部工業課長、1999～2000年、中小企業庁長官官房総務課調査室長（2000年版中小企業白書執筆）、2015年まで産業振興、地域振興に関わった。

　2015年、経済産業省を勤め上げた後に宮崎大学で大学教員に転じ、2016～18年、同地域資源創成学部長（初代）、2018年、専修大学経済学研究科で博士（経済学）取得。2020年から実践女子大学で経済学、企業論などを担当している。

起業・企業支援の実践

これからを担う人たちへのエール

2025年3月15日 初版印刷
2025年3月27日 初版発行

著　者　　佐藤利雄・吉田雅彦 ©

発行者　　川口敦己

発行所　　鉱脈社
　　　　　〒880-8551　宮崎市田代町263番地　電話0985-25-1758
　　　　　郵便振替 02070-7-2367

印刷・製本　有限会社 鉱脈社

© Toshio Sato, Masahiko Yoshida 2025　　（定価はカバーに表示してあります）

印刷・製本には万全の注意をしておりますが、万一落丁・乱丁本がありましたら、お買い上げの書店もしくは出版社にてお取り替えいたします。（送料は小社負担）

著者既刊本

地域マネジメント　地方創生の理論と実際 [改訂版]

地域振興、地域活性化からいま、地域マネジメントの時代へ。各地の実践に学ぶ、積みあげた学問の知見を生かして、地域全体としても、個々の組織が活性化する道を提示する。

A5判 定価2750円

総合的な探究の時間ハンドブック
地域問題解決編

生徒が輝くグループワークの理論と実践。"ティーチング"から"コーチング"へ。高校生の地域課題解決のグループワークと助言の実例を豊富に紹介。

A5判 定価1980円

文系学生のための
キャリアデザイン就職活動入門

キャリア形成がむずかしいとされる文系学生に向け、よりよい人生・キャリアを過ごすための指南書。人生の節目にどのように対応すればよいか、新しい理論とノウハウを紹介。

A5判 定価1980円

バリューチェーンと工業技術で学ぶ **新しい業界研究**
文系学生、行政、金融職の方のために [企業研究入門改訂増補版]

学生の就職活動や、行政職・金融職など、幅広く企業研究をしなければならない人に最適の入門書。文系・理系の知恵をフル活用する、まったく新しい企業分析の視座。

A5判 定価2970円

予備知識なしで読める・わかる
国際ビジネスの理論と実務

「海外に行ってほしいんだけど？どう？」と言われても大丈夫ですか？　国際ビジネスの理論と実務知識がつまったユニークな一冊。

A5判 定価2750円

予備知識なしで読める・ビジネス会話がわかるようになる
ビジネスのための経済学・経営学

経済学・経営学の基礎知識から経済事情や国際情勢まで。ビジネスでのコミュニケーション能力を高めて、チームプレーを円滑にするための知識をわかりやすく解説。

A5判 定価3300円